国家社科基金项目成果 *经管* 文库

Unbalanced Relationship, Development Strategy and
Sustainable Policies in China's Urbanization

中国城镇化的要素失衡、
战略调整与可持续政策研究

张娟锋／等著

中国财经出版传媒集团
经济科学出版社
Economic Science Press

图书在版编目（CIP）数据

中国城镇化的要素失衡、战略调整与可持续政策研究/
张娟锋等著.—北京：经济科学出版社，2021.6
（国家社科基金项目成果经管文库）
ISBN 978-7-5218-2582-4

Ⅰ.①中… Ⅱ.①张… Ⅲ.①城市化-研究-中国
Ⅳ.①F229.21

中国版本图书馆 CIP 数据核字（2021）第 097954 号

责任编辑：胡成洁
责任校对：王肖楠
责任印制：范　艳　张佳裕

中国城镇化的要素失衡、战略调整与可持续政策研究
张娟锋　等著
经济科学出版社出版、发行　新华书店经销
社址：北京市海淀区阜成路甲 28 号　邮编：100142
经管中心电话：010-88191335　发行部电话：010-88191522
网址：www. esp. com. cn
电子邮件：espcxy@ 126. com
天猫网店：经济科学出版社旗舰店
网址：http：//jjkxcbs. tmall. com
北京季蜂印刷有限公司印装
710×1000　16 开　18 印张　330000 字
2021 年 10 月第 1 版　2021 年 10 月第 1 次印刷
ISBN 978-7-5218-2582-4　定价：80.00 元
（图书出现印装问题，本社负责调换。电话：010-88191510）
（版权所有　侵权必究　打击盗版　举报热线：010-88191661
QQ：2242791300　营销中心电话：010-88191537
电子邮箱：dbts@esp. com. cn）

国家社科基金项目成果经管文库

出版说明

经济科学出版社自 1983 年建社以来一直重视集纳国内外优秀学术成果予以出版。诞生于改革开放发轫时期的经济科学出版社，天然地与改革开放脉搏相通，天然地具有密切关注经济领域前沿成果、倾心展示学界翘楚深刻思想的基因。

2018 年恰逢改革开放 40 周年，40 年中，我国不仅在经济建设领域取得了举世瞩目的成就，而且在经济学、管理学相关研究领域也有了长足发展。国家社会科学基金项目无疑在引领各学科向纵深研究方面起到重要作用。国家社会科学基金项目自 1991 年设立以来，不断征集、遴选优秀的前瞻性课题予以资助，我社出版了其中经济学科相关的诸多成果，但这些成果过去仅以单行本出版发行，难见系统。为更加体系化地展示经济、管理学界多年来躬耕的成果，在改革开放 40 周年之际，我们推出"国家社科基金项目成果经管文库"，将组织一批国家社科基金经济类、管理类及其他相关或交叉学科的成果纳入，以期各成果相得益彰，蔚为大观，既有利于学科成果积累传承，又有利于研究者研读查考。

本文库中的图书将陆续与读者见面，欢迎相关领域研究者的成果在此文库中呈现，亦仰赖学界前辈、专家学者大力推荐，并敬请经济学界、管理学界给予我们批评、建议，帮助我们出好这套文库。

经济科学出版社经管编辑中心
2018 年 12 月

　　本书由国家社科基金项目"城镇化核心要素在空间上结构失衡的机理、协同路径与供给体系创新"（项目编号：16BJL053）资助

本书著者

张娟锋　李乐乐　张丹霞
赵爽爽　贾琴攀　俞　婷

前言
Preface

　　中国的城镇化涉及世界上最大规模的人口迁移及其生活方式转变，不仅影响中国的现代化进程，也对世界经济增长产生持续影响。改变以资本和房地产为核心的传统城镇化模式，推动以人为核心的新型城镇化是我国经济发展方式转变与动力转换的战略突破口。党的十九大以来，推动高质量和多要素协同发展的新型城镇化成为我国社会经济走向全面现代化的抓手。创新城镇化模式，推动资本、土地、人口核心要素的协调演进，是新型城镇化迫切需要解决的问题，也是推动产业与城市协同发展的出发点。

　　本书是国家社科基金一般项目"城镇化核心要素在空间上结构失衡的机理、协同路径与供给体系创新"的研究成果。自2016年立项以来，课题组按照申请书设计，分五篇展开研究，共十五章。首先，从要素供给体系出发，明确核心要素的测量指标，筛选全国及长三角城市群的数据，形成分析指标体系。其次，构建核心要素的一体化空间计量模型，利用长三角城市群样本对要素之间响应机理过程进行实证分析。再次，对核心要素的变化趋势进行分析，考察其对产业增长与结构变化的影响，设计要素供给体系的创新方案。

　　第一篇，文献评述与理论分析。本篇包括三章内容，第一章绪论、第二章文献评述、第三章城镇化要素的集聚效应与动态均衡分析。绪论从理论与实践视角明确城镇化中核心要素的关系及其发展战略的研究意义，阐明全书的分析框架、研究内容、创新与价值。第二章是文献评述，对全书涉及的重要概念，如城镇化、核心要素、战略类型与产业增长进行界定；评述要素互动关系研究进展；综述了城镇化要素投入对产业增长的影响，并对城市工业用地的利用效率及影响因素进行总结。第三章进一步从理论视角分析现代城镇工业体系的发展过程，总结了城镇化中要素集聚的四大效应，明确了我国城镇化的核心驱动力。同时，依据城乡收入水平的不平衡，分析了人口要素在城乡之间的动态均衡过程，并对城镇中地方政府的角色与功能进行了总结。

第二篇，城镇化战略调整与要素协调度评价。本篇包括三章内容。第四章从内生性视角探索主动与被动两种城镇发展战略，通过对土地与人口核心要素关系辨析，提出新型城镇化阶段应从"主动战略"向"协同战略"转变的思路，为我国的城镇化战略调整提供理论方案。第五章选取协调度模型评价公共品、土地与人口三大核心要素的城镇化协调度，以浙江省 11 个城市为例，评价城镇化投入要素的协调水平及其演变阶段。第六章为案例研究，分析我国两个成功的国家级开发区——浦东新区与滨海新区的发展历程，描述了关键经济指标的变动趋势，提炼了新区建设成长的四个阶段，总结了国内新区开发建设的经验与启示。

第三篇，城镇化要素投入与产业发展。本篇包括两章内容。第七章利用"偏额－分离法"分析资本、劳动力和土地三要素流动对单要素生产率与全要素生产率的影响。第八章以浙江省各地市为研究对象，评估要素投入与要素偏离情况对产业结构的阶段性影响。随着房地产市场的崛起，"脱实向虚"成为我国经济发展过程中需要解决的紧迫问题，这两章分析了要素投入对产业规模与结构的影响，为推动要素政策调整提供理论支持。

第四篇，城镇化中工业用地利用效率评价。本篇包括三章内容。第九章通过测算城市工业用地单位面积上的工业总产值，全面评估中国 275 个样本城市工业用地产出率、时空分布与影响因素。第十章描述长三角城市群的土地、人口、资本规模现状，通过引入区位变量，测量长三角城市与上海市的距离来衡量各城市的区位条件，考察其对工业用地利用效率的影响。第十一章进一步利用 2003～2018 年的长三角 41 个地级市的面板数据，对地方政府的工业用地配置策略的效果进行评估，检验不同阶段工业用地配置策略的引税效应，为新兴城镇阶段调整工业用地政策提供理论依据。

第五篇，地方债务风险与城镇化可持续发展政策。本篇包括四章内容。第十二章是城镇化中的土地财政与债务风险研究。利用全国地级市城投债的数据，对地方政府的债务风险及其影响因素进行研究，明确了城投债的风险评价指标和形成机理。第十三章是地方隐性债务对城市扩张的驱动机制研究，利用 2007～2018 年全国 285 个地级市城投债数据，以地方政府是否存在"借债造城"问题为出发点，采用固定效应模型将城投债的发行规模和地方融资平台的特征纳入模型，检验了城投债的发行规模、发债的地方融资平台数量、质量对城市空间外扩的影响。第十四章城镇化可持续政策研究。从推动城镇化要素协同发展与城镇化高质量发展的视角出发，从调整城镇化要素投放政策、调整产业用地政策和防范地方债务风险三个方面政策建议。第十五章为结论与展望，从研究结论、学术价值、实践价值、政策建议与创新点等方面对全书进行总结。

各章在内容上相对独立，又有内在联系。本书的创新之处有以下六个方面。

（1）构建人口与土地的联立方程系统，利用工具变量解决估计中的偏误，重新检验了内生变量的互动关系，识别了城镇化中的"主动战略"及其风险。

构建双因素理论分析框架，将"土地－人口"要素纳入一体化模型，实现对两要素之间关系的同步分析，创新分析框架。在联立方程模型中，通过寻找工具变量组，解决了普通最小二乘法估计中的偏误，利用GMM方法进行无偏估计，重新检视了内生变量的关系，进而细分为第二产业、第三产业内的联立方程模型，对产业内的内生变量关系进行检验。在此基础上，利用无偏估计系数对总模型、第二产业细分模型、第三产业细分模型内的因果关系进行判断，验证了城镇化中的主动战略。城镇化中核心要素之间存在由系统同时决定的内生性问题，因此需要挖掘内生变量有效的工具变量以解决估计偏误的问题。本书通过寻找有效的工具变量，解决了参数估计的内生性问题。

（2）构建了城镇化核心要素间的协调度指数，实现了对要素间关系的量化评价，为城镇化要素供给政策调整提供了理论依据。

通过对城镇化要素变动趋势的分析，测算出要素之间失衡的临界点，并对要素与产业的协同关系进行定量分析，创新研究思路。设计城镇化核心要素协调度指数，创新评价方法。将城镇化中的核心要素"资本、土地、人口"纳入一体化模型，实现对多要素之间关系的同步分析，创新分析框架。通过测算要素之间失衡的临界点，并对要素与产业协同关系进行定量分析，创新研究思路。在此基础上，进一步设计城镇化核心要素协调度指数，提出城镇化发展质量的评价方法。

（3）从要素投入与产业发展的视角，系统评价了要素投入规模与结构的影响，提出了通过要素结构调整与质量升级推动产业发展的思路和路径。

识别核心要素间的失衡机理，探索要素与产业的协同路径。一是构造核心要素子系统间的联动模型，为后续研究提供一体化的分析框架。通过构造一体化空间计量模型将城镇化核心要素因素纳入模型，形成联动的子系统，为核心要素间作用机理的研究提供框架。二是挖掘工具变量，解决内生性问题，明晰要素间的响应机理与传递过程，总结要素间的响应规律。三是设计核心要素间的协调度指数，验证要素对产业的影响，分析要素及其协调度对产业影响的路径,识别其影响程度,挖掘要素与产业的协同路径。四是通过工业用地产出率的系统评价,通过提升工业用地产出率的提升推动城镇化的高质量发展。

(4)考察地价水平、土地囤积和债务风险三者之间的互动关系,验证了土地出让行为与职务晋升对债务风险的影响,提出了针对债务风险的治理政策。

从地方政府行为的角度出发,系统考察了地价水平、土地囤积和债务风险三者之间的互动关系。地价水平会对土地囤积规模产生影响,可能引发土地投机。研究结论表明,土地价格上升,地方政府更倾向于持有更多的土地,等待土地价格上涨后进行出让,由此获得土地出让的溢价。地方政府的土地囤积规模越大,可用以抵押贷款和偿债的土地资产越多,地方政府越倾向于发行更多地方债。分地区来看,东部地区由于经济高速增长的压力和大规模投资建设需求,发债的规模会增加,地方政府的债务风险上升。土地出让收入和土地财政依赖会对债务风险产生显著影响。对土地财政依赖明显且土地财政收入较高的地区,对土地价值的认可和依赖更为明显。此外,地方政府在土地出让收入等因素的影响下会更倾向于扩大城投债的规模,以此满足城市自身发展,导致债务规模和负担风险上升。

(5)从地方隐形债务的视角评估其对城镇化的影响,检验了地方隐形债务规模在城市空间扩展的驱动作用,验证了"借债造城"的发展路径。

以地方政府是否存在"借债造城"问题为出发点,检验了城投债的发行规模、发债的地方融资平台数量和质量对城市空间外扩的影响。通过隐性债务杠杆,某些地方政府快速推动了我国建成区面积的快速扩张。通过债务为城市市政设施和公共设施建设融资,使得城市建成区面积不断增加,推动城市空间扩张。地方融资平台的数量和质量会影响其发债能力,从而间接推动城市空间扩张。因此,应加强对地方融资平台发债期限、成本、偿债资金来源和效益等方面的审核、评估和监测。应推进地方融资平台公司市场化转型,隔离政府信用与公司信用,从而切断地方政府对融资平台公司的资产延伸和风险联保,避免系统性风险。

(6)基于可持续发展的视角,从要素协调、产业协同与风险规模三个维度设计政策建议,推动中国城镇化的协调、可持续与高质量发展。

随着城镇化率达到60%,我国的城镇化进程进入下半程,需要调整既有政策,推动城镇化绿色、可持续与高质量发展。首先,推动要素供给侧改革与创新,协调人口、土地与资本之间的协调性,通过土地、户籍、资本要素供给侧调整,推动城乡深度融合。其次,调整既有土地供应策略,改变地价、大量的工业用地配置策略，推动土地利用效率提升与产业升级。再次，面对不断扩大的债务规模和风险，需要建立风险评估和风险预警机制，规范土地抵押贷款的价值评估和相关流程，防范金融风险、政府风险与社会风险。

　　本书是对我国城镇化的探索性研究，肯定存在不足和错误之处，我们真诚地欢迎大家批评指正，为进一步研究提供动力，共同推动我国城镇化的模式转型与高质量发展。

张娟锋

2021 年 6 月

目　录

Contents

第三篇　城镇化要素投入与产业发展

第一篇　文献评述与理论分析

第一章　绪　　论

第一节　研究意义

在经济新常态与"防风险"的背景下，推进以人为核心的新型城镇化需要创新发展思路与模式。改变以资本和土地为核心的传统城镇化模式，推动以人为核心的新型城镇化是我国经济发展方式转变与动力转换的战略突破口，也是解决"三个1亿人"[①]问题的主要办法。党的十八大以来，有质量和多要素协同发展的新型城镇化成为推动我国社会经济走向全面现代化的抓手。2014年3月，《国家新型城镇化规划（2014－2020年）》出台，明确城镇化是国家现代化的重要标志；[②] 2015年12月，中央城市工作会议提出"创新、协调、绿色、开发、共享"的城市发展理念，明确要在尊重城市发展规律的基础上推动空间、规模与产业的协调发展；[③] 2016年1月，国务院常务会议具体部署以人为核心的新型城镇化工作，释放内需潜力，调整投资与消费结构，协调城乡、区域关系。由此可见，新型城镇化是我国"十三五"时期乃至"十四五"时期经济发展的着力点，而认识当前城镇化中要素投入的结构失衡与产业空心化的问题，需要研究核心要素之间失衡的机理，明确要素投入与产业发展的协同路径。此外，提升城市工业用地的利用效率，也是探索以人为核心的城镇化模式需要解决的现实问题。

城镇化中核心要素的结构失衡导致了资本与土地资源利用效率低，影响产

---

① 第十二届全国人民代表大会第二次会议（2014年3月5日）政府工作报告，要推进以人为核心的新型城镇化，解决好"三个1亿人"问题，即促进1亿农业转移人口落户城镇，改造1亿人居住的城镇棚户区和城中村，引导1亿人在中西部地区就近城镇化。

② 见中共中央、国务院（2014）印发的《国家新型城镇化规划（2014－2020年）》第一章。

③ 见中央城市工作会议（2015年12月20日至21日）会议要点中的第二条，"统筹空间、规模、产业三大结构，提高城市工作全局性"。

业功能培育与区域经济的可持续发展。遍地开花的新区、新城，摊大饼式的城市扩容；密集的高楼，超出支付能力的房价；宽广的马路，稀少的行人与晚上漆黑的小区；成为快速城镇化中的普遍景观。在以土地与资本投入为先导的城镇化模式中，决策与规划失误造成了城市空间过度扩张，让地方政府与房地产企业背上沉重的债务包袱。城市新区、新城、卫星城与副城表现出严重的以单要素为核心的城镇化。一是以高财务杠杆下资本过量投入引起的空间过快扩展与房地产价格泡沫，超过了居民支付能力，造成了商品房价格偏高；二是土地开发与人口城镇化不协调产生的"空城"，导致土地与房地产闲置与浪费，形成"伪城镇化"；三是配套设施不足与产业缺失导致的城市活力匮乏，缺乏就业机会与可居住性。改变以"资本为王"和"房地产开发"为主的孤军深入式的城镇化，推动资本、土地、人口与产业的协调演进，是新型城镇化需要解决的迫切问题，也是推动产业与城市协同发展的出发点。

　　探索城镇化核心要素在空间上结构失衡的机理，识别要素投入规模与结构对产业增长的作用过程及协同路径，可以为新型城镇化提供理论支持。正视城镇化中核心要素的结构失衡问题，明确其在空间上的响应机理，设计评估要素协调度的指数，提炼要素与产业的协同路径，有应用价值。首先，推动公众与政府从城市整体视角科学认识城镇化中要素间的响应规律，形成更为理性的城镇化社会认知环境；其次，从要素协调与产业协同的视角，按城市、分类型、分阶段总结出城镇化要素投入合理结构与比例，明确要素投入与产业发展的协同路径，探索新型城镇化的实施模式；最后，以要素供给体系创新为突破口，理清要素供给中政府与市场的边界，通过对供给体系创新，形成政策支撑，推动协同模式落地。总之，从要素与产业协同视角探索城镇化的演进规律，不仅能对当前要素失衡问题进行解释，有利于更好地认识新型城镇化，也有利于政府进行更加科学的规划和决策，从而实现对我国以人为核心新型城镇化道路的探索。

第二节　研究内容

一、研究对象与目标

（一）研究对象

围绕城镇化核心要素间的互动关系及其与产业协同的问题，研究对象有三个：一是核心要素之间的关系，通过筛选核心要素的测量指标，考察其在空间上的互动关系；二是核心要素与产业之间的关系，分析核心要素对产业增长与结构的影响，考察要素与产业之间的协同关系；三是城镇化中工业用地的利用效率，提出工业用地利用效率的测量指标，空间分布特征及其影响因素，设计工业用地利用效率的提升政策。

（二）研究目标

围绕研究对象，目标有四点。首先，设计核心要素测量指标与方法，提出核心要素的测量指标、计算方法与软件实现过程，明确其空间特征与分布规律。其次，识别核心要素之间的作用机理，构造核心要素子系统的一体化空间计量模型，识别要素间互动影响机理。再次，挖掘核心要素与产业的协同路径，分析不同情境下核心要素的变化趋势，评估核心要素及其协调度对产业的影响。最后，提出要素供给体系创新的方案，提出分层级、分地域与差异化的城镇核心要素供给体系创新思路与方案。

二、研究内容

图 1-1 是本书研究思路与分析框架。首先，从要素供给体系出发，明确核心要素的测量指标，筛选全国及长三角区域的城市数据，形成分析指标。其次，构建核心要素的一体化空间计量模型，利用数据对要素之间响应机理过程进行实证分析。再次，对核心要素的变化趋势进行分析，考察其对产业增长与结构变化的影响，设计要素供给体系的创新方案。最后，从地方政府隐形债务的视角出发，评估地方隐形债务的风险及其对城市空间扩展的驱动机制。

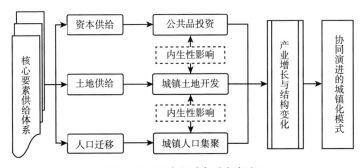

图 1-1　研究思路与分析框架

本书分为五篇，共十五章。第一篇，文献评述与理论分析。本篇包括三章内容，第一章绪论，第二章文献评述和第三章城镇化要素的集聚效应与动态均

衡分析。第二篇，城镇化战略调整与要素协调度评价。本篇包括三章：第四章
要素关系与城镇化发展战略研究，第五章城镇化中核心要素的协调度评价和第
六章案例研究（浦东、滨海新区开发过程与阶段）。第三篇，城镇化要素投入
与产业发展。本篇包括两章内容：第七章城镇化核心要素投入对产业规模的影
响和第八章城镇化核心要素投入对产业结构的影响。第四篇，城镇化中工业用
地利用效率评价。本篇包括三章：第九章城镇化中工业用地利用效率与影响因
素，第十章区位对城镇工业用地产出率的影响与第十一章经济结构转换下工业
用地配置策略引税效应评估。第五篇，地方债务风险与城镇化可持续发展政
策。本篇包括四章：第十二章城镇化中土地财政与债务风险研究，第十三章地
方隐性债务对城市扩张的驱动机制研究，第十四章城镇化可持续政策研究和第
十五章结论与展望。

三、技术路线

围绕上述研究目标与内容，图 1 - 2 是全书的技术路线。第一，围绕城镇

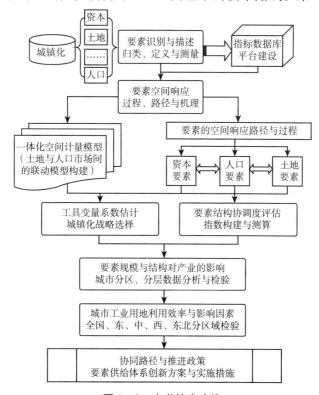

图 1 - 2　本书技术路线

化过程中的核心要素，设计要素的测量指标，构建指标数据库，明确核心要素的定义、测量方法与数据来源。第二，围绕土地与人口要素，构建一体化联立方程模型，筛选合适的工具变量，估计内生变量的影响系数。第三，构建核心要素间的协调度评价模型，设计综合评价指数，计算城镇化要素间的协调度。第四，在上述研究基础上进一步评估要素规模与结构对产业的影响，对城镇化中要素规模与结构变化对于产业规模与结构的影响。第五，围绕工业用地的利用效率，设计测量指标与计量模型，系统评估全国城市工业用地的利用率和影响因素。最后，在上述研究的基础上，形成研究结论与政策建议。

第二章 文献评述

第一节 概念界定

城镇化是一个综合性概念，涉及人口、空间、经济和社会等众多因素，是农村人口以及第二、第三产业向城镇区域转移和集聚的过程，伴随了城市规模、城市数量、人口密度、产业结构以及生活方式的变化。新型城镇化明确了"以人为本"的理念，推动人和社会全面、协调与可持续发展。新型城镇化秉承统筹兼顾以及创新、协调、绿色、开放、共享的发展理念，推动城乡一体、集约高效、生态宜居、特色突出、大中小城市和小城镇协调发展的城镇化。[①] 新型城镇化的特征可以总结为四个方面。一是体现"以人为本"的发展理念。新型城镇化强调以人为核心，提供城镇化人口所需要的高质量基础设施和公共服务，提升城镇化人口的生活品质，体现人文关怀。二是统筹城乡发展。新型城镇化是以城带乡、以乡促城的城镇化，进一步协调城乡关系。在此过程中，生产要素在城乡之间流动体制与机制得以改善，提升要素利用效率。三是城镇化要素的协调发展。新型城镇化在要素供给体制与政策逐步调整，避免单一要素过度投入带来的不协调问题。协调城镇化中土地开发、资本投入与人口集聚的关系，形成多要素协调发展的城镇化模式，推动高质量发展。四是多产业协同发展。新型城镇化突破以工业化作为单一发展动力的局面，而是推动多产业协同发展，新型城镇化将服务业、信息产业和现代农业与工业一起作为城镇化发展的驱动机制，多产业协同发展、相互推动，不仅可以获取经济收益而且有助于人与资源环境的协同发展。

---

① 详见新华社 2016 年 2 月 23 日文章《习近平对深入推进新型城镇化建设作出重要指示》。

一、城镇化的内涵

综合诸多学者观点，城镇化可以界定为"工业化发展中农业人口向城镇迁移、集聚，继而引起城镇空间拓展，以及公共品供给范围延伸与人们生活方式改变的过程"。纵观城镇化的演进过程，城镇公共品供给、土地开发、人口集聚、产业培育与环境保护是主要议题，有学者将城镇化的内涵界定为人口（人）、土地（地）、资本（钱）要素的城镇化，它们是城镇化最核心的三个要素。不论工业、服务业、商业等产业发展，还是城市区域经济发展，都离不开这些关键要素的投入，它们是城镇化进程的核心要素。人口聚集与土地开发之间相互推动，同时城镇化需要大量资金用于基础设施与公共服务的供给，这些要素在空间上的投放时序、规模及结构影响城镇发展模式与路径。本书将资本、土地与人口界定为能影响城镇化发展模式与路径的核心要素。

（一）人口城镇化

人口城镇化是农村人口向城镇区域转移和集聚的过程。我国人口城镇化与众不同之处在于城乡户籍管理制度，农村人口转变为城镇人口涉及户籍变化，即农业户口转变为城镇户口，以及获得附着在户籍体系上的社会福利体系，包括教育、医疗、社会保障、养老服务等的改变。城镇人口的界定与测量指标存在差异，常用指标包括城镇常住人口、非农业人口、建成区人口等。采用不同指标对应的计算结果有一定差异，存在各自的优缺点。实证研究中对人口城镇化的衡量指标可归为单一和复合两类，在协调度评价模型中需要用到的是复合指标。在以往学者建立的人口城镇化指标体系中，因素层基本可归为人口结构、人口素质、产业结构、就业状况、生活水平，所选指标见表 2-1。本书选用城镇人口规模及其变化来反映人口城镇化指标，通过人口构成、产业结构和生活水平这三个指标层建立人口城镇化的指标体系。

表 2-1　　　　　　　　　　人口城镇化的测量指标体系

作者（年份）	因素层	指标层
陈凤桂、张虹鸥和吴旗韬等（2010）	人口构成	非农人口比例，第二、第三产业劳动者比重
	产业结构	第二、第三产业产值占 GDP 比重
	生活水平	恩格尔系数、人均可支配收入、人均居住面积、每万人卫生人员数

续表

作者（年份）	因素层	指标层
曹文莉、张小林和潘义勇等（2012）	人口结构	非农人口比重
	就业状况	非农业从业人员比重、城镇登记失业率
	人民生活	城镇人均可支配收入、城镇居民恩格尔系数、城镇居民人均住房面积、人均教育经费支出、万人拥有病床数、万人拥有小汽车数
刘娟、郑钦玉和郭锐利等（2012）；沈彦、朱翔和雷志刚（2015）	人口构成	非农人口比例，第二、第三产业劳动者比重
	人口素质	每万人高等学校在校生
	产业结构	第二、第三产业产值比重
	生活水平	恩格尔系数、城镇人均居住面积、城镇居民人均消费金额、城镇人均可支配收入、每万人拥有医师人员数
林爱文和樊星（2015）	人口结构	非农业人口比重，第二、第三产业就业人口比重，城市人口密度
	生活水平	人均可支配收入、每万人拥有医院、卫生院床位数、人均居住面积、恩格尔系数、每万人高等学校在校生人数、百人图书馆藏书、参加基本养老保险人数

资料来源：本书作者根据陈凤桂、张虹鸥和吴旗韬（2010），曹文莉、张小林和潘义勇（2012）等相关文献整理。

（二）土地城镇化

土地城镇化是指城镇化进程中土地要素的投入，即土地开发，反映城镇空间供给规模与结构。土地城镇化存在两种定义：一种是建成区面积的增加；另一种是农村土地由于受到政府征用以及规划拆迁而转变为城镇建设用地的过程，也可认为是土地城乡属性的变更。前者反映了城市空间的扩张，没有考虑城市内部空间结构的调整；而后者同时涵盖了城镇建设用地的向外拓展以及内部结构变动，能够体现城镇化中土地要素的投入情况。实证研究中对土地城镇化水平的衡量同样可以采用单一和复合两类。使用较多的单一指标是城镇建设用地面积、建成区面积、市辖区面积比重等，最为常用的是城镇建设用地面积，表示土地城镇化。通过对已有研究中人口城镇化指标体系的梳理，因素层涵盖了土地结构、城镇规模、土地投入、土地产出四个层面，见表2-2。通过整理，此处从城镇规模、投入水平和产出水平这三个层面出发，建立土地城镇化的指标体系。

表 2-2   土地城镇化的测量指标体系

作者（年份）	因素层	指标层
陈凤桂、张虹鸥和吴旗韬等（2010）	投入水平	城市建成区面积、单位土地面积上固定资产投入、单位土地面积上年建设投资
	产出水平	单位土地面积上第二、第三产业产值，单位土地面积上财政收入
曹文莉、张小林和潘义勇等（2012）	土地结构	城镇用地率（城镇用地/总面积）、单位土地面积上固定资产投入
	土地投入水平	单位土地面积上从业人员数、单位土地面积上用电量
	土地产出水平	单位土地面积上第二、第三产业产值，单位土地面积上财政收入
刘娟、郑钦玉和郭锐利等（2012）	城镇规模	城镇建成区面积、人均公共绿地面积
	投入水平	单位土地面积上固定资产投入、单位土地面积上年建设投资
	产出水平	单位土地面积上第二、第三产业产值、单位土地面积上财政收入
沈彦、朱翔和雷志刚（2015）	城镇规模	城镇建成区面积
	投入水平	单位土地面积上固定资产投入、单位土地面积上年建设投资
	产出水平	单位土地面积上第二、第三产业产值、单位土地面积上财政收入
林爱文和樊星（2015）	土地结构	非农用地比重、城镇建成区面积、人均绿地面积、人均道路面积
	投入产出	单位土地面积上固定资产投入，单位土地面积上年建设投资，单位土地面积上劳动力数，单位土地面积上第二、第三产业产值，单位土地面积上财政收入，单位土地面积上消费品零售额

资料来源：本书作者根据陈凤桂、张虹鸥和吴旗韬（2010），曹文莉、张小林和潘义勇（2012）等相关文献整理。

（三）公共品投资

伴随人口与土地城镇化，公共品投入是必不可缺的要素。本书采用公共品投资来表示城镇化进程中地方政府对公共品的资本投入。萨缪尔森（Samuelson，1954）最早在其《公共支出的纯理论》一书中给出公共品的概念："无论是谁对这种物品的消费并不能削减别人对它的消费。"奥尔森（Olson，1965）也提出相似观点，如果任何个体对该物品的消费不会妨碍集体中其他人对它的消费，那么这种物品就属于集体或是公共物品。无论何种定义，均可归纳为非竞争性和非排他性。狭义公共品同时具备非竞争性和非排他性，而广义公共品则为具有非竞争性或者非排他性的物品。

地方财政支出是衡量公共品投入水平的重要指标。国外研究中常见的指标有现有支出总额、财政预算支出等，国内学者最常用的指标为地方预算内财政支出，包括单位土地面积上地方预算内财政支出或人均地方预算内财政支出。

多数公共品以城市土地面积为依据来提供，而非完全按照人口规模来供给，为避免人口规模对人均指标的内生性影响，在协调度评价中，选用强度指标即单位土地面积上地方财政一般预算内支出表示公共品投资。

构建公共品投资的评价指标体系，需要从公共品的具体分类入手。有学者将其划分成三类：经济基础设施类、社会基础设施类和制度基础设施类。但是，在实证研究中，最为常用的分类方法是参考公共经济学的做法将公共品分为两大类：经济型公共品和非经济型公共品。经济型公共品主要包括道路、电力、能源、通信等一系列基础设施，可以在相对较少的时间里达到推动经济发展的作用；而后者以教育、医疗服务和社会保障等公共服务为主，主要利于居民福利增加和经济长期发展。国内也有学者提出不同的分类方法，如丁菊红和邓可斌（2011）将公共品分为硬公共品和软公共品，虽然不同学者给出的称谓有所差异，但实质类似，见表 2 - 3。本章参照已有的分类方法，将公共品分为经济型公共品和非经济型公共品以建立指标体系。

表 2 - 3 公共品分类

作者（年份）	因素层	指标层
费德尔克和加利克 （Fedderke and Garlic, 2008）	经济基础设施	交通、电力、通信、供水，即提供用于生产和最终消费的服务的实物资产
	社会基础设施	支持健康劳动力使之具有足够技能的资产、卫生和教育设施
	制度基础设施	法律体系、文化和资本市场以及对其他形式基础设施提供的支持
基恩和马钱德（Keen and Marchand, 1997）；佐德达、泰斯塔和坎纳斯 等（Zedda, Testa and Cannas et al., 2005）；费德尔克、珀金斯和路易斯 （Fedderke、Perkins and Luiz, 2006）	经济性公共品	以道路、电力、能源、通信等基础设施为代表
	非经济性公共品	以教育、医疗服务和社会保障等公共服务为主
丁菊红和邓可斌（2011）	硬公共品	收益时间短、外部性较大的基础建设等有形公共品
	软公共品	收益时间长、外部性相对较小的科教文卫等无形公共品
左翔和殷醒民（2013）	经济性公共品	每平方千米铺装道路面积
	非经济性公共品	每万人中小学教师数、每万人中卫生、社会保险及社会福利从业人员

资料来源：本书作者根据费德尔克和加利克（Fedderke and Garlic, 2008），基恩和马钱德（Keen and Marchand, 1997），佐德达、泰斯塔和坎纳斯等（Zedda, Testa and Cannas et al., 2005）及相关文献整理。

综上所述，本书将资本、土地与人口界定为能影响城镇化发展模式与路径的核心要素。无论采用何种城镇化战略，城镇化都表现为要素的空间集聚与产业功能培育。纵观城镇化的演进过程，公共品供给、土地开发、人口集聚、产业培育与环境保护是可持续发展的主要议题，这些都涉及最核心的三个要素，即资本、土地与人口。核心要素在空间上的投放时序、规模及结构决定了城镇发展模式与路径。具体来讲，将城镇化中基础设施与公共服务所需的投资界定为"资本要素"，是反映公共品的供给规模与结构的指标；将城镇空间开发界定为"土地要素"，是反映空间供给规模与结构的指标；而将城镇人口变化界定为"人口要素"，是反映空间需求的指标。针对土地、人口与资本等单要素的研究比较丰富，且有学者从时间与空间视角分析两两之间的因果关系。然而，关于资本、土地与人口三者间关系的研究不足，对其在空间上的作用机理还缺乏一致认识，推进新型城镇化需要识别核心要素在空间上响应过程，明确其失衡的机理。

二、城镇化要素的互动关系

土地开发与人口集聚的互动关系。经济增长导致土地与人口在空间上失衡，引起土地开发或人口规模的变化，是土地开发吸引人口集聚，还是人口集聚推动土地开发，两者的因果关系在发展中国家与发达国家的结论并不一致。发展中国家正经历快速的人口迁移和土地开发过程，人口城镇化速度通常是发达国家的 2~3 倍，且人口集聚速度快于土地开发进程。针对发展中国家的研究发现，人口集聚驱动土地开发，在城镇人口增速为4%的情况下，土地溢价可达59%，持续的城镇人口增长能提升土地开发的收益预期，导致房地产价格上涨。而在发达国家，城市化与工业化基本完成，城镇人口与土地变化缓慢，两种要素的因果关系不明显，呈现出交替变化的态势。发达国家更多关注城镇化人口能否获得充足的可支付住房、便利的公共交通与公平的受教育机会等问题。此外，也有学者关注土地供应结构（居住与产业用地比例）对增加就业的作用，就业机会则能显著增强区域的人口集聚能力（Fu and Hong，2011）。

核心要素互动影响的内生性问题。随着要素失衡问题的凸显，学者们开始关注要素之间的协调关系。土地市场与劳动力市场之间有联动关系，市场上的变量存在相互影响，识别变量间的影响需要解决内生性问题，通过识别内生变量的符号及显著性可以判定子系统之间的因果关系。现有研究还缺少对土地与人口互动影响中内生性问题的关注，需要有分析要素关系及其内生性的一体化框架。

三、城镇化开发战略与模式

城镇化战略（urbanization strategy）是从推动城镇化的主体（政府）的角度而言的，即地方政府在城镇化中采用的策略、方式、方法，形成相应的总体战略。具体而言，从土地要素与人口要素的因果关系可以对战略进行界定。城镇化模式（urbanization model）则是从城镇化的阶段及其特征而言的，是社会经济的一种表现。城镇化模式是指一个国家、一个地区在特定阶段、特定环境背景中城镇化基本特征的模式化归纳与总结。本书从要素投入互动关系切入，分析政府在城镇化中的政策偏好，在此基础上，依据我国城镇化的发展阶段和进程，从要素协调发展与社会经济发展总体进程出发提出镇化模式的转型政策。

城镇化是空间供给与需求之间相互响应的动态过程，存在"均衡——非均衡——均衡"的演变路径，反映要素在空间上规模、结构与比例的变化，依据城镇化要素投放时序，城镇开发战略可分为主动与被动两种类型。在主动战略下，基础设施投资与土地开发提前进行，通过低租金与就业机会吸引人口集聚，能避免快速人口集聚导致的交通拥堵、环境恶化、租金上涨等问题。但当经济下滑导致人口和产业不能跟进，此战略将造成基础设施与空间闲置，政府与开发商的财务风险上升。

在被动战略下，人口集聚与产业发展驱动公共品投资与土地开发，其核心特征是公共品供给与土地开发滞后于需求，能降低城市空间闲置的风险。但当人口快速集聚而空间供给在短期缺乏弹性时，会产生交通拥堵、居住环境恶化等城市病（仇保兴，2009）。当前，我国城镇化中两种类型并存，在城镇外围的新区、新城、副城等新开发区域属于典型的主动开发战略，而在老城、旧城、主城等历史区域，公共品供给与土地开发等城市更新滞后于人口集聚，属于典型的被动开发战略。

四、城镇化与产业增长

调整核心要素投放方式、规模与结构是促进产业发展的有效手段。（1）公共品要素对产业规模和结构的影响。公共品投资具有溢出效应，能推动第二、第三产业结构变化，且有长期效应（Ji et al.，2014）。大型公共品（高铁、地铁、基础、机场、港口等）对相关产业具有带动作用，调整公共品投资规模与方向，激发其外溢效应，能够促进产业增长和结构调整。（2）人口要素对产业类型与结构的影响。可以自由流动的劳动力市场能够推动形成明确的城市产业分工体系，高素质人才是推动产业结构升级的要素，而专业人才在空间的集聚则是产业集群形成的重要驱动力。因此，探索城镇化模式需要放松劳动力流动的管制政策，形成差异化的人才引进与配套政策。（3）土地要素对产业集聚的影响。地价对产业有门槛效应，用地指标直接影响产业规模。不同城镇化阶段中土地供给规模与结构对于产业增长及结构变化的影响还有待探讨，随着工业用地低价政策对于产业推动作用的弱化，现有产业用地供应体系需要引入更多的市场机制（巴曙松，2013）。城镇化核心要素与产业之间存在作用与反作用的双向关系，两者间的作用机理与协同路径需要更多的实证研究。

第二节　城镇化要素间的互动关系

一、人口要素与土地要素的互动关系研究

人口要素与土地要素之间的互动关系检验存在多种方法。一类是对要素间的相互作用强度的测评。如奥伦斯坦和汉伯格（Orenstein and Hamburg，2009）通过双因素分析、扩张指标分析、多元线性回归检验发现以色列在三个空间尺度上（国家、区域和地方）人口增长和土地开发率都保持不同程度的正相关。而在我国现有的实证中，人口和土地的城镇化耦合关系研究较多，如郭付友、李诚固和陈才等（2015）利用耦合协调分析法，以东北地区 34 个城市为考察对象，对 2003 ~ 2012 年人口和土地城镇化耦合程度进行考察。另一类典型方法是进行因果关系检验，能够帮助理清要素间作用机理、挖掘城镇化驱动机制。刘耀林、李纪伟和侯贺平等（2014）利用 Logistic 模型分析证明人口城镇化以及其他若干变量为土地城镇化的几个关键作用因子。胡伟艳与张安录（2008）选取湖北省 1978 ~ 2005 年的数据为研究对象进行人口要素和土地要素的格兰杰因果关系检验。联立方程模型近年来也开始被学者用于城镇化核心要素相互作用机制的研究中，联立方程模型的优势在于不仅能够评价要素间相互作用强度，还具有检验因果要素间关系的功能，剖析要素间的作用机制。

二、公共品要素与土地要素的互动关系研究

美国经济学家蒂伯特（Tiebout, 1956）挑战萨缪尔森（1954）与马斯格雷夫（Musgrave, 1939）主张的公共品理论，发展了财政分权理论，最早提出用脚投票（vote with their feet）理论，指出人们凭借在区域间的流动选择更高水平地方公共品，换言之，人们对公共品存在偏好。张英杰（2015）利用北京市居民家庭 2010 年数据，发现家庭对公共交通和优质教育资源具有显著的正向偏好，对于地铁站点和重点小学可达性越好的区位，家庭的选址概率越大。人们对不同公共品的偏好存在差异，因而投资者在利益的驱动下更倾向于开发公共品建设完善的土地，进行土地开发，推动地价与房价增长。实证研究证明公共品投资对地价或房价存在正向影响。奥兹（Oates, 1969）根据关于新泽西州东北部的 53 个城镇的研究，发现当保证一定的赋税压力时，公共品供给条件和房地产价值表现出正相关关系。庄和赵（Zhuang and Zhao, 2014）借助多元回归模型和 GIS 技术对日本福冈市 1983～2011 年的数据分析证明铁路和地铁站的大型综合性交通运输和通信系统对周边的地价和房价发挥了明显的增值作用。国内许多学者也证明了公共品投资对地价或房价的推动作用。

三、城镇化要素间的协调度测量方法研究

协调度模型形式多种多样，但根据协调度的衡量标准基本可以归纳为三类：距离型协调度模型、变化型协调度模型和综合型协调度模型。距离型协调度模型是计算协调度的重要方法，其特点为运用系统间的特定距离为考察标尺进行计量，是一种静态的协调度评价模型。具体方法可以细分为离差系数最小化、隶属函数、基尼系数和数据包络分析工具等协调度评价模型，见表 2-4。

表 2-4　　　　　　　　　　　协调度评价方法

模型	方法	字母含义
离差系数最小化	$c_t = \left[\dfrac{1}{C_m^2} \sum_{i \neq j} x_{it} \, x_{jt} \Big/ \left(\sum_{i=1}^{n} x_{it}/m \right)^2 \right]^k$	c_t 为协调度；m 为子系统数；x_{it} 为各子系统发展度；k 为调节系数

续表

模型	方法	字母含义
隶属函数	$c(i/i_{m-1})_t = \exp\{-(x_{it}-x_{it}^*)^2/\sigma_i^2\}$ $c_t = \begin{cases} \min\{c(i/i_{m-1})_t\}/\max c(i/i_{m-1})_t, & m=2 \\ \sum_{i=1}^{m} c(i/i_{m-1})_t\, c(i_{m-1})_t / \sum_{i=1}^{m} c(i_{m-1})_t & m=3,4,\cdots \end{cases}$	x_{it}^* 为别的子系统对子系统 i 要求的发展协调值；σ_i^2 为发展度方差；m 为子系统数；$c(i_{m-1})_t$ 为小复合系统协调度；c_t 为系统协调度
基尼系数	将洛伦茨系数用于子系统特征值公平性评价，并以地区为单位对子系统特征值进行累计，最后根据洛伦茨曲线图求得相应的洛伦茨系数，即基尼系数协调度	—
数据包络分析工具	借助数据包络分析工具，以相对效率值衡量系统的投入－产出能力	—

资料来源：本书作者根据杨忍、刘彦随和龙花楼（2015）等相关文献整理。

变化型协调度模型的特点是结构精密，依赖于复杂的多重微分方程，在以各系统变化的一致水平衡量协调度时判断标准确定较难。综合型协调度模型能够较好地展示系统集成的观点，克服变化型协调度模型计算较为复杂的问题，不足之处是不能描述系统间的内部关联性，容易导致系统整体协调度计算时出现误差。其他一些常用方法，如用地增长系数、耦合协调度模型。用地增长系数（RPL）也是国际认可的研究方法，操作相对简单，但适用于两个要素的协调性检验。耦合协调度模型在相互作用强度的基础上进一步评估协调度，如杨忍、刘彦随和龙花楼（2015）借助该计量方法进行人口、土地以及产业三者的非农化协同演进规律的研究。

第三节　城镇化要素投入对产业增长的影响

城镇化有丰富的内涵，反映城乡之间生产要素的再配置以及产生收益的分配，经济上表现为经济总量增加以及经济结构改变，主要体现为第二、第三产业的比重的增加。根据诺瑟姆曲线，一个区域的城镇人口占总人口的比例的变化可以被看作一条被拉平的 S 曲线，这条曲线把城镇化按人口与产业特征分成三个阶段。第一阶段为城镇化水平较低的初级阶段。城镇化率在 10% ~ 30% 之间，第一产业和农村人口占较大比重，城镇人口增长缓慢且持续时间较长，是传统上的农业社会。第二阶段为人口向城镇快速聚集的中期阶段。此阶段城镇人口占比在 30%~60% 之间，工业化带来的就业机会吸引农村人口向城镇迁移，第二产业成为支柱产业，第一产业比重下降，城镇人口规模快速扩大。与此同时，劳动力过剩、交通拥挤、住房困难、环境污染等"城市病"逐渐突出。第三阶段为城镇人口的增长区域缓慢甚至停滞阶段，此阶段城市人口占比达到 60% 以上，经济发展主要以第三产业和高新技术产业为主，城镇人口出现"双低（低出生率与低死亡率）"特征，城镇人口增长缓慢，面临产业结构调整与升级的压力。

一、城镇化中产业与产业结构

（一）产业及产业结构定义

产业包含了国民经济中的各类社会经济型的活动，按照经济发展阶段的分工原则，产业划分为不同的行业部门。不同社会发展阶段的产业划分不尽相同，一般有三次产业分类法、资源密集度分类法、两大部类分类法以及国际标准产业分类法。我国统计部门认可并普遍使用的是三次产业分类法，把产业划分为第一产业（农业）、第二产业（工业和建筑类）以及第三产业（流通部门和服务部门）。因此，本书的产业结构具体指在社会生产过程中三次产业之间的比例关系以及产业内的变化情况。

产业升级是要通过全面优化技术结构，组织结构，布局结构和行业结构，促进工业结构的整体优化提升。产业升级表现为产业结构转变与要素生产率提高。影响产业发展的要素包括市场需求、技术进步以及要素供给三个方面，市场需求与技术发展在一定程度上通过要素流动来影响产业的发展。在市场上资源的配置与利用受到需求结构的影响，随着市场消费观念以及消费情况的变化，需求结构也进行了一定的调整。由于要素供给的滞后性，要素配置与需求之间存在一定的错位。同时，技术进步会影响要素生产率，推动要素从低生产效率的产业流向高生产效率的产业。

（二）产业及产业结构测量指标

衡量产业升级的重要指标包括要素生产率、研发密度和技术密集型集约化程度以及劳动生产率。劳动生产率表示一定时间劳动创造的价值，劳动创造的价值提升说明一段时期间内产业规模的增加，其表达式为：$LP_t = \dfrac{GDP_t}{L_t}$，劳动生产率增长率公式为 $\dot{LP}_t = \dfrac{(LP_t - LP_{t-1})}{LP_{t-1}}$。若具体到某一具体产业，则可以用该产业的产值代替 GDP，测算出该产业的劳动生产率。

霍夫曼比例系数是研究产业结构的常用指标，用消费资料与生产资料的净产值来衡量工业化程度，霍夫曼比例系数越小，工业化程度越高。董凤丽

（2010）提出的结构综合效益指数，$Z = \dot{Z}T = \left[\sum\limits_{i=1}^{N} W_i \dfrac{\left(\dfrac{Y_i}{\sum Y_i}\right)^2}{\dfrac{K_i}{\sum K_i} \dfrac{L_i}{\sum L_i}} - 1 \right] \cdot T$，$\dot{Z}$

表示除技术进步外，结构调整的贡献值，T 值为技术进步贡献的份额。若该指数上升，表示该区域产业结构趋向合理；若指数下降，则表示产业结构调整存在问题。比较具有代表性且使用比较广泛的产业结构衡量指标包括产业结构高级化和产业结构合理化或者是产业结构系数。产业结构高级化主要是指在经济发展过程中通过社会分工以及科技的进步对生产要素等资源进行再分配，从而使产业结构从低级向高级进化，衡量的标准是在区域中产业有第一产业向第二、第三产业发展的程度或者利用产业间的耦合效率或空间位置衡量产业发展的高级化程度。一般利用非农产业占总产业的比值来衡量产业的高级化程度，即 $TS_1 = \dfrac{Y_2 + Y_3}{Y}$，李长亮等（2017）利用这种指标来衡量产业结构。

随着第一产业间经济比重不断地下降，第三产业的迅速上升，学界倾向于利用第三产业和第二产业的产值比重来衡量产业的高级化程度，公式为 $TS_2 = \dfrac{Y_3}{Y_2}$。若 TS_2 处于不断上升状态中，则经济持续向服务化推进，产业结构不断转型升级。产业结构的合理化侧重于考察要素投入与产业结构的关联程度，包含三次产业间相互的协调程度以及资源的有效利用度两个方面。其中最具代表意义的是就业结构与产业结构的偏离度，公式为：$E = \sum\limits_{i=1}^{N} \left| \dfrac{\dfrac{Y_i}{L_i}}{\dfrac{Y}{L}} - 1 \right| =$

$\sum\limits_{i=1}^{N} \left| \dfrac{\dfrac{Y_i}{Y}}{\dfrac{L_i}{L}} - 1 \right|$，其中 Y 表示产业产值，L 表示就业，而 $\dfrac{Y_i}{Y}$ 表示产业产出结构，

$\dfrac{L_i}{L}$ 表示产业就业结构，E 用来衡量产业产出结构与产业就业解雇的耦合程度，

E 值与产业合理程度成反比，E 值越大，产业结构越不合理。也有学者利用泰

尔系数来衡量产业合理程度，公式表达为 $TL = \sum_{i=1}^{n} \left(\frac{Y_i}{Y} \right) \ln \left(\frac{\frac{Y_i}{L_i}}{\frac{Y}{L}} \right)$。泰尔系数越

小，表明经济偏离均衡状态越小，产业结构越合理；当泰尔系数越偏离 0，则
产业结构越不合理。也有学者利用产业结构升级指数来衡量产业结构的层次，
就是对三次产业分别赋值 1、2、3，然后乘以相对应的权重，对应的权重一般
表示为该产业产出与 GDP 的比值，叶阿忠（2015）、车久菊（2016）等就是
用此指标衡量产业结构。

二、城镇化要素与经济发展的关系

城镇化和产业发展是经济演化过程中重要主题。产业结构转型、要素投入
以及生产率提升推动经济发展，城镇化过程中要素的重新配置改变了劳动力结构
和产出结构。优化城市功能，可以促进产业转型以及要素生产率的提高，推
动经济增长，其影响路径如图 2-1 所示。

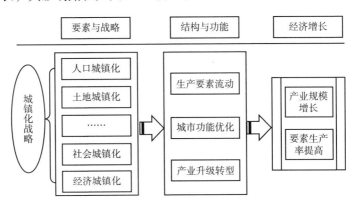

图 2-1　城镇化要素对经济增长的影响路径

伴随城镇化深入发展，学者把目光集中在城镇化与产业发展之间的关系
上，聚焦城镇化与产业结构的相互作用。产业结构升级能够影响城镇化质量，
而城镇化的要素集聚又能反作用于产业结构。何凌峰（2017）利用格兰杰因
果检验证明城镇化要素与产业发展间存在长期因果关系，短期上存在单向的因
果关系。城镇化中生产要素加快向城市聚集，推动产业发展与经济增长。典型
的要素流动是人口在城乡之间的再配置，影响到产业结构的调整。卢卡斯

（Lucas，1988，2002）认为城市是先进技术集聚地，通过人力资本流动推进城镇化发展。吴福象（2013）认为通过资本和人力等要素在区域间的流动，可以有效提升要素的外部经济型和创新效率，推动区域经济增长；格莱赛（Glaeser，1999）和卡利努斯（Calino，2007）认为城镇化有利于人口资本积累和科技技术的进步，从而推动产业的发展。张卫国（2016）提出不同时空下城镇化的影响因素不同，西部地区的城镇化水平落后于产业结构发展。

三、城镇化要素投入对产业发展的影响

要素投入在文献中被称为要素禀赋或者资源禀赋，是指在一个国家或者地区所拥有的有利于经济社会发展所必需的生产要素的丰富程度，包括人力资源、物质资源抑或自然资源等重要的生产要素。生产要素是物质资料生产必须具备的基本因素和条件，在外界条件相同的情况下，是否拥有要素或者要素的持有量在很大程度能够影响这个国家或者地区的经济发展模式和途径。假设一个地区的资本或劳动力明显优于其他地区，那么就说明这个地区的是资本相对富裕或者劳动力资源相对短缺的区域，反之，则说明这个地区是一个劳动力相对富裕或者说资本相对短缺的区域。在城镇化的不同阶段，生产要素的条件会发展变化。生产要素由生产要素二要素论（土地和劳动）到三要素论（劳动、资本、土地），以及此后学者把资本所有者和企业管理者分解开来，再后来考虑技术创新的影响，不断扩充于生产要素的内涵。但是，资本、土地与人口要素在产业与经济发展中始终处于重要位置。

（一）人口要素对产业发展的影响

城市的形成与发展的主要依靠人口聚集。人口要素向城市集聚的过程，对城市原有的社会形态和生态环境造成了明显的压力，体制性与结构性的矛盾凸显出来。何（He，2016）从人口在分配的角度出发认为城乡二元户口制度限制了流动人口享受城镇化的福利和基本权利，"候鸟式"的农民工进入城市实际上并没有对城镇人口规模的增长产生推动作用，限制了工业化所必需的劳动力，使得工业化与城镇化之间缺乏一致性，即户籍人口与流动人口空间上的失衡导致了中国城镇化和工业化缺少协调性。户籍制度在造成工业化和城镇化失衡的同时，也严重影响中国城镇化的质量，城镇化发展潜力受到了压制，尤其是中国进入老龄化之后，农村剩余劳动力的年龄的增加意味着我国的劳动力供求关系已经发展逆转，劳动力的供需缺口变大。

劳动力要素是促进产业结构发展的重要引擎，是经济活动中主要的要素之一。劳动力要素通过影响需求结构间接促进产业的变化，也可以通过产业间劳动力的流动直接推动产业发展。刘易斯二元经济理论、拉尼斯－费模式和托达罗模式分别聚焦劳动力流动对发展中国家经济发展的促进作用。劳动力流动的驱动力是预期的工资差异，劳动力投入数量的增加与劳动生产率的提升促进经济增长。同时，劳动力价格则通过两条路径驱动产业升级。一是劳动力价格上涨促进消费结构改变，市场消费需求驱动产业结构升级；二是劳动力价格上涨使得要素成本增加，引发要素之间的替代效用，例如，资本与技术对劳动要素的替代，导致劳动密集产业向资本与技术密集型产业转变，推动产业结构调整。

（二）资本要素对产业发展的影响

资本是城镇化和经济发展的重要保障。一方面需要通过资本投入扶持产业发展，培育现代服务业，尤其是那些资金密集或者资金周转周期长、报酬回收期长的高科技产业；另一方面，提供公共基础设施需要大量的资金投入，拥有丰富的融资渠道、优质的抵押物才能获得低成本的资金。获取低成本的资金是地方政府提供给基础设施的必要条件。城市经济效益体现在土地及房地产的价格上，地方政府通过土地出让及抵押来获取资金进行城镇化基础设施建设及提供公共服务。吴（Wu，2016）等学者从土地、劳动力和资本等要素角度出发，认为中国的土地财政政策违背了土地稀缺性的特点，如果持续采用此政策，高地价政策会损坏产业结构升级，对产业及经济发展产生副作用。

有文献将资本要素区分为人力资本与资金资本，资金资本主要是指固定资产投资情况。固定资产投资也被称为固定资产在生产活动，它涵盖了固定资产的更新、改造、扩建、新建等方面的活动，是社会扩大再生产的主要途径，分析固定资产的投资力度有助于把控产业结构转型的方向。古典经济增长理论认为资本的积累是经济增长的决定性因素，劳动分工前提是要有足够的资本积累，资本影响劳动者供给规模和劳动力的生产效率。资本的积累和高效配置对经济增长与产业发展有着重要的作用。投资在推动需求的同时也能扩大生产，提高产品的供给能力，投资在经济增长与产业发展具有重要作用。

（三）土地要素对产业发展的影响

土地是城镇化的重要载体，新住房开发以及基础设施的建设需要土地。在城镇化的过程中必然伴随着城市建设用地供应的增长。克劳弗斯（Klaufus，

2015）认为城市土地的无序扩张加剧了省市之间的经济差距，同时在城镇化建设初期，在其他要素投入不足的情况，土地资源过量投入（超过实际需求）能够加速城镇化速度。但由于土地资源的稀缺性与不可再生性，随着耕地面积的减少和城乡间经济差异的增大，土地过度供给与无序蔓延对环境与资源带来了巨大压力。因此，地方政府在投放土地时，需要在社会经济需求与保护维持区域生态系统服务功能之间寻找平衡点，只有这样才能实现城镇化的可持续发展。

土地是一切社会与经济活动的主要载体，有别于劳动力资源与资本要素，其稀缺性与不可再生性决定了土地要素在总量上是不变的。但是，可利用土地以及土地的利用结构却刚好相反，产业在空间上的布局与发展的基础是土地利用结构的变化。土地的供给以及土地的出让价格对非农产业的发展起着至关重要的作用，李勃（2013）利用多元统计分析等方法对土地建设面积与地价对非农产业规模以及经济发展做了定量分析，认为建设区面积以及地价对经济发展有着强有力的推动力，但是这个推动力要保持在适当范围。张乐勤（2014）、张孝宇（2011）、叶剑平等（2011）利用生产函数与面板数据模型挖掘出土地供给对经济发展尤其是第二、第三产业规模的重要贡献。在城镇化以及工业化推进的过程中，经济发展对建设用地面积的依赖性有强变弱，即在城镇化初级阶段，建设用地面积的扩张对经济发展的贡献较大，随后，这种贡献逐渐减弱。

城镇化中人口、土地与资本等要素投入对产业发展带来影响，表现为要素在城镇集聚带来的结构功能变化，进而引发产业规模与结构的变化。在城镇化的第三阶段，评估要素对产业的影响，有助于形成合理的要素供给政策与产业发展政策。

四、相关理论与观点评述

（一）结构红利假说

产业结构内生于要素资源结构，要素在产业间的流动驱动了产业结构的变化。换言之，产业结构变化的基础是要素投入的变化，已有研究表明要素投入会对产业产生影响，我国经济增长主要来自要素投入。我国城镇化要素配置中还存在一定的价格扭曲现象，配置扭曲制约了经济与产业的发展。结构红利假说表明要素结构的演进能够影响生产率的增长。不同产业具有不同的生产率水平以及生产率增长速度，当要素从低生产率水平的产业向高生产率水平的产业转移时会促进总生产率的增长。

要素结构变化驱动经济发展和生产率的增长。索尔特（Salter，1962）研究英国 25 个行业的数据验证了要素结构变化对生产率增长有显著影响。迪特里希（Dietrich，2012）利用七个 OECD 国家的年度数据的实证分析指出产业结构变化支持经济发展；武（Wu，2017）通过有效结构偏额分离分析和绝对值（资产净值）指数评估结构变化的影响，发现结构变化对全要素生产率有着重要的影响。就要素配置与产业生产率之间的关系，我国学者王鹏（2015）采用全要素生产率分解法分析了劳动力与资本要素在产业结构调整中的配置效率，发现改革开放以来资本边际产出率现呈收敛的趋势，资本和劳动要素还存在明显的结构红利，但是资本要素的结构红利不明显。丁焕峰（2011）发现广东省生产率的增长主要来自劳动力的结构效应，而内部增长却对生产率增长具有抑制效果；张翼（2010）利用随机前沿生产函数验证了在我国要素结构的重新配置有利于经济发展。

也有学者提出不同的观点。麦克米伦（McMillan，2014）研究 1990～2005 年拉丁美洲与 1990～2000 年非洲的数据，认为要素结构变动并不能够对产业生产率产生正向影响；鲍莫尔（Baumol，1967）表明劳动力要素能从生产率高的部门转移至生产率低的部门，会导致整体经济的下降。恩盖和皮萨里德斯（Ngai and Pissarides，2007）、梅克尔（Meckl，2002）、费格伯格（Fagerberg，2000）以及蒂穆尔和西尔毛伊等（Timmer and Szirmai et al.，2000）研究表明要素结构的变化可能不利于生产率的增长，产业结构变化是经济增长的副产品，而对经济发展过程没有反馈作用。倪树高（2011）利用浙江省的分行业面板数据构建超对数生产函数，证明浙江省制造业在 1992～2007 年并未呈现结构红利，而是呈现结构负利，行业间的要素流动对行业生产率的提升提供有力支持，结构效应并不明显。帅先富（2010）验证了虽然海南省劳动转移对全要素生产率有积极影响，但是资本的结构红利假说在后期却不能成立。

（二）雷布津斯基定理

不同产业间的要素丰裕度变化是导致产业结构转型升级的重要原因，雷布津斯基定理解释了这一观点。该定理用来分析一个区域的生产要素禀赋发生变化时，对该区域总产出及国际贸易的影响。假设该区域的经济是封闭的，只生产 X 和 Y 两种产品，并且只涉及资本 K 和劳动力 L 两种要素，且这两种要素之间可相互流通并存在替代效应，其中产品 X 是资本密集型产业，Y 是劳动密集型产业。

如图 2-2 所示，曲线 R 是原生产可能性边界，相对价格线与 R 相切于 A 点，此时 X，Y 的产品数量为 (X_1, Y_1)，当要素禀赋增加后，生产可能性边界对应的 X 轴、Y 轴的端点即 X、Y 的最大产出也会有所增加，其增加幅度取决于要素禀赋变化的类型，劳动要素供给增加后，生产可能性边界向外扩张，但是 X 产品的扩张速度大于 Y 产品的扩张速度，在相对价格不变的情况下，会形成一个新的均衡点为 A'，此时 X，Y 的产品数量分别为 (X_2, Y_2)，X 的产品数量增加，Y 的产品数量减少。而当资本密集型产品数量增加时，它在整个区域市场中所占的份额将发生改变，该区域的产业结构也将发生一定程度的变化。同理，若是把资本与劳动看作一个复合要素，把技术作为一个更高级的要素引入雷布津斯基定理中，当技术要素增加时，技术密集型的产业将会在经济市场中占据主导地位，而当高技术要素的产业发展超越低技术要素的产业时，该区域经济的产业结构将得到优化。

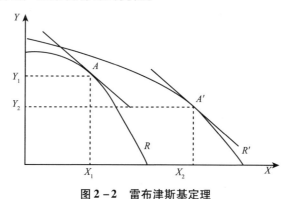

图 2-2　雷布津斯基定理

资料来源：甘道尔夫．国际经济学 I：国际贸易理论［M］. 北京：中国人民大学出版社，2015.

（三）其他理论与观点

在现代产业结构理论形成的过程中，费夏、克拉克、配第、库兹涅茨等学者都做出了突出贡献，完善了现代产业结构相关理论。以下对一些重要的产业发展理论与观点进行梳理和总结。

配第-克拉克定理。威廉·配第在《政治算术》一书中指出，由于行业间存在着收入差异，劳动力总是从低收入行业向高收入的行业流动，及劳动力倾向于流入工业部门。1940 年，柯林·克拉克在"三次产业分类"分析方法的基础上，指出产业结构升级本质上是对包括生产要素与物质资料进行重新配置的一个动态过程，生产力和经济水平的提升将带动劳动力由第一产业向第二、第三产业转移，与配第的观点一致。

库兹涅茨法则。西蒙·库兹涅茨（Simon Kuznets，1971）在配第 – 克拉克理论的基础上，在《各国的经济增长——总产值和生产结构》一书中通过对 57 各国家的长期观测，得出比较劳动生产率是产业结构调整的主要原因，在工业化的过程中第一产业的就业人员不断下降，由于第二产业和第三产业就业吸纳能力存在差异，当工业化程度达到一定程度的时候，第二产业从业人员比重将趋于稳定，第三产业从业人员的比重将不断上升。

钱纳里 – 塞尔奎因国际标准结构。钱纳里和塞尔奎因（Chenery and Syrquin，1975）在两者的研究基础上，运用统计归纳法深入研究了低收入发展中国家的产业结构升级的过程，通过收集 100 多个国家和地区 1950 ~ 1970 年的贸易、需求、资源、人口、生产、收入和消费等 130 个变量数据，刻画了经济结构转变的系统过程，指出经济发展到一定阶段时，第一产业的产值与就业比重将不断下降，而第二产业和第三产业的产值与就业比重将不断提升，劳动力流动影响传统经济向现代化转变。随后，钱纳里等人利用二战后 9 个准工业化国家的数据提出了标准产业结构转变方式，证实产业结构升级是国家或地区经济发展阶段的重要动力和标志，需求水平与要素投入决定了产业结构的转型，产业结构转变受到其所在地区的资源禀赋及产业政策等因素的影响，中间需求和贸易形式的变化也能够影响工业化的过程。

关于城镇化与产业结构变化及产业增长的研究集中在城镇化是否直接对产业增长与产业结构产生作用。学者同时强调产业结构升级对城镇化的重要性，也有学者通过产业结构分析城镇化的发展过程。现有文献对于城镇化过程中的要素投入及其变化对产业的影响研究还相对不足。在对要素与产业增长与产业结构之间的关系的研究中仅考虑单一要素的影响，例如劳动力、资本、技术等资源的流动投入，或者劳动与资本或者技术两种要素对其的影响。土地要素被看作不可改变的要素，其影响没有受到关注。尽管土地总量不会发生变化，但其用途结构、利用强度存在较大的变动空间。现有对要素的研究中，还缺乏不同城镇化阶段中要素作用的研究。

第四节　城镇工业用地利用效率及影响因素

一、土地利用效率与评价方法

随着城镇化中工业用地的快速扩张，提升工业用地利用效率成为推动高质量城镇化的重要议题。在土地利用效率的评价方法上，学者采用的方法和研究角度不尽相同，可分为单一指标评价、多指标评价、数理统计方法、参数方法和非参数方法等，见表2-5。早期测算效率的方法主要是利用单一综合指标进行统计分析，这种方法操作简单，但评价不够全面和准确，难以通过评价结果找到效率低下的影响因素。李慧、焦隽等（2008）从单位增加值占地率的角度，对江苏省沿江地区各细分行业规模以上工业企业的土地利用效率进行了定量研究。在工业用地效率研究上多采用单位面积产出指标来进行测算，例如运用单位工业用地面积上工业总产值、单位工业用地面积上工业增加值、单位建成区面积以及第二、第三产业增加值等指标来测算土地效率。也有学者选择了多指标评价体系，选择多个指标加以汇总，建立评价指标体系。如庄红卫（2011）通过定量分析开发区土地利用过程中投入水平、产出水平、结构效益、综合效率等方面的差异及原因来评价湖南省开发区工业用地利用效率，从整体上来看开发区工业用地利用效率不高，各区域存在显著的差异。

表2-5 土地利用效率分析方法比较

方法	定义	优点	缺点
单一指标评价	利用单一综合指标进行统计分析	原理简单，操作方便	评价不够全面和准确，具有很强的主观性
多指标评价	选择多个指标加以汇总，建立评价指标体系	可以根据研究需要结合不同模型	指标的选取、权重的确定具有主观性
数理统计方法	主要有线性回归、主成分分析等	比较客观，可以排除相关因素的干扰	难以反映真实的效率水平
参数方法	主要有生产函数法等，通过建立生产函数进行计算和测量	可以得到投入和产出之间的关系	难以保证特定的函数与现实情况是相符合的
非参数方法	通过线性规划确定生产前沿面	不受投入产出量纲的影响，不需要确定权重，能给出非有效决策单元的调整方向和幅度	必须有足够的决策单元，对投入产出指标比较敏感

资料来源：本书作者根据李慧、焦隽等（2008），庄红卫（2011）等相关文献整理。

数理统计方法也是效率评价常用的方法之一，主要包括线性回归、主成分分析、因子分析等方法，其优点在于不依赖主观判断，可以排除人为因素的干扰。其中采用线性回归方法的研究比较常见，如张琳、王亚辉（2014）通过对2088家工业企业样本的实证分析，从微观层面研究了多种因素对工业用地产出效率的影响，结果表明大型企业土地利用效率普遍高于小型企业，土地投入、企业特性及外部环境会显著影响企业的工业用地产出效率。

学界重新认识到土地作为一种生产要素在产业发展中的重要作用后，将土地引入生产函数中进行研究的方法也比较常见，主要是通过生产函数构建计量模型对土地利用效率或其影响因素进行分析。龙开胜、陈利根等（2008）采用 C－D 生产函数和概率优势模型对江苏省耕地和工业用地投入产出效率进行研究，研究表明可以通过资本和技术投入代替土地投入来达到增加土地产出的目的，以保持不同类型土地数量的平衡。生产函数方法属于参数方法的一种，除此之外，全要素生产率方法也是研究中常用的一种方法。黄大全、洪丽璇等（2009）在对福建省工业用地进行分析和度量时，采用了全要素生产率方法，既测算了土地集约度，也说明了要素利用效率的情况。张琳、王亚辉等（2015）在全要素生产率方法的基础上，结合 Malmquist 指数，通过构建工业用地绩效模型，对工业用地生产效率进行测算。

数据包络分析（DEA）是一种比较典型的非参数方法，由于它不需要设定具体的生产函数，也不受投入产出量纲的影响，在研究中应用比较普遍。DEA 研究方法起源于法雷尔（Farrell，1957）的包络思想，查恩斯和库珀（Charnes and Cooper，1987）建立了第一个 DEA 模型——CCR 模型。法尔（Fare，1989）提出了第一个处理非期望产出的 DEA 模型，后来在环境效率的评价问题上多采用该模型。国内学者在采用 DEA 方法进行研究的基础上，还结合了其他方法，对 DEA 方法的应用进行了拓展。施秧秧（2009）、夏佩佩（2014）采用的是 DEA 方法与 Tobit 模型相结合的方法，对浙江省工业用地效率进行了测度，并对影响工业用地效率的因素进行了分析。也有部分学者采用 DEA 模型结合 Malmquist 指数进行效率分析，郭贯成和温其玉（2014）在采用 DEA 模型的基础上，分别运用 Malmquist-Luenberger 和 Malmquist 生产率指数分析了两种情况下（是否考虑非期望产出）33 个城市 2004～2011 年工业用地的生产率变化及其分解情况。传统的 DEA 方法具有一定的局限性，因为在评价决策单元的相对效率时不考虑决策单元投入要素的松弛变量而直接进行效率分析，容易产生误差。在 DEA 方法的基础上，谢花林等（2015）采用了 SBM 模型分析了 2002～2012 年中国 6 个主要经济区城市工业用地利用效率的空间差异，并用 Malmquist 指数揭示工业用地 TFP 的动态变化，结果表明珠三角和长三角的城市工业用地利用效率比较高。李林（2016）在考虑非期望产出的前提下，利用 SBM 模型对广东省 21 个城市工业用地利用效率进行了定量分析。

二、工业用地产出率的影响因素

从不同尺度上来看，对于土地产出率的影响因素可归纳为城市层面、开发区层面与企业层面。从城市层面来看，多项研究认为社会经济发展水平、产业结构、城市规模、技术进步、制度政策等方面对工业用地利用效率的影响较大，已有研究发现，社会经济越发达，其工业用地集约利用水平越高，而产业集聚对工业用地的集约利用水平有显著正向影响。豆建民（2010）、赵凯（2013）的研究发现，要素集聚、人力资本水平、城市规模、产业结构、城市区位对城市土地的产出率均有显著影响，其中，城市规模对工业用地产出率的影响应当是呈倒 U 形，即存在一个最优的最大规模。罗能生、彭郁（2016）认为政府竞争会影响工业资本形成，从而对工业用地效率产生影响，地方政府竞争的 4 个方面（参与能力、土地竞争、基础设施竞争、官员晋升竞争）对工业用地利用效率有不同程度的影响；周游、谭光荣（2017）的研究表明地方政府基础设施竞争对中国城市土地效率的提高具有促进作用，但财政收支竞争、优惠政策竞争及外商直接投资竞争都不利于城市土地利用效率的提高。

从开发区层面上来看，部分学者研究认为开发区级别、开发区区位、土地开发率、投资强度、土地利用结构和工业用地出让的市场化率等因素是影响工业用地集约利用水平的主要因素。研究发现，土地开发率和投资强度越大，土地市场化水平越高，土地利用结构越合理，则开发区土地集约利用水平也越高。地理区位对工业园区工业用地产出效率也有较大的影响，离市中心越近，越能享受到公共设施长期投入的成果，土地产出效率越高；距离交通枢纽越近，土地产出效率也会越高。

从企业层面来研究工业用地利用水平的研究并不是很多，主要可以归纳为企业特征、投入因素与外部环境这几个方面。张琳（2014）从土地投入、企业特性、外部环境三个方面分析工业用地产出效率的影响因素，单位土地面积上劳动力、资本、研发投入、企业初始基础设施对土地利用效率有正向影响，企业所有制性质（国有企业与否）对企业用地效率有负向影响。刘向南（2016）、张永刚（2018）也认为企业劳动、资本、研发投入和企业规模等因素是工业用地效率的重要影响因素。不同行业的工业用地产出效率存在差异，资金和技术密集型行业的用地集约利用程度高于劳动力密集型行业。企业规模与用地产出效率应该是倒 U 形关系，但目前，多数企业扩大规模仍然有利于生产率的提升。在已有研究的基础上，结合本书的研究目的、研究对象以及数据的收集情况，本章参考城市层面的影响因素，从要素集聚、人力资本水平、城市规模、政府竞争、产业结构、地理区位等方面来构建工业用地产出率影响因素的指标体系。

参考现有研究中对土地产出率的界定，本章将城市工业用地产出率定义为城市工业用地产出水平，用单位城市工业用地上的规模以上工业总产值来衡量。本章从概念入手，界定了本部分中工业用地和工业用地产出率的内涵，评述了工业用地的相关理论与研究进展。进而对文献进行了梳理，总结了工业用地利用效率的影响因素。基于上述研究，后文实证研究将从全国地级城市层面出发，利用 C－D 生产函数建立计量模型，对城市工业用地产出率的影响因素进行实证分析，提出政策建议。

第三章　城镇化要素的集聚效应与动态均衡分析

　　城镇是相对小的区域内有大量人口居住的地理空间，不同国家对城镇化区域的界定有所不同，美国人口普查局对于城镇化地区的界定是总人口不少于2500人、每平方千米人口密度不低于500人的区域。美国大约有3700个城镇区域。我国对城镇化区域通常从城区的角度进行界定。2014年，《国务院关于调整城市规模划分标准的通知》将城区界定为市辖区和不设区的市，区、市政府驻地的实际建设连接到的居民委员会所辖区域和其他区域。根据城区常住人口规模将城市划分为五类：小城市、中等城市、大城市、特大城市和超大城市。现代城市建立在工业革命的基础上，本章将从理论上探索城镇化的驱动力、城镇化要素的集聚效应、要素的动态均衡过程与地方政府的角色。

第一节　城镇工业体系的发展

一、现代工业城镇

　　专业化、规模化的现代工业生产方式取代家庭为单位的传统生产方式，可以提升单位劳动力的生产率。工业城镇是现代城市的基本单元，在工业城镇中通常存在一个产业的龙头企业。龙头企业通过规模效应获得较高的劳动生产率，并形成自己的市场范围。龙头企业有能力购买大型机器设备，通过专业性的运输工具（汽车、高铁、飞机）降低生产成本与运输成本，并在自己的市场范围内形成价格优势，如图3-1所示。在龙头企业的市场范围内，通过对比产品价格，家庭将选择购买龙头企业的产品而不是自己生产或购买非龙头企业的产品。工业城镇会围绕龙头企业发展起来，企业员工为减少上下班时间和通勤成本，更愿意在企业周边居住。而员工在企业周边定居，土地的需求量增加，土地价格会相应上涨。高地价驱动人们会更加集约地利用土地，单位人口密度随之增加。围绕龙头企业会产生一系列的工作机会，集聚在龙头企业周边人口会产生居住、消费、娱乐等消费需求，形成相应的服务业。高密度、大规模的人口居住模式会形成现代工业城镇。

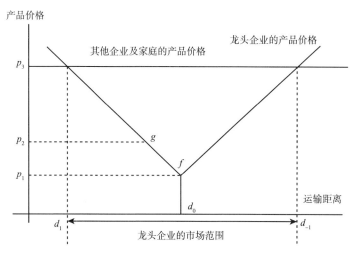

图 3 - 1　工业城镇中龙头企业的市场范围

资料来源：阿瑟·奥沙利文. 城市经济学［M］. 北京：北京大学出版社，2016.

　　起源于 19 世纪的工业革命推动制造业与交通运输业的革新，在三个方面推动工业化与城镇的发展。首先，制造业不断创新规模化生产，形成了大规模、智能化、工业化生产模式。其次，交通运输工具的创新不断降低运输成本，扩大了龙头企业的市场范围。一方面，我国快速发展的高速公路运输网、高铁交通网、空间运输网快速降低了产品的运输成本；另一方面，物流模式创新提升了运输效率。快递物流企业城市内外的快递配送系统不断革新，降低了单位产品的运输成本，扩大企业的市场范围。最后，农业生产部门的革新解放了农业劳动力。城市发展的前提条件是存在大量的剩余农产品，工业革命为农业生产提供了大型自动化机械，农业生产率显著提升，在 1800 ~ 1900 年，美国城市人口比重由 6% 提升到 35%，较少的农业人口可以养活更多的城市人口。现代农业领域生产革新极大地解放了农村劳动力。从 19 世纪到 20 世纪，美国农业人口占总人口的比重由 90% 下降到 3%，大量农业人口向城市迁移，社会经济形态发生根本性变革。

二、工业城镇体系

　　现代工业城镇是我国城镇的基本单位。随着市场一体化、区域一体化、城乡一体化的发展，根据不同行业构筑成相应的工业城镇体系。在特定产业的企业会在全国范围内布局工厂，每个工厂在相应的城镇中构建具有垄断性的市场范围。在不存在市场壁垒的情况下，企业间竞争将导致市场上不存在垄断利润，经济利润趋于零。每个龙头企业在其市场范围内具有价格优势，专业分为要求工业从事单一行业，提升劳动生产率。图 3 - 2 描述了某一特定产业（如啤酒、衬衫）龙头企业所构筑的市场范围与工业城镇体系。龙头企业 A、B、C 在其相应的市场范围 D_1、D_2、D_3 内具有价格优势。消费者依靠价格进行决策，非龙头企业与家庭的生产成本要高于龙头企业，会被市场所淘汰。在市场范围内如果没有企业愿意进入，企业经济利润趋于零。而对于三个工业城镇中的龙头企业，由于运输成本的限制，在市场区域 D_2 和 D_3 范围内，龙头企业 A 不具有价格优势，难以和龙头企业 B 和 C 进行竞争。同样，在市场范围 D_1 范围内，龙头企业 B 和 C 同样难以和 A 进行竞争。每个龙头企业都会在自己的市场范围内具有垄断性，消费者都在距离自己较近的企业购买产品。

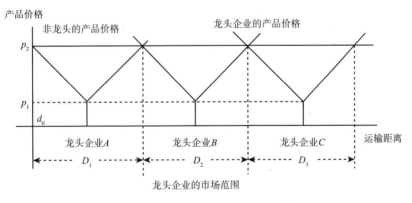

图 3 - 2　工业城镇体系及企业市场范围

资料来源：本图参考了阿瑟·奥沙利文的工业城市体系分析图，本书作者修改而得，详见阿瑟·奥沙利文. 城市经济学 [M]. 北京：北京大学出版社，2016.

　　传统城市存在的原因是集中交换与集中生产带来的成本优势，而工业革命带来了现代工业城镇体系，其主要原因是生产中的规模效应。工业革命带来的制造业、农业、交通运输革新推进了世界的城镇化进程。在工业城镇体系内，以龙头企业为核心，企业员工为交通便利性会对企业附近的土地与住房进行价格竞争，从而提升土地利用效率，增加人口密度，形成城镇区域。

第二节　城镇化的要素集聚效应

城镇化的主要驱动力是企业生产集中在特定区域所带来的集聚效应。集聚经济（agglomeration economies）、地方化经济（localization economics）和城市化经济（urbanization economics）是城镇化进程的三个阶段和类型，三种经济类型均体现出城镇化的根本驱动力，见图3－3。产业集群（industry cluster）是我国的城镇化进程的主要驱动力，依据某一地区所提供特定产业工作岗位所占的比例，可以测量集群的分布情况。例如，美国洛杉矶从事影视制作和发行的就业人数占到全行业的44%，纽约城市从事生物制药产品工作的员工占整个行业的22%。当然，并不是所有的行业都存在集聚效应，例如种植业对地区环境和气候的依赖度很高，制糖企业通常会集中在甜菜、甘蔗种植区；美国北卡罗来纳州作为烟草种植区，集中了全国该行业31%的就业人口。我国的绍兴纺织集群、义乌小商品集群、湖州的丝织品集群都集中该行业的大量就业人口，集聚效应显著。

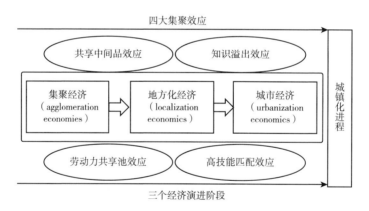

图3－3　城镇化中的集聚效应与发展阶段

一、中间品共享效应

集聚经济中同一产业的企业会相互靠近，逐渐形成产业集群，并提供较多的就业岗位。企业之所以会相互靠近，是由于共享中间品效应的存在。企业生产过程中需要投入中间品，例如生产衬衫过程中需要纽扣。企业中间品对生产成本具有影响。对于两个衬衫企业而言，纽扣是他们共同的中间品，两个企业都需要。例如，义乌小商品市场提供了全球主要的玩具和小装饰品，周边也聚集了大量的服装企业。当同一产业企业在某一区域集聚后，中间品成本就会降低，集群企业可以共享成本较低的中间品。

集群内中间品的成本较低的原因有三个方面。一是规模生产效益，当对中间品的需求规模较大时，企业可以投入大规模的机器设备，规模生产会降低成本；二是面对面的交流成本低，当生产中间品的企业与最终产品的企业相邻近时，可以降低沟通成本，企业产品创新的速度更快；三是修订成本较低，如果企业需要对中间品进行修改，修订成本可以由集群内的企业共同分担。对于高技术企业、互联网创业企业同样存在分享中间品，如芯片、电子元件、产品检测等。影视产业同样。浙江东阳横店的影视基地，每年生产大量的电视与电影产品，影视作品制作中的服务、道具可以重复使用，是中间品。而不在影视基地拍摄的影视作品，中间品就需要单独制作，中间品成本较高。

产业集聚存在自我强化效应。集群内的企业可以有正外部性，企业可以相互利用中间品。当某一行业的企业需要选址时，会考虑集群内同类企业的数量。集群内的企业数量越多，表示规模效应越强，企业可以享受更多的正外部性。企业在选址过程中考虑集群规模时，自我强化的效应就会产生。当集群内仅有一个企业时，另外一企业加入后成本会下降、利润增加。当然，集群企业的自我强化作用只有在利润增加的条件下才会持续。如果发现集群内劳动力成本增加抵消其利润增加时，自我强化效应就会减弱。劳动力成本的上涨将导致规模不经济，从而限制产业集群的扩张。

二、劳动力共享池效应

在工业城镇所形成的集群内部，会形成一个具有相同技能的劳动力池。例如在绍兴纺织集群内部，会存在数量众多的熟练纺织工，企业可以便利地找到熟练工人。而孤立企业则需要面对一个缺乏弹性的劳动力市场，即无论企业经营好坏，劳动力的供给是固定的，工人工资会随着市场对企业产品需求的改变而上涨或下降。因此，在一个封闭的劳动力市场上，企业面对的是一个缺乏弹性的劳动力市场，产品需求变动时，企业雇佣劳动力的数量不变。与之相对应，集群内企业面对一个较大的劳动力池，可以在劳动力池内选择熟练工人，工人也可以在企业间选择。因此，劳动力池内的企业与工人都均有较大弹性，即企业可以根据自身经营状况增加或减少雇佣工人数量，只需支付劳动力平均工资。同样，在劳动力池内的熟练工人可以期望较高的工资水平。当企业从孤立地区迁入集群后，可以期望较高的利润水平，能够获得更多的订单，而劳动力的工资水平并不会上涨。美国好莱坞、浙江横店都存在一个庞大的演员群体，这些劳动力可以在不同影视作品中扮演不同角色，这些专业的劳动力市场可以提高劳动效率，而员工获得相应水平的报酬。

三、技能匹配效应

依据赫尔斯利和斯特兰奇（Helsley and Strange，1990）开发的劳动力匹配模型，在典型劳动力市场模型中，工业和企业时完全匹配的，每个企业可以雇佣到自己需要的熟练技术工人。而现实中，企业能够雇佣的劳动力技能总是和要求之间存在差异，企业需要对员工进行培训才能满足要求，而培训成本对企业而言是一项重要开支。例如在 IT 行业，计算机语言与互联网软件快速发展，不同的编程语言和从事不同编程工作之间匹配性变化很大，程序员需要不断更新知识（图形制作、编程、数据挖掘等），企业需要持续对员工进行技能培训或更换拥有新技能的员工才能满足需要。而在集群内，企业可以根据自己的产品选择与之匹配的技术工人。如果工人的技能与企业需求之间的差距代表着企业的培训成本，集群内劳动力规模越大，企业更容易找到匹配性高的劳动力。而在劳动力池内的熟练工人，由于可以找到匹配性更高的工作，可以获得更高的报酬。

四、知识溢出效应

企业间的知识共享是集聚经济的驱动力之一。格拉泽（Glaeser，2011）指出知识溢出（knowledge spillovers）能够吸引集群外企业向集群内迁移，知识溢出会增加新生企业的数量。知识溢出具有很强的地域局限。随着地理距离的增加，知识溢出效应会快速消失。例如，加利福尼亚的硅谷和波士顿的 28 号公路区域都在较小的区域内形成了大量的高科技公司，知识溢出效应非常明显。知识溢出效应在浙江的集聚经济中表现明显，浙江存在大量的以村镇为单位的产业集群，例如嵊州的领带集群、湖州织里童装集群，一个村镇内大都从事相同的行业，在其中工作的年轻人学习效应明显，通过知识溢出效应，很快就可以掌握相应的知识和技能，创办自己的企业。在知识溢出效应影响下，地理上相互接近的人可以相互交换知识和想法，新思想不断涌现，可以促进新产品的生产。一些知识溢出不仅局限在产业内部，还经常跨越产业界限。卡利诺和亨特（Carlino and Hunt，2009）发现提高就业密度可以促进知识溢出效应。总就业规模、人力资本水平（高等教育劳动力所占比例）、公司规模都会影响知识溢出效应。

我国的城镇化是以工业化为驱动力的。集聚经济、地方化经济与城市经济是城镇化演变的三个阶段。而集聚经济的四大驱动效应共享中间品、劳动力池效应、技能匹配效应和知识溢出效应。现代城市是以工业大生产为基础的，而四大集聚效应是根本驱动力。规模经济决定着中间品的使用，并且要求产品的设计与生产相互靠近，分享中间品供给。劳动力池为企业与员工带来好处，大城市可以提供更好的技能匹配机制，提高劳动生产率和工资水平。城镇之所以对企业具有吸引力，还有一个重要原因是在城镇区域内更容易获得知识溢出效应，有较多的学习与社交机会。

第三节　城镇化投入要素动态调整与均衡过程

城乡之间的社会、经济、人口、物质变迁构成了我国城镇的主要场景，城镇化要素（劳动力、资本与土地）在城乡之间的不平衡、调整与动态过程伴随着生产率的提升。农业与农村社会向工业与城镇社会形态转换带来了深刻且持久的变化。城乡之间的不均衡、不协调逐渐暴露出来，要素在空间上的调整与均衡过程伴随着劳动生产率提高与居民效用提升。

一、城乡之间要素流动

假如在一个区域可以划分为农村和城镇地区，农业劳动者和制造业厂商分别在农村地区 R_R 生产农业产品，在城镇地区 R_U 生产工业产品。假如这个区域的总人口为 L_T，居住在 R_R 的人口占比为 μ，则居住在区域 R_U 的人口比例为 $(1-\mu)$。如果人口和资本可以在两个区域自由流动。两个区域的生产要素会从低报酬率的地区向高报酬率的地区流动。由于集聚效用中存在劳动力的收益递增效应。假如乡村与城镇是完全分割的，城镇部门存在递增或递减效应，两个部门之间劳动力要素存在复杂的博弈与动态过程。农村与城镇的产出水平取决于每个部门的劳动力数量，即：

$$Q_R = F_R(L_R)，\quad Q_U = k\,F_U(L_U) \tag{3-1}$$

$F_r(r = R，U)$ 是所要考虑的区域生产函数。当每个区域的劳动生产力数量很小时，边际劳动生产率变得很大。因此，均衡总是内点均衡。式（3-2）分别表示农村与城镇地区的生产函数，其中 k 为常数。当两个地区的劳动力数量很小时，边际劳动生产率提升很大。因此，存在内点均衡 $0 < L_R^E < L_T$ 和 $0 < L_U^E < L_T$。假设城乡两个区域的产品价格不变，分别用 p_R 和 p_U 来表示，如果两个区域的劳动力市场可以完全流动和竞争，劳动力会依据边际生产率来获取报酬。

$$w_R = p_R \frac{dF_R}{dL_R}, \quad w_U = kp_U \frac{dF_U}{dL_U} \tag{3-2}$$

城镇与农村的劳动力会依据工资水平选择自己工作与生活的地区。城乡之间的空间均衡由两个部门所提供的工资水平和成本来决定。在生活成本相同的条件下，劳动力会依据工资水平进行空间流动。只有当劳动力的工资水平在城镇与农村之间不存在差异时，劳动力才会实现空间均衡。在我国城镇化过程中，典型的人口流动是从农村地区向城镇地区转移，其最重要的驱动力是城乡之间的收入差距。在两个地区中，城镇区域工资水平 w_U 超过农村地区的工资水平 w_R 时，人口会从农村地区向城镇区域流动，城镇人口会增加，城镇化率会提升。如果此时地区总人口规模不变，就可以观察到人口的流动。

从图3-4中可以发现，城镇区域与农村区域如果工资存在差异，就存在驱动人口空间流动的驱动力。工资在空间上的不均衡驱动人口流动。当且仅当城镇区域工资水平 w_U 超过农村地区 w_R 时，城镇地区的人口规模会增加。因此，如果该地区的人口总规模不变，通过观察一个地区的人口迁移就可以得到其他地区的人口流动情况。

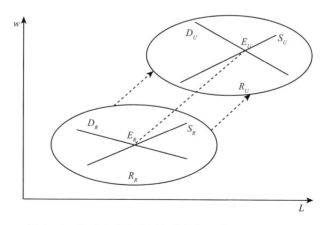

图3-4 劳动生产率差异与农村与城镇区域人口流动

二、要素动态均衡过程

城镇地区与农村地区劳动生产力迁移和流动起到平衡工资差异的作用。假如当农村地区的生产存在规模收益单调递减为特征时，农村地区的边际生产率下降，图3−5的 w_R 曲线，同样，城镇部门也存在规模单调递减效应，其工资曲线为 w_U。图3−5中空间均衡发生在 w_R 和 w_U 两条曲线的交叉点，在均衡点 L^* 处，两地区的边际生产率相等，存在唯一的均衡点。

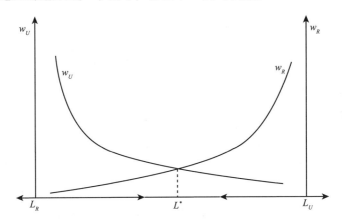

图3−5　农村与城镇规模收益递减情况下的空间均衡

资料来源：皮埃尔−菲利普·库姆斯，蒂里·迈耶，雅克−弗朗西斯·蒂斯. 经济地理学——区域和国家一体化［M］. 北京：中国人民大学出版社，2010.

假设城镇部门具有规模收益递增的特征，在特定区间表示一定产出范围内存在规模收益递增的特征。在低水平的产出情况下，规模收益是递减的；当产出水平超过某一临界点时，大规模的生产技术是有利可图的，此时存在规模收益递增的情况。然而，当突破某一临界点之后（产出量非常大时），该部门规模收益递增转变为规模收益递减。

图3−6中 w_U 曲线表现城镇区域的规模收益递增和递减动态变化过程。从 w_{U2} 曲线可以看到，在区间 $[0, L_1^*]$ 之间存在规模递减效应，在 $[L_1^*, L_3^*]$ 区间呈现单调规模递增效应，而在 $[L_3^*, L_T]$ 区间重新回到规模递减效应。当城镇部门的规模效应呈现阶段性变化时，城镇与农村劳动力要素就会存在一个动态的均衡过程。当城镇部门的规模效应存在动态变化时，假设城镇部门的边际劳动产出率受知识集聚的影响。随着城镇规模增加，知识创新与溢出效应会推动曲线向上移动，由 w_{U1} 向 w_{U2} 与 w_{U3} 移动。

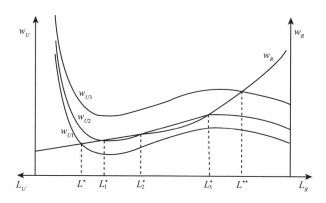

图 3 - 6　农村与城镇部门人口要素的动态均衡过程

资料来源：本图参考了皮埃尔-菲利普·库姆斯等对工业部门与农业部门的均衡分析框架，本书作者修改而得。详见皮埃尔-菲利普·库姆斯，蒂里．迈耶，雅克-弗朗西斯·蒂斯．经济地理学——区域和国家一体化［M］．北京：中国人民大学出版社，2010．

图 3 - 6 中城镇部门的生产率由 w_{U2} 决定时，存在三种空间均衡点 L_1^*、L_2^*、L_3^*，其中 L_1^* 与 L_2^* 是空间局部均衡，但这两个均衡是不稳定的。L_2^* 不是稳定状态，任何工资差异会吸引新劳动力流向城镇地区。在城镇区域，最初均衡点是 L^*，它受到均衡点 L_1^* 吸引。因此，当城镇区域存在技术创新与知识溢出效应时，城镇部门的生产率曲线由 w_{U1} 向 w_{U2} 移动。城镇部分的就业规模将增加（$L_1^* - L^*$）单位。城镇部门集聚到一定程度，会产生加速集聚阶段，将城镇部门的劳动生产推向 w_{U3}。曲线 w_{U3} 与农村地区的 w_A 相交于 L^{**} 点，位于 L_1^* 右边且距离较远。这表明在城镇过程中，城镇与农村地区存在大规模的人口流动，城镇化带来的规模递增效应驱动城镇化率提升。

从经济地理学的视角来看，城镇化伴随着人口要素的动态均衡过程。城乡区域劳动生产率的差异驱动城乡人口流动，而这种均衡并不是固定不变的。城镇地区的规模效应存在动态变化过程，存在递增、递减阶段性变化，不同阶段存在局部均衡。而城镇地区的知识溢出与创新可以在城镇化某个阶段起到加速作用。当存在多个地区（均含有城镇与农村地区）时，对某一个区域而言不仅存在区域内城乡人口的流动，同时还存在区域间的流动。

第四节　地方政府的角色

地方政府在城镇化中起着关键作用，不同国家地方政府所扮演的角色有所差异，但基本职能相近。地方政府需要承担三个基本职能：保持经济稳定、调节收入分配与资源配置。首先，地方政府通过货币政策、财政政策、产业政策促进经济平稳增长，控制通货膨胀率。其次，地方政府通过控制税收政策、财政转移支付等手段调节社会财富分配，控制贫富分化；最后，制定要素配置政策，例如对土地资源、矿山资源制定相应的配置政策，提升要素配置效率。中央政府与地方政府有不同分工，政策主要由中央政府制定，地方政府更多地承担执行的角色。

一、提供地方公共产品

地方公共产品相对于全国性的公共产品而言，通常服务于特定的区域，例如教育、高速公路、警察、消防、公园等。提供地方公共产品是地方政府的主要职能，地方公共产品具有两个方面的特征。一是具有非竞争性，一个居民从公共产品的消费中获得收益不会降低他人的收益。例如，公园是典型的地方公共产品，当我们早上去公园跑步时，并不会影响其他人来公园跑步。与之相对的是私人产品，具有排他性和竞争性。地方政府提供的许多公共产品具有非纯粹性和拥挤特性。如果同时有许多人使用该产品，每个人的收益都会由于其他人的加入而下降。典型的例子是早晚高峰的市区道路，居民均有权利使用该道路，但也要承担拥挤带来的成本。二是非排他性，地方政府不能把不付费而使用该产品的人排除在外。例如，地方政府警察、消防与急救服务，不能因为不付费而不提供服务。地方公共产品可以适当收费，但不能违反公平与公正原则。

二、公共产品的规模决策

研究表明，由地方政府提供辖区的地方公共产品比私人部门和中央企业更有效。在地方，公共产品提供数量与规模是地方政府面临的难题。地方公共产品数量超过需求，不仅会导致资料浪费也会给地方政府带来财政压力；而地方公共产品不足（例如道路、学校不足）会给城市居民带来不便和压力。在地方公共产品供给规模的供给过程中，地方政府需要通过收税来支持地方公共产品的建设与运营，而公共产品反过来会给地区带来税收。在决策过程中，公共产品的规模和税收之间存在相互约束关系。城市经济学通过边际分析框架来分析地方公共产品的最优规模与均衡规模。边际社会收益是地方公共产品为所服务的居民所带来的收益之和，而边际社会成本是地方公共产品的单位价格。

在地方公共产品规模的决策过程中，当边际社会成本等于边际社会收益时，地方公共产品的供给规模达到最优。例如在城市公园的决策过程中，每一位居民都有不同的承受能力与效应水平。在图 3－7 中，当每单位公共产品的边际收益等于边际社会成本时，点 $e(S_3, P_4)$ 是均衡点，最优规模 S_3 位于个人 A 的偏好规模 S_2、B 的个人偏好规模 S_4 之间，均衡数量就是中间投票者偏好的数量。

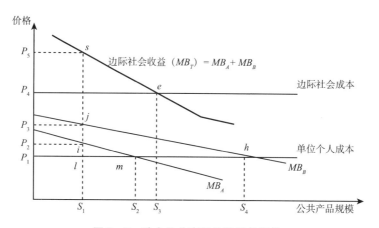

图 3－7　地方公共产品供给最优规模

注：假设该区域仅有两个典型的居民 A 和 B，这个地区居民的边际收益之和，最优的公共产品规模处于 e 点，供给规模为 S_3，价格为 P_4。

三、管制垄断性行业

地方政府负有管理自然垄断行业的责任。在城镇地区，供水系统、污水处理系统、垃圾分类回收系统、通信网络系统，会逐渐形成垄断性的行业。这类行业需要大量的基础设施投入，如管网设施、通信网络系统，都存在先入效应与规模效应。城市基础设施需要较大的固定资产投资、成本非常高。当这类行业规模大到一定程度时，就会形成自然垄断。针对这一状况，通常有两种选择：一是以固定价格由政府来提供这一类产品，并承受可能的低效率；二是可以利用私人企业来提供这一类产品，政府对其进行必要的财政补贴和管制，避免难以运营和存在垄断利润。

四、治理外部性问题

在城镇区域由于人口的高密度，带来无法避免的负外部性，例如交通拥堵、环境污染、噪声等。地方政府负有治理外部性并将其内部化的责任。交通拥堵和环境污染是城镇中两大突出问题。如何治理城镇化带来的问题，各国有不同的政策探索。地方政府对所辖区内出现的这两类问题负有管理职责。治理外部性的基本思路是将外部性内部化，即由制造外部性的责任人承担起相应的成本。汽车征税是将拥堵内部化的一个手段。

目前，我国对于城市拥堵采取偏计划管理的方式解决交通拥堵问题，主要手段是在早晚高峰限行和增量车牌摇号。以杭州为例，政府规定，每个工作日早晚高峰时段（上午 7：00 ~ 9：00，下午 16：30 ~ 18：30），浙 A 牌限行尾号：星期一为 1 和 9、星期二为 2 和 8、星期三为 3 和 7、星期四为 4 和 6、星期五为 5 和 0；非浙 A 牌：全号段禁行。此外，对汽车增量进行总量控制，采取摇号和竞价两种方式控制新增汽车数量。杭州小汽车总量调控管理规定："增量指标以摇号和竞价方式配置。增量指标以 12 个月为一个配置周期，每个周期的配置额度为 8 万个，额度按月分配"。其他城市采取的办法大同小异，"限行"与"摇号"政策的短期内效果明显，长期来看针对性不足，存在效率损失的问题。从理论上来看，拥堵这一外部性是汽车与道路的矛盾，而城镇地区由于高人口密度的特性，道路不足是客观现实，如何将有限的资源加以高效利用是关键。车辆在特定时间段和区域征收拥堵费更能有效治理外部性。治理拥堵的思路还应当是对驾驶汽车者征税将其外部性内部化，而高峰期征收拥挤税，可以将拥挤的外部性内部化；针对污染制造者征收污染税也可以将污染导致的外部性内部化。

五、供给城镇建设用地

除了提供地方公共产品之外，我国地方政府还负责提供城市建设用地。地方政府负责辖区土地一级开发并提供建设用地，区县政府依照法定程序在批准权限范围内，通过收回、收购、征用或其他方式取得土地使用权的土地，进行储存或前期开发整理，并向社会提供各类建设用地。上海市是我国最早实现土地储备制度的城市，1997 年出台的《上海市国有土地使用权收购、储备、出让试行办法》中规定：所有权收购，是指由上海市房屋土地管理局（以下简称"市房地局")依法征用土地、置换土地、收回国有土地使用权的行为。土地收购主体是上海市房地局，储备主体是上海市政府，由土地储备机构具体实施。

土地储备的主要环节为土地取得、整治和储存。国土资源部、财政部、中国人民银行于2007年11月19日联合制定发布了《土地储备管理办法》，并在2018年修订并发布了新的《土地储备管理办法》，对土地储备主体与工作环节进行了界定，统一规范土地储备工作，完善土地储备制度的作用。该办法将土地储备界定为县级（含）以上国土资源主管部门为调控土地市场、促进土地资源合理利用，依法取得土地，组织前期开发、储存以备供应的行为。土地储备工作统一归口国土资源主管部门管理，土地储备机构承担土地储备的具体实施工作，财政部门负责土地储备资金及形成资产的监管。

在土地储备制度安排下，地方政府（区/县）是其辖区内供给建设用地唯一供给者。土地储备机构进行土地储备，地方国有企业（城投公司）作为土地一级开发商，具体负责土地的一级开发工作，对一定区域范围内的城市国有土地、乡村集体土地进行统一的征地、拆迁、安置、补偿，并进行适当的市政配套设施建设，使该区域范围内的土地达到"三通一平""五通一平"或"七通一平"的建设条件（熟地），再对熟地进行有偿出让或转让。在此过程中，土地储备成本和土地出让市场价格之间就形成了剪刀差，是地方政府可以支配的收益，也是土地财政的主要构成部分。

城乡土地价值剪刀差的存在驱动地方政府存在超过需求的征用和储备土地，如图3-8所示。如果ΔP越大，地方政府可以在土地出让中获得的收益越大，地方政府超额供地的动机就越强。土地价值剪刀差引发了的城乡之间争

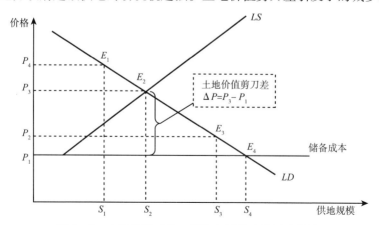

图3-8　土地价值"剪刀差"与城镇建设用地供给

夺土地资源的矛盾，地方政府与村集体之间，村集体与村民之间因土地征用、补充、拆迁所产生的纠纷与矛盾已经成为社会关注的角度。为解决这一问题，国家开始探索并通过立法确立集体建设用地入市。中共十八届三中全会审议通过的《中共中央关于全面深化改革若干重大问题的决定》，建立城乡统一的建设用地市场。在符合规划和用途管制前提下，允许农村集体经营性建设用地出让、租赁、入股，实行与国有土地同等入市、同权同价。2019 年 8 月 26 日，第十三届全国人大常委会第十二次会议审议通过了关于修改土地管理法的决定。

2020 年 1 月 1 日起施行的新《土地管理法》规定，土地利用总体规划、城乡规划确定为工业、商业等经营性用途，并经依法登记的集体经营性建设用地，土地所有权人可以通过出让、出租等方式交由单位或者个人使用。集体经营性建设用地出让、出租等，应当经本集体经济组织成员的村民会议 2/3 以上成员或者 2/3 以上村民代表的同意。

2020 年 8 月 26 日，嘉兴首宗农村集体经营性建设用地在嘉善县公共资源交易中心成功竞拍，打破了多年来集体建设用地不能与国有建设用地同权同价同等入市的二元体制，使农村集体建设用地"账面资产"变成资金流，是新《土地管理法》实施后首宗上市的集体建设用地。这宗 23.39 亩的地块是嘉善县大云镇曹家村的集体经营性建设用地，地处大云温泉省级旅游度假区内，规划用途为村庄商业服务业设施用地，使用权出让年期为 40 年。经过二十轮地价竞拍和无偿回购竞拍，这宗土地由嘉善安可文化旅游有限公司拍下，成交价1871.04 万元。所获得的土地出让金，40% 作为调节金上交县财政，60% 归村集体所有。除获得出让金外，村里还能无偿回购 650 平方米的商业服务设施建筑，并返租给受让人获得租金收益，实现村集体经济的持续增收。集体建设用地入市，一定程度上缓解了因土地价值剪刀差带来的利益冲突，可以壮大乡村集体经济，增加了农民财产性收入，又为第二、第三产业发展提供了可利用空间。

第二篇 城镇化战略调整与要素协调度评价

第四章 要素关系与城镇化发展战略研究

本章从内生性视角探索主动与被动两种城镇化发展战略,通过对土地与人口核心要素关系辨析,提出新型城镇化阶段应从"主动战略"向"协同战略"转变的思路。对两种典型的城镇发展战略进行文献梳理,总结了两种战略下土地与人口之间的互动关系及内生性问题。从理论上构造土地与人口子系统的一体化分析框架,并构造第二、第三产业细分模型。整理了长三角城市群的面板数据,对变量进行描述并检验其平稳性并对模型进行实证分析,最后是结论与讨论。

第一节 要素配置与城镇化战略

一、行政管控下的土地配置

土地是城镇化的核心要素,其配置方式与供给体系深刻影响政府所采取的发展战略。借鉴中国香港、新加坡、荷兰等地区和国家的土地储备制度,形成了我国城镇土地储备制度与供给模式,即土地在开发利用之前,预先由市、县(区)储备中心获取并持有,进行土地平整与基础设施建设后供给城镇建设用地(见图4-1)。土地储备制度强化了政府对行政区内土地资源的有效管控,地方政府实际上垄断了土地供给权,土地及其出让收益成为启动与加速城镇化与工业化进程的有效工具。

土地储备制度建立以后,公益性土地仍然实现政府划拨的方式进行出让,而对于经营性土地来说,供给数量、时机和节奏完整由地方政府管控起来,地方政府可以在区域范围内通过征收、征用农村集体土地,回收、收购和置换城镇国有土地,对城中村、棚户区和老城区进行改造,储备城镇建设用地。在此过程中,土地储备制度强化了地方政府土地供给的管制能力,而土地储备制度的作用逐渐超出了政策设计者的初衷。一方面,土地储备制度一定程度上促进

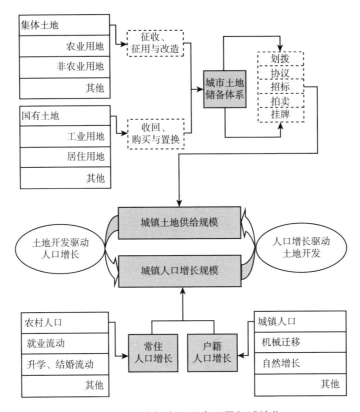

图 4-1   土地与人口要素配置与城镇化

土地利用效率的提升，显化了土地市场价值；另一方面，地方政府作为区域内土地一级市场上唯一供给者，垄断了土地开发权和供给权，土地收益成为影响地方政府土地供给决策的重要因素。

经营性土地的出让方式由原来的协议出让为主，转变为招标、拍卖和挂牌三种出让方式。随着土地出让方式的公开透明化，土地市场的竞争日趋激烈。政府及其委托机构负责进行土地储备和一级开发，土地储备制度除了能够有效避免土地开发过程中的土地增值收益流失外，还可以实施有目的的土地供给策略，调控城镇化的速度与节奏。土地储备机构作为利益主体的核心目标逐渐转变为追求利益最大化。在中央与地方财政分权的模式下，土地开发与出让过程中的经营收益成为地方政府重要的财政来源，地方财政对房地产业的依赖度显著上升，成为重要的利益相关方。土地储备制度与招拍挂出让方式实际上将土地资源变成地方政府推进城镇化的战略性工具。

二、户籍分割下的人口流动

人口是城镇化的另一核心要素。相对于土地制度变革，户籍制度适应工业化与城镇化的速度更慢，更多表现为被动式的调整。城镇化人口增长可分为两种类型：体制内流动和体制外流动。随着人口流动管制政策的放松，就业和增长收入的需求驱动农村剩余劳动力向城镇区域集聚，这类流动性人群里形成了规模庞大的"农民工"群体。经过长期的流动与市场筛选，一部分人逐渐成为城镇区域的常住人口，一部分人年龄大后返回农村。尽管不同城市对于流动人口的政策存在差异，但是常住人口在居住、就业、教育和医疗上的差异化待遇逐渐被改变，农民工能够享受部分城镇公共服务，例如子女就学和社保。但是，如果常住人口要转变成户籍人口，还需要有合法的事由，例如"购房落户""积分落户"等，并通过户籍管理程序转变为户籍人口。除了体制外人口流动，还存在人口自然增长和机械性迁移而来的外来人口。人口机械性迁移主要表现为因升学、结婚、工作变动等引起的城镇人口增长，这类人口流动相对比较稳定，规模变化不大。

1978年改革开放后，户籍制度弊端越发凸显。各个城市对落户做了严格限制，公共服务体系建立在户籍制度的基础上，大量农民工进城打工，在城市打工期间，由于无权享受城镇教育、养老、医疗等公共服务，造成"留守儿童"等社会问题，导致"伪城镇化"或"撕裂的城镇化"。国务院发展研究中心社会发展研究报告称，与户籍挂钩的个人权利有20多项，涉及就业、教育、社会保障、计划生育等各个方面。截至2018年底，中国的人户分离人口依然有2.86亿人，人户分离人口是指居住地和户口登记地不在同一个乡镇街道且离开户口登记地半年以上的人口。

户籍制度改革标志性事件是2014年7月中国公布的《关于进一步推进户籍制度改革的意见》，为"农业"和"非农业"二元户籍管理模式定下退出历史舞台的时间表。2019年，国家发改委发布通知进一步放松落户管制。除13个人口在500万以上的超大城市和特大城市①外，其余城市将全面放开放宽落户限制。放宽放开落户限制，改善上述困境，推动城镇化人口的转变为真正的城市居民。2019年国家发改委推出三项重要措施"积极推动已在城镇就业的

---

① 根据《2017年城市建设统计年鉴》，城区人口超过500万的城市有北京、上海、广州、深圳四个超大城市，以及天津、重庆、武汉、成都、南京、郑州、杭州、沈阳、长沙，共13座城市。

农业转移人口落户"。城区常住人口 100 万 ~ 300 万的 Ⅱ 型大城市要全面取消落户限制；城区常住人口 300 万 ~ 500 万的 Ⅰ 型大城市要全面放开放宽落户条件，并全面取消重点群体落户限制；超大特大城市要调整完善积分落户政策，大幅增加落户规模、精简积分项目，确保社保缴纳年限和居住年限分数占主要比例。

三、两种城镇化的开发战略

通过体制上的变革与调整，调动土地与人口两个要素，加速城镇化与工业化进程成为地方政府的重要目标。在城镇化中，土地供给与人口增长之间相互响应的动态过程，依据其驱动力的不同可以分为主动与被动开发战略，如图 4 - 2 所示。如果政府在人口增长之前进行基础设施投资与土地开发，并通过低租金与就业机会吸引人口集聚，能避免快速人口集聚导致的交通拥堵、环境恶化、租金上涨等问题，这种战略可以界定为政府推动的主动开发战略。反之，人口增长驱动土地开发被称为被动开发战略。在主动开发战略中，但当经济下滑导致人口和产业不能跟进，将造成基础设施与空间闲置，政府与开发商的财务风险上升。在快速城镇化阶段，地方政府充分利用土地资源，通过适当过量的土地供给，实现快速的土地开发与基础设施建设，提升城镇化率。

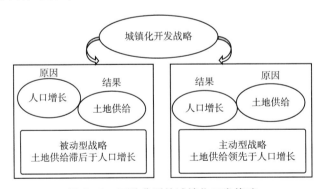

图 4 - 2　两种典型的城镇化开发战略

资料来源：本图参考了其他学者对城镇化模式的分析框架，经本书作者修改而得。详见 Cheng M, Lin H. The causal relationship of population growth and land development: A case study southern Taiwan [J]. Australasian Journal of Regional Studies, 2010, 16 (1): 23 - 36.

发展中国家正经历快速的人口迁移和土地开发过程，人口城镇化速度通常是发达国家的 2 ~ 3 倍，且人口集聚速度快于土地开发进程。针对发展中国家的研究发现，人口集聚驱动土地开发，在城镇人口增速为 4% 的情况下，土地溢价可达59%，持续的城镇人口增长能提升土地开发的收益预期，导致房地产价格上涨。土地与人口要素在不同阶段难以保持平衡。随着要素失衡问题的凸显，学者们开始关注要素之间的协调关系。土地市场与劳动力市场之间有联动关系，市场上的变量存在相互影响，识别变量间的互动影响需要解决内生性问题，通过识别内生变量的符号及显著性可以判定要素系统之间的因果关系。城镇化人口与土地之间的关系涉及两种不同的发展战略，两者间的关系需要放到土地与劳动力市场体系内进行考虑，需要构建一体化的分析框架。

第二节　理论模型

城镇化是空间供给与需求之间相互响应的动态过程，存在"均衡—非均衡—均衡"的演变路径，反映要素在空间上规模、结构与比例的变化，依据城镇化中人口与土地要素投放时序，城镇发展战略可分为主动与被动两种类型。在主动战略中，基础设施投资与土地开发提前进行，通过低租金与就业机会吸引人口集聚，能避免人口快速集聚导致的交通拥堵、环境恶化、租金上涨等问题。但当经济下滑导致人口和产业不能跟进时，此战略将造成基础设施与空间闲置，政府与开发商的财务风险上升。而在被动战略下，人口集聚与产业发展驱动公共品投资与土地开发，其核心特征是公共品供给与土地开发滞后于需求，能降低城市空间闲置的风险。但当人口快速集聚而空间供给在短期缺乏弹性时，会产生交通拥堵、居住环境恶化等城市病。当前，我国城镇化中两种战略并存，城镇外围的新区、新城、副城等新开发区域属于典型的主动战略，而老城、旧城、主城等历史区域，公共品供给与土地开发等城市更新滞后于人口集聚，属于典型的被动战略。

无论是主动还是被动战略，都涉及最核心的两个要素，即土地与人口。这两类要素在空间上的投放时序、规模及结构决定了城镇发展战略与路径。本章将土地与人口界定为能影响城镇发展战略与演进路径的核心要素。针对土地或人口单一要素的研究比较丰富，且有学者从时间视角分析两两之间的因果关系。然而，关于土地与人口在空间上的作用机理还缺乏一致认识，推进新型城镇化需要识别核心要素在空间上的响应过程，明确其失衡的机理。

经济增长导致土地与人口在空间上失衡，引起土地开发或人口规模的变化，是土地开发吸引人口集聚还是人口集聚推动土地开发，两者的因果关系在发展中国家与发达国家的结论并不一致。发展中国家正经历快速的人口迁移和土地开发过程，人口城镇化速度通常是发达国家的 2~3 倍，且人口集聚速度快于土地开发进程。针对发展中国家的研究发现，人口集聚驱动土地开发，在城镇人口增速 4% 的情况下，土地溢价可达 59%，持续的城镇人口增长能提升土地开发的收益预期，导致房地产价格上涨。而在发达国家，城市化与工业化基本完成，人口迁移与土地开发速度缓慢，两种要素呈现出交替变化的态势，因果关系不明显。发达国家更多关注城镇化人口能否获得充足的可支付住房、便利的公共交通与公平的受教育机会等问题。此外，也有学者关注土地供应结构（居住与产业用地比例）对增加就业的作用，就业机会则能显著增强区域的人口集聚能力。随着要素失衡问题的凸显，学者们开始关注要素之间的协调关系。土地市场与劳动力市场之间有联动关系，市场上的变量存在相互影响，识别变量间的互动影响需要解决内生性问题，通过识别内生变量的符号及显著性可以判定子系统之间的因果关系。

调整城镇化核心要素投放方式、规模与结构是促进产业发展的有效手段，通过激发其外溢效应，能够促进产业增长和结构调整。人口要素对产业类型与结构的有显著性影响。可以自由流动的劳动力市场能够推动形成明确的城市产业分工体系，高素质人才是推动产业结构升级的要素，而专业人才在空间集聚则是产业集群形成的重要驱动力。因此，新型城镇化战略需要放松对劳动力流动的管制，形成差异化的人才引进与配套政策。同样，土地要素对产业集聚有影响，地价对产业有门槛效应，用地指标则直接影响产业规模。不同城镇化阶段中土地供给规模与结构对于产业增长及结构变化的影响还有待探讨，随着工业用地低价政策对于产业推动作用的弱化，现有产业用地供应体系需要引入更多的市场机制。城镇化人口与土地之间的关系涉及两种不同的发展战略，两者间的关系需要放到土地与劳动力市场体系内上进行考虑，需要构建一体化的分析框架。此外，关联市场上的变量具有内生性影响，需要解决估计中的内生性问题。

一、主动战略还是被动战略

为分析人口与土地在城镇化中的互动关系，本部分建立了三维坐标系，将城镇人口规模（PQ）设定为 X 轴，城镇土地开发面积（LD）设定为 Y 轴，而时间（T）设定为 Z 轴，如图 4-3 所示。假设城镇人口规模与土地开发面积之间存在最优的比例关系，不同时点的最优比例点构成了该城市的最优人口密度线。在最优人口密度线上，城镇人口的总效用与土地利用效率同时达到最大化。在三维空间内，原点由 O 点引发一条射线 OPD，表示城市的最优人口密度线，任何偏离此线的人口与土地比例都不是最优的。当城镇人口与土地开发面积比例处于最优密度线上时，城镇人口与土地面积达到均衡点（如 E_0 点和 E_0' 点），此时区域内不存在人口流动与新土地开发，城镇空间需求与供给达到均衡。

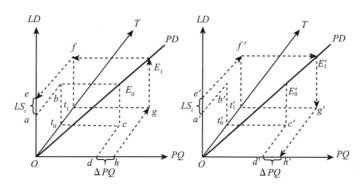

图 4-3 "被动战略"（左）与"主动战略"（右）的城镇化

在被动战略中，城镇人口首先发生变化，当时间由 t_0 变动到 t_1 时，城镇人口规模由 d 点变动到 h 点，城镇人口新增量为 ΔPQ。此时，如果城镇土地开发面积不变，新增人口将提升城镇人口密度，人口与土地的比例关系偏离最优水平线。随着人口密度的增大，城镇空间短缺导致物业价格与租金上涨，刺激政府和开发商进行土地开发。当人口规模由 d 点变动到 h 后，从 h 点可以找到 t_1 时的 g 点，再由 g 点寻找 OPD 线上的新均衡点 E_1。通过 E_1 点，寻找土地与时间平面上的 f 点，找到新均衡水平下的 e 点。因此，在由 t_0 到 t_1 的过程中，人口增长 ΔPQ 导致城镇新增土地面积 LS_t。在图 4-3 左图所示的被动战略中，其变化路径为 $d \rightarrow h \rightarrow g \rightarrow E_1 \rightarrow f \rightarrow e$。在此战略下，只有当存在居住与就业的空间需求时，政府与开发商才会供应土地进行城镇空间开发。

而在图 4-3 右图所示的主动战略中，城镇土地开发面积率先发生变化，当时间由 t_0' 变动到 t_1' 时，土地开发面积由 a' 点变动到 e' 点，新增开发土地面积 LS_t。此时，如果人口规模不变，新开发的土地会降低人口密度，人口与土地比例关系偏离最优密度线。随着人口密度的降低，城镇空间过剩将导致物业租金下降，刺激外来人口流入。因此，当城镇土地开发面积由 a' 点变动到 e' 点，可以由 e' 点寻找到 t_1' 时的 f' 点，通过 f' 点寻找到新均衡点 E_1'，再寻找均衡水平下的人口规模 h' 点。在时间由 t_0' 到 t_1' 的过程中，新增土地开发面积 LS_t 将导致城镇人口增加 ΔPQ，在图 4-3，主动战略的变动路径为 $a' \rightarrow e' \rightarrow f' \rightarrow E_1' \rightarrow g' \rightarrow h'$。

在此战略中，政府与开发商提前进行基础设施与土地开发，通过增加城镇土地开发面积降低物业价格和租金，吸引人口集聚。

二、人口与土地模型

考虑人口与土地的内生性问题，引入联立方程模型考察两者之间的互动关系，判断人口与土地的互动关系与当前的城镇发展战略。

（一）人口方程

在城镇化过程中，如果第 i 城市的人口规模随时间而发生变化，当 t_0 发展到 t_1 时，人口规模由 PQ_d 变动到 PQ_h，城镇人口变动量为 ΔPD。ΔPD 受到土地供给量与其他相关变量的影响。由于土地与人口之间存在相互影响，将新增开发土地设定为影响人口变动的内生变量。此外，城镇人口变动量还受到城市经济状况、人口规模与城乡收入差距等外生变量的影响。人口方程设定为式（4 - 1）：

$$\Delta PQ_{it} = \beta_0 + \beta_1 LS_{it} + \beta_2 \sum_{y=1}^{k} PV_{it}^k + \varepsilon_{it} \qquad (4 - 1)$$

在式（4 - 1）中，ΔPQ_{it} 表示 i 城市 t 期人口变动量，LS_{it} 表示 i 城市 t 期的土地供给量。PV_{it}^k 是 k 个影响城镇人口变动量的一组外生变量，且与人口、土地变量相互独立。β_0 是常数项，ε_{it} 是随机误差项。

（二）土地方程

同理，如果第 i 城市的土地开发面积随时间发生变化，当时间由 t_0' 发展到 t_1'，土地开发面积由 $LD_{a'}$ 变动到 $LD_{e'}$，城镇新增土地面积为 LS_{it}。政府与开发商预期未来对城镇空间需求大于供给，能够从新增物业中获得利润。新增土地面积（LS_{it}）受到城镇人口变动规模的影响，人口变动与土地供给存在内生性问题，方程中将人口变量作为内生变量。城镇土地供给规模受到城市经济状况、人口密度与土地产出等外生变量的影响。土地方程为式（4 - 2）：

$$LS_{it} = \varphi_0 + \varphi_1 \Delta PQ_{it} + \varphi_2 \sum_{y=1}^{g} LV_{it}^g + \varepsilon_{it}' \qquad (4 - 2)$$

在土地方程中，LS_{it} 表示 i 城市 t 期的土地供给量，ΔPQ_{it} 表示 i 城市 t 期的人口变动量。由于土地与人口变量非独立性，将人口变动量作为内生变量。LV_{it}^g 是 g 个影响土地供给量的外生变量，且与人口、土地变量相互独立。φ_0 是常数项，ε_{it}' 是随机误差项。

（三）联立方程

在城镇人口与土地面积的关系中，任何时刻都存在一个恒等式：

$$PD_{it} \equiv \frac{PQ_{it}}{LD_{it}} \equiv \frac{PQ_{it-1} + \Delta PQ_{it}}{LD_{it-1} + LS_{it}} \tag{4-3}$$

其中 PD_{it} 是 i 城市 t 期的人口密度，PQ_{it} 和 PQ_{it-1} 是 i 城市 t 期和 t-1 期的人口规模，ΔPQ_{it} 是 i 城市 t 期的城镇人口变动量。LD_{it} 和 LD_{it-1} 是 t 期和 t-1 期的土地面积，LS_{it} 则是 i 城市 t 期的新增土地面积。将式（4-1）、式（4-2）和式（4-3）构成城镇土地与人口两个子系统的联立方程组，记作式（4-4）。

$$\begin{cases} \Delta PQ_{it} = \beta_0 + \beta_1 LS_{it} + \beta_2 \sum_{y=1}^{k} PV_{it}^k + \varepsilon_{it} \\ PD_{it} = \frac{PQ_{it}}{LD_{it}} \equiv \frac{PQ_{it-1} + \Delta PQ}{LD_{it-1} + LS_t} \\ LS_{it} = \varphi_0 + \varphi_1 \Delta PQ_{it} + \varphi_2 \sum_{y=1}^{g} LV^g + \varepsilon_{it}' \end{cases} \tag{4-4}$$

在式（4-4）中，ΔPQ_{it} 与 LS_{it} 是联立方程组中存在相互影响的内生变量，$\sum_{y=1}^{k} PV_{it}^k$ 与 $\sum_{y=1}^{g} LV_{it}^g$ 分别是两组影响两个内生变量的外生变量。

三、产业细分模型

按照用途可以将供应的土地区分为工业用地、居住用地、商服用地与其他四种类型，[①] 不同用途土地的供应规模受到其相应产业的需求的影响。在城镇

---

① 2007 年 8 月出台的《土地利用现状分类》标准中共分为 12 个一级类、57 个二级类。地方政府在经营性用地出让中涉及的一级类有"商服用地""工矿仓储用地""住宅用地"与"公共管理与公共服务用地"等。与此相对应，《中国国土资源统计年鉴》在"国有建设用地供应情况统计（按用地类型和省市分列）"条目中按照"工矿仓储用地""商服用地""住宅用地"和"其他用地"进行了分类统计，本书参照此分类对城镇土地供给进行第二、第三产业分类。

化的演变过程中，工业用地能够促进产业发展、提供新就业机会，而居住用地提供居住空间，商业用地可以满足消费需求。依据产业类型，可以将城镇化中的土地分为第二产业与第三产业用地，工业用地用于发展第二产业，居住用地和商业用地用于发展第三产业。在城镇土地供给中还存在其他类型的用地，例如公共服务、基建设施等用地，在此主要考虑工业、居住与商业部门，三种类型之外的用地归入其他用地，则有：

$$LS_{it} = LS_{it}^I + LS_{it}^R + LS_{it}^C + LS_{it}^O \qquad (4-5)$$

在式（4-5）中，LS_{it} 表示 i 城市 t 期的土地供给总量，LS_{it}^I、LS_{it}^R、LS_{it}^C、LS_{it}^O 表示 i 城市 t 期的工业、居住、商业与其他用地的供应量。

在城镇新增人口中，按照不同的就业类型可以归类为第二产业人口与第三产业人口。[①]

$$\Delta PQ_{it} = \Delta PQ_{it}^I + \Delta PQ_{it}^T + \Delta PQ_{it}^O \qquad (4-6)$$

在式（4-6）中，ΔPQ_{it} 表示 i 城市 t 期的新增人口总量，ΔPQ_{it}^I 和 ΔPQ_{it}^T 分别表示 i 城市 t 期第二、第三产业就业人口，ΔPQ_{it}^O 表示除第二、第三产业之外的其他新增人口。将式（4-5）和式（4-6）代入式（4-4）相结合，可以得到方程，记作式（4-7）：

$$\begin{cases} \Delta PQ_{it} = \beta_0 + \beta_1(LS_{it}^I + LS_{it}^R + LS_{it}^C + LS_{it}^O) + \beta_2 \sum_{y=1}^{k} PV_{it}^k + \varepsilon_{it} \\ PD_{it} \equiv \dfrac{PQ_{it}}{LD_{it}} \equiv \dfrac{PQ_{it-1} + \Delta PQ_{it}^I + \Delta PQ_{it}^T + \Delta PQ_{it}^O}{LD_{it-1} + LS_{it}^I + LS_{it}^R + LS_{it}^C + LS_{it}^O} \\ LS_{it} = \varphi_0 + \varphi_1(\Delta PQ_{it}^I + \Delta PQ_{it}^T + \Delta PQ_{it}^O) + \varphi_2 \sum_{y=1}^{g} LV_{it}^g + \varepsilon_{it}' \end{cases} \qquad (4-7)$$

在式（4-7）的基础上，可以进一步细分出第二产业和第三产业部门的联立方程模型。依据这两个部门中土地与人口之间的互动关系，构建这两个部门的细分联立方程模型。将式（4-7）进一步细分成这两个部门的联立方程。第二产业部门的联立方程见式（4-8）：

---

① 在各城市统计年鉴中，按第一、第二、第三产业对全社会就业人数按年度进行分类统计，本书利用两个年末数的差值，计算城市第二、第三产业就业人数的年度变动量。

$$\begin{cases} \Delta PQ_{it}^{I} = \beta_{0}^{I} + \beta_{1}^{I} LS_{it}^{I} + \beta_{2}^{I} \sum_{y=1}^{k} PV_{it}^{k} + \varepsilon_{it}^{I} \\ PD_{it}^{I} \equiv \dfrac{PQ_{it}^{I}}{LD_{it}^{I}} \equiv \dfrac{PQ_{it-1}^{I} + \Delta PQ_{it}^{I}}{LD_{it-1}^{I} + LS_{it}^{I}} \\ LS_{it}^{I} = \varphi_{0}^{I} + \varphi_{1}^{I} \Delta PQ_{it}^{I} + \varphi_{2}^{I} \sum_{y=1}^{g} LV_{it}^{g} + \varepsilon_{it}^{I'} \end{cases} \quad (4-8)$$

在式（4-8）中，ΔPQ_{it}^{I} 表示 i 城市 t 期第二产业新增的就业人口，LS_{it}^{I} 表示 i 城市 t 期第二产业的土地供给量，是联立方程中的内生变量。$\sum_{y=1}^{k} PV_{it}^{k}$ 与 $\sum_{y=1}^{g} LV_{it}^{g}$ 分别是两组影响内生变量的外生变量。同理，可以得到第三产业的联立方程，记作式（4-9）：

$$\begin{cases} \Delta PQ_{it}^{T} = \beta_{0}^{T} + \beta_{1}^{T} LS_{it}^{T} + \beta_{2}^{T} \sum_{y=1}^{k} PV_{it}^{k} + \varepsilon_{it}^{T} \\ LS_{it}^{T} \equiv LS_{it}^{R} + LS_{it}^{C} \\ PD_{it}^{T} \equiv \dfrac{PQ_{it}^{T}}{LD_{it}^{T}} \equiv \dfrac{PQ_{it-1}^{T} + \Delta PQ_{it}^{T}}{LD_{it-1}^{T} + LS_{it}^{T}} \\ LS_{it}^{T} = \varphi_{0}^{T} + \varphi_{1} \Delta PQ_{1}^{T} + \varphi_{2}^{T} \sum_{y=1}^{g} LV_{it}^{g} + \varepsilon_{it}^{T'} \end{cases} \quad (4-9)$$

在式（4-9）中，ΔPQ_{it}^{T} 和 LS_{it}^{T} 分别表示 i 城市第三产业 t 期的人口与土地变量，是联立方程中的内生变量。同样，$\sum_{y=1}^{k} PV_{it}^{k}$ 与 $\sum_{y=1}^{g} LV_{it}^{g}$ 分别是两组影响内生变量的外生变量。在式（4-8）和式（4-9）中，ΔPQ_{it}^{I} 与 LS_{it}^{I}、ΔPQ_{it}^{T} 与 LS_{it}^{T} 是具有相互影响的内生变量。式（4-4）、式（4-8）和式（4-9）三个方程组构成了分析城镇化中土地与人口互动关系的联立方程模型。

四、因果关系判断规则

已有文献通过对内生变量的估计参数来判断其因果关系。将式（4-1）中内生变量 LS_{it} 的系数 β_{1} 和式（4-2）中 ΔPQ_{it} 的参数 φ_{1} 进行比较，确定城镇化中人口增长与土地供给间的互动关系。在实证研究中，本章将按此以下规则对式（4-4）、式（4-8）和式（4-9）中的内生变量之间的关系进行判定。

　　规则（1）：如果两个参数（β_1 与 φ_1）在设定的显著水平下均不显著，则内生变量的因果关系是不能确定。

　　规则（2）：如果两个参数（β_1 与 φ_1）在设定的显著水平下一个显著另一个不显著，那么因果关系由具有显著性的系数所在的方程确定。例如，β_1 显著而 φ_1 不显著，则可以通过式（1）来确定内生变量因果关系，即土地开发是导致人口增长的原因，是一种通过土地开发吸引人口的主动的城镇化战略。反之，则可以通过式（2）来判断因果关系。

　　规则（3）：如果两个参数（β_1 与 φ_1）在设定的显著水平下均显著，则需要依据 β_1 与 φ_1 的正负进行分类讨论。如果 β_1 与 φ_1 一正一负，则由参数为正的方程来确定因果关系。如果 β_1 与 φ_1 均为正，由较大值所在的方程决定因果关系。[①] 如果 β_1 与 φ_1 均为负，内生变量间的关系不能确定，理论模型需要进行修正。

第三节　数据整理

一、变量描述

　　长三角经济圈是中国经济达与城镇化率较高的区域，也是城乡人口流动，产业集聚的主要经济圈之一。本章以上海、江苏、浙江和安徽四省市所构成的长三角城市群作为研究对象，四省市下辖 42 个地级以上的城市，包括 1 个直辖市，3 个副省级城市，3 个省会城市，31 个地级城市。[②] 2009 年后，中国城镇化速度明显提升，长三角城市群快速崛起，城镇开发、人口集聚与产业发展等经济活动活跃。

　　本章整理了 2009～2013 年 42 个城市的数据，建立面板数据模型，检验城镇化中土地与人口的因果关系。数据来源包括《中国国土资源统计年鉴》《中

---

　　① 也有计量学者认为，在内生变量的因果关系判断中，如果内生变量的系数在消除内生性后，系数均为正值且具有显著性，此时可以认为两个变量互为因果，内生变量由系统同时决定。参见［美］古扎拉蒂.《计量经济学》第三版（下册）. 中国人民大学出版社，1999：681～683。

　　② 2011 年 7 月，安徽省行政规划调整，地级市巢湖被取消，设立县级市巢湖，并对部分行政区划进行调整，原巢湖所辖的一区四县分别划归合肥、芜湖、马鞍山三市管辖，2011 年以后长三角地区地级以上城市数量原来的 42 个变为 41 个。

国城市统计年鉴》《上海统计年鉴》《江苏省统计年鉴》《安徽省统计年鉴》
《浙江省统计年鉴》以及 42 个城市的统计年鉴。在 42 个城市中，常住人口变
化幅度很大，统计极值表明城市人口可以年净增加 117.78 万人，也可以年净
减少 26.69 万人。土地供给同样波动大，最大年供应量可达 6376.540 公顷，
最小年供应量为 381.260 公顷，变量的描述性统计见表 4 – 1。

表 4 – 1　　　　　　　　　　　　变量整理与描述性统计

性质	变量（单位）	平均值	中值	最大值	最小值	标准差
内生变量	ΔPQ_{it}（人）	107544.000	63200.000	1177800.000	– 266900.000	180321.700
	ΔPQ_{it}^{I}（人）	27074.000	15700.000	912305.000	– 646420.000	125253.600
	ΔPQ_{it}^{T}（人）	39979.000	23000.000	639200.000	– 364309.000	111877.900
	LS_{it}（公顷）	2369.039	2015.360	6376.540	381.260	1540.396
	LS_{it}^{I}（公顷）	820.655	746.710	3007.680	76.990	544.795
	LS_{it}^{T}（公顷）	828.154	678.770	3105.490	120.090	595.990
外生变量	PLS_{it}^{I}（%）	37.094	36.157	72.672	9.408	13.209
	PLS_{it}^{C}（%）	9.838	8.258	33.455	1.670	6.014
	PLS_{it}^{R}（%）	25.396	25.214	49.173	6.698	8.159
	PQ_{it}（万人）	314.706	237.280	2173.635	53.214	328.850
	URG_{it}（元/人）	13519.560	13315.000	24643.000	5092.000	3854.800
	GDP_{it}（亿元）	2751.806	1664.300	21602.120	245.600	3392.236
	FAI_{it}（亿元）	1408.875	950.240	5822.140	154.374	1241.598
	TUR_{it}（%）	0.910	0.759	2.618	0.100	0.500
	UR_{it}（%）	0.562	0.563	0.900	0.291	0.129
	HS_{it}（万平方米）	515.860	408.440	3372.450	66.402	466.674
	PD_{it}（人/平方千米）	657.408	654.190	2259.210	145.290	342.452
	$PGDP_{it}^{I}$（%）	51.593	51.694	74.735	33.856	7.638
	$PGDP_{it}^{T}$（%）	38.503	38.794	62.241	23.496	7.023

资料来源：2009～2014 年《中国国土资源统计年鉴》《中国城市统计年鉴》《上海统计年鉴》《江
苏省统计年鉴》《浙江省统计年鉴》《安徽省统计年鉴》与 42 个城市统计年鉴。由 EViews 软件输出结
果，本书作者整理。

　　表 4 – 1 描述了模型中所使用变量的性质、符号与描述性统计值。人口变
动量与土地供给量依据公开数据进行测量。土地市场与劳动力市场是具有关联

效应的市场体系，人口变化与土地供给被设定为具有内生性影响的变量。在劳动力市场上，利用常住人口的变动量来测量城市人口的变化（ΔPQ_{it}），用第二产业就业人口变动量（ΔPQ_{it}^{I}）与第三产业就业人口变动量（ΔPQ_{it}^{T}）反映城镇区域内细分市场的人口变化情况。在土地市场上，供给端由政府垄断供给，需求端由市场决定，土地供给量是政府、市场与产业共同作用的结果。在土地市场内部，用城镇土地供给量（LS_{it}）来衡量区域内的城镇开发规模，进一步区分为第二产业用地供应（LS_{it}^{I}）与第三产业的土地供给（LS_{it}^{T}）。

在人口方程中，除了受到土地供给量的影响外，考虑土地供给结构的影响，将工业用地比例（PLS_{it}^{I}）、商业用地比例（PLS_{it}^{C}）与居住用地比例（PLS_{it}^{R}）纳入模型，考察土地供给结构的影响。不同规模的城市，土地供给与人口变化差异较大，通过将城市人口总量（PQ_{it}）、经济规模（GDP_{it}）与投资规模（FAI_{it}）纳入模型，控制不同城市人口与经济体量的影响。用城乡收入差距变量（URG_{it}）①反映农村劳动力进入城镇的驱动力，如果城乡收入差距越大，城镇对于农村劳动力的吸引力越大。此外，城镇失业率（TUR_{it}）与区域城镇化率（UR_{it}）两个指标纳入模型，用于观测城镇失业状况与城镇化水平的影响。

在土地方程中，同样考虑外生变量来观察城市的影响。在土地模型中，将城市经济规模（GDP_{it}）、投资规模（FAI_{it}）城镇失业率（TUR_{it}）与城镇率（UR_{it}）纳入模型。在土地模型中，进一步将商品房销售规模（HS_{it}）和人口密度（PD_{it}）变量纳入模型，考察商品房需求与人口密度对土地供给量的影响。将第二产业产值比重（$PGDP_{it}^{I}$）与第三产业产值比重（$PGDP_{it}^{T}$）两个指标纳入模型，观察不同的产业结构对于土地供给量的影响。

二、平稳性检验

为避免伪回归，对各指标进行平稳性检验，除去比例变量外，其余变量通过取对数进行单位根检验和进入模型。本章选择的 LLC、IPS 和 ADF 和 PP 四种检验方法，四种检验结果见表 4 - 2。单位根检验结果表明，内生变量与外生变量在四种方法中有至少有一个通过平稳性检验，可以进入模型。

---

① 本书用城市区域内的"城镇人均可支配收入"减去"人均纯收入"来测量城乡收入差距。需要说明的是，长三角区域外来人口来源广泛，不仅仅是城市行政区划内的农村向城镇流动，因此这一指标存在局限性，还不能反映跨区域的城乡收入差距。

表 4 - 2　　　　　　　　　　变量水平序列的单位根检验

变量/方法	LLC 检验	IPS 检验	ADF 检验	PP 检验
$\log(\Delta PQ_{it})$	- 28. 0878 (0. 0000)	- 7. 0374 (0. 0000)	116. 2850 (0. 0000)	116. 0730 (0. 0000)
$\log(\Delta PQ_{it}^{I})$	- 6. 2490 (0. 0000)	- 7. 7320 (0. 0000)	43. 8890 (0. 0285)	46. 1122 (0. 0170)
$\log(\Delta PQ_{it}^{T})$	- 9. 95886 (0. 0000)	- 3. 09558 (0. 0010)	53. 6694 (0. 1070)	63. 4162 (0. 0180)
$\log(LS_{it})$	- 10. 7246 (0. 0000)	- 3. 87017 (0. 0001)	122. 316 (0. 0026)	161. 652 (0. 0000)
$\log(LS_{it}^{I})$	- 44. 3214 (0. 0000)	- 10. 5292 (0. 0000)	176. 448 (0. 0000)	227. 910 (0. 0000)
$\log(LS_{it}^{T})$	- 8. 12189 (0. 0000)	- 2. 29312 (0. 0109)	94. 8309 (0. 1573)	125. 741 (0. 0014)
PLS_{it}^{I}	- 17. 3018 (0. 0000)	- 4. 01643 (0. 0000)	111. 340 (0. 0172)	121. 143 (0. 0032)
PLS_{it}^{C}	- 12. 3147 (0. 0000)	- 3. 43153 (0. 0003)	117. 346 (0. 0064)	130. 616 (0. 0005)
PLS_{it}^{R}	- 17. 3018 (0. 0000)	- 4. 01643 (0. 0000)	111. 340 (0. 0172)	121. 143 (0. 0032)
$\log(PQ_{it})$	- 24. 6166 (0. 0000)	- 16. 7604 (0. 0000)	219. 361 (0. 0000)	249. 360 (0. 0000)
$\log(URG_{it})$	- 38. 6877 (0. 0000)	- 9. 06813 (0. 0000)	134. 270 (0. 0001)	192. 506 (0. 0000)
$\log(GDP_{it})$	- 36. 4599 (0. 0000)	- 14. 4911 (0. 0000)	249. 106 (0. 0000)	466. 950 (0. 0000)
$\log(FAI_{it})$	- 9. 01983 (0. 0000)	2. 10033 (0. 9822)	42. 1994 (0. 9998)	70. 0232 (0. 7796)
TUR_{it}	- 17. 6189 (0. 0000)	- 4. 05865 (0. 0000)	109. 189 (0. 0114)	136. 705 (0. 0000)
UR_{it}	- 14. 9444 (0. 0000)	- 7. 14583 (0. 0000)	161. 919 (0. 0000)	197. 425 (0. 0000)
$\log(HS_{it})$	- 3. 52041 (0. 0002)	0. 54771 (0. 7081)	63. 8606 (0. 9066)	80. 1639 (0. 4738)
$\log(PD_{it})$	- 4. 73009 (0. 0000)	0. 83273 (0. 7975)	63. 1792 (0. 9166)	101. 549 (0. 0523)

续表

变量/方法	LLC 检验	IPS 检验	ADF 检验	PP 检验
$PGDP_{it}^{I}$	−13.7934 (0.0000)	−7.3856 (0.0000)	162.452 (0.0000)	253.600 (0.0000)
$PGDP_{it}^{T}$	−11.5347 (0.0000)	−4.51613 (0.0000)	135.214 (0.0001)	209.081 (0.0000)

注：表格中不带括号数据为各检验统计量，括号内为相应的检验概率 P 值。LLC 检验的零假设假定存在共同的单根，IPS 检验、ADF 检验和 PP 检验的统计量的零假设假定存在在不同的单根。

资料来源：EViews 软件输出结果，本书作者整理。

第四节　实证分析

用人口与土地方程的估计结果来判断两者的关系，在整体判断的基础上，对第二产业与第三产业的细分模型进行估计，进而讨论长三角地区的城镇发展战略。

一、因果关系

利用 EGLS 和 GMM 两种方法与面板数据对式（4−4）进行估计。首先，不考虑变量的内生性问题，通过检验后选用 EGLS 方法中的固定效应进行估计；其次，考虑人口与土地的内生影响，选用 GMM 方法将内生变量的滞后项作为工具变量进行估计，消除估计中的内生性，两种方法估计的结果见表4−3。

表 4−3　　　　　　　　　城镇人口变动与土地供给的关系

变量/方法	人口方程		土地方程	
	EGLS 估计	GMM 估计	EGLS 估计	GMM 估计
$\log(\Delta PQ_{it})$	—	—	0.054 * (0.022)	0.059 (0.109)
$\log(LS_{it})$	0.687 *** (0.240)	0.422 ** (0.190)	—	—
PLS_{it}^{I}	0.011 ** (0.005)	0.004 (0.005)	—	—
PLS_{it}^{C}	−0.001 (0.004)	−0.002 (0.007)	—	—

续表

变量/方法	人口方程		土地方程	
	EGLS 估计	GMM 估计	EGLS 估计	GMM 估计
PLS_{it}^R	0. 025 *** (0. 009)	0. 009 ** (0. 004)	—	—
$\log(PQ_{it})$	1. 245 *** (0. 238)	1. 499 *** (0. 148)	—	—
$\log(URG_{it})$	− 0. 011 (0. 328)	− 0. 871 *** (0. 221)	—	—
$\log(GDP_{it})$	− 0. 152 ** (0. 073)	− 0. 232 (0. 212)	0. 369 *** (0. 089)	0. 885 (0. 583)
$\log(FAI_{it})$	− 0. 573 ** (0. 248)	− 0. 658 ** (0. 256)	0. 443 *** (0. 078)	0. 454 *** (0. 131)
TUR_{it}	0. 107 (0. 179)	0. 087 (0. 103)	− 0. 077 (0. 077)	0. 095 (0. 070)
UR_{it}	0. 552 (1. 533)	0. 735 (0. 683)	0. 855 * (0. 452)	− 0. 003 (3. 783)
$\log(HS_{it})$	—	—	0. 087 * (0. 052)	0. 073 (0. 243)
$\log(PD_{it})$	—	—	− 0. 381 *** (0. 054)	1. 170 (1. 207)
$PGDP_{it}^I$	—	—	− 0. 035 *** (0. 007)	− 0. 056 * (0. 032)
$PGDP_{it}^T$	—	—	− 0. 051 *** (0. 009)	− 0. 130 *** (0. 005)
C	− 6. 373 (4. 393)	4. 418 * (2. 394)	6. 934 *** (0. 593)	− 2. 303 (7. 222)
调整后 R^2	0. 764	0. 838	0. 859	0. 784
标准误	0. 829	0. 681	0. 348	0. 266
F 值	61. 703	—	128. 407	—
D. W 统计量	2. 030	1. 684	1. 720	3. 129
J 统计量	—	0. 000	—	0. 000

注：括号内为标准误，* 、** 、*** 分别表示在10%、5%、1%水平下显著。
资料来源：EViews 软件输出结果，本书作者整理。

在人口方程中，两种估计方法所获得土地供给系数均为正，分别为 0. 687
与 0. 422，在 EGLS 方法中土地供给在 1% 的显著水平下对人口变量有显著影
响；而在考虑内生性的 GMM 方法中，在 5% 显著水平下土地供给对人口变量

有显著影响。在土地方程中，两种方法下人口变化的系数分别为 0.054 与 0.059，EGLS 方法中在 10% 的显著水平下能够观察到显著性，而 GMM 方法中观察不到系数的显著性。通过对式（4-4）中参数 β_1 与 φ_1 的符号与显著性可以进行因果关系判断。由于两个系数均为正，可以根据系数的显著性进行判断。在长三角城市群中，人口与土地的因果关系由人口方程来判断，也就是说土地开发是导致城镇人口变化的原因，地方政府采用的是主动战略，土地作为这一阶段地方政府掌握和使用的主要资源，成为快速推动城镇化的工具。

在人口方程的外生变量组中，土地结构变量对人口变化有影响，在 EGLS 估计方法中，工业用地与居住用地比例有显著的正影响，而在 GMM 估计方法中仅居住用地比例对人口增长有显著的正影响。在外生变量组中，从 GMM 估计结果来看，人口规模、城乡收入差距、固定资产投资均有显著性影响，而经济规模并不显著。失业率与城镇化率对人口变化的影响在两种方法下均不显著。在土地方程中的外生变量组中，经济规模、商品房销售面积与人口密度三变量在 EGLS 方法中在 10% 显著水平观察到显著性，而在 GMM 方法中系数均不显著，说明消除内生性后这些变量的影响显著降低。而投资规模变量在两种方法中均显著，第二、第三产业产值比例变量在两种方法中均有显著性，且对土地供给有负的影响。城镇失业率在两种方法中均不显著，城镇化率则在 EGLS 方法中在 10% 的显著水平下具有显著性，在 GMM 方法中并不显著。

在人口方程中，EGLS 与 GMM 方法中所获得的调整后 R^2 分别为 0.764 与 0.838，模型有较好的解释力，GMM 方法所获得的调整后 R^2 略高。EGLS 中体现模型总体解释力的 F 值为 61.703，且在 1% 显著水平下显著，表明模型所筛选的解释变量与被解释变量之间存在显著的相关性。在土地方程中，EGLS 与 GMM 方法所获得的调整后 R^2 分别为 0.859 与 0.784，EGLS 方法所获得的调整后 R^2 略高，EGLS 中体现模型总体解释力的 F 值为 128.407，且在 1% 显著水平下显著，也表明所筛选的解释变量与被解释变量之间存在显著的相关性。

二、第二产业

利用面板数据对式（4-8）进行估计，分析第二产业中就业人口变动与土地供给之间的互动关系，EGLS 和 GMM 方法的估计结果见表 4-4。在人口模型中，两种方法所获得的土地供给系数均为正，分别为 0.157 与 0.004，均不显著。而在土地方程中，两种方法所获得的人口变化系数分别为 0.018 与 0.322，EGLS 方法与 GMM 方法均观察不到显著性。依据因果判定规则（1），通过式（4-8）

中 β_1 与 φ_1 的符号与显著性可以对变量的因果关系进行判断。在考虑内生性的情况下，由于两个系数均为正但不显著，内生性变量之间的因果性不能确定，表明在第二产业内土地供给与就业人口之间并不存在因果关系。

表 4－4　　　　　　　　　第二产业就业人口变动与土地供给的关系

变量/方法	人口方程		土地方程	
	EGLS 估计	GMM 估计	EGLS 估计	GMM 估计
$\log(\Delta PQ_{it}^I)$	—	—	0.018 (0.032)	0.322 (0.033)
$\log(LS_{it}^I)$	0.157 (0.151)	0.004 (0.151)	—	—
$\log(PQ_{it}^2)$	4.906 *** (1.312)	1.439 *** (0.170)	—	—
$\log(URG_{it})$	0.164 (3.623)	1.160 *** (0.229)	—	—
$\log(GDP_{it})$	−1.756 (2.634)	−0.137 (0.510)	0.944 *** (0.287)	0.204 (0.205)
$\log(FAI_{it})$	0.130 (0.646)	−0.375 (0.546)	−0.284 * (0.169)	0.369 ** (0.153)
TUR_{it}	−0.982 *** (0.164)	−0.879 *** (0.238)	0.179 (0.153)	0.388 *** (0.061)
UR_{it}	−9.846 ** (4.827)	1.649 (1.852)	0.440 (1.161)	−1.565 *** (0.372)
$\log(HS_{it})$	—	—	0.344 *** (0.081)	0.140 (0.121)
$\log(PD_{it})$	—	—	1.763 (1.295)	−0.387 *** (0.107)
C	2.364 (17.458)	16.717 *** (2.227)	−12.318 * (7.098)	1.381 * (0.772)
调整后 R^2	0.471	0.340	0.771	0.764
标准误	1.009	1.181	0.340	0.616
F 值	3.963	—	12.236	—
D.W 统计量	2.228	1.319	1.919	1.526
J 统计量	—	0.000	—	0.000

注：括号内为标准误，*、**、*** 分别表示在 10%、5%、1%水平下显著。
资料来源：EViews 软件输出结果，本书作者整理。

在人口方程的外生变量组中，人口规模在两种方法中均在 1% 显著水平下对就业人口有正影响。城乡收入差距变量在 GMM 方法中具有正影响，而经济规模与固定资产投资规模在两种方法均不显著。城镇失业率在两种方法下具有的负影响，城镇化率仅在 EGLS 方法中具有负影响。在土地方程的外生变量组中，在 EGLS 估计结果中，经济规模对土地供给有显著正影响。固定投资变量在两种方法中都具有显著性，但系数符号不一致。城镇失业率与城镇化率在 GMM 方法中具有显著性，城镇失业率具有正影响，城镇化率有负影响。商品房销售规模在 EGLS 中具有正影响，而人口密度在 GMM 中对土地供给具有显著负影响。

在人口模型中，EGLS 与 GMM 方法所获得的调整后 R^2 分别为 0.471 与 0.340，模型的解释力一般，GMM 方法所获得的调整后 R^2 略低。EGLS 中体现模型总体解释力的 F 值为 3.963，且在 1% 水平下显著，表明解释变量与被解释变量之间存在显著的相关性。而在土地模型中，EGLS 与 GMM 方法所获得的调整后 R^2 分别为 0.771 与 0.764，EGLS 方法所获得的调整后 R^2 则较高，EGLS 中体现模型总体解释力的 F 值为 12.236，且在 1% 水平下显著，表明解释变量与被解释变量之间存在显著的相关性。

三、第三产业

利用面板数据对式（4-9）进行估计，判断第三产业中人口变化与土地供给之间的互动关系，EGLS 和 GMM 方法的估计结果见表 4-5。在人口方程中，两种估计方法所获得的土地供给系数分别为 0.008 与 -0.431，系数一正一负，且均不显著。而在土地方程中，两种方法的结果分别为 -0.003 与 0.064，同样观察不到显著性。对比分析式（4-9）中 β_1 与 φ_1 的参数符号及其显著性可以对内生变量的因果关系进行判断，由判断规则（1）可知，两种方法下的估计结果都无法进行判断，内生性变量之间的关系不能确定，表明在第三产业，就业人口与土地之间并不存在因果关系。

表 4-5   第三产业就业人口变动与土地供给的互动关系

变量/方法	人口方程		土地方程	
	EGLS 估计	GMM 估计	EGLS 估计	GMM 估计
$\log(\Delta PQ_{it}^T)$	—	—	-0.003 (0.009)	0.064 (-0.097)

续表

变量/方法	人口方程		土地方程	
	EGLS 估计	GMM 估计	EGLS 估计	GMM 估计
$\log(\mathrm{LS}_{it}^{T})$	0.008 (0.077)	−0.431 (0.264)	—	—
$\log(\mathrm{PQ}_{it})$	1.282 (1.207)	1.678*** (0.349)	—	—
$\log(\mathrm{URG}_{it})$	1.794** (0.828)	0.793* (0.440)	—	—
$\log(\mathrm{GDP}_{it})$	−2.366*** (0.801)	−0.920*** (0.294)	0.242 (0.164)	−0.086 (−0.055)
$\log(\mathrm{FAI}_{it})$	−0.103 (0.157)	0.509 (0.625)	0.497*** (0.079)	0.368*** (0.066)
TUR_{it}	−1.101*** (0.209)	−1.401*** (0.176)	0.004 (0.054)	−0.138 (0.148)
UR_{it}	−1.870 (2.202)	4.709*** (0.469)	−1.781* (0.905)	0.536 (0.438)
$\log(\mathrm{HS}_{it})$	—	—	0.412*** (0.075)	0.334*** (0.119)
$\log(\mathrm{PD}_{it})$	—	—	1.163** (0.535)	−0.088 (0.074)
C	6.716 (4.801)	13.555*** (3.331)	−7.586** (3.679)	2.328*** (0.565)
调整后 R^2	0.841	0.679	0.945	0.690
标准误	0.914	1.037	0.307	0.434
F 值	20.155	—	63.171	—
D.W 统计量	2.338	1.678	2.235	1.399
J 统计量	—	0.000	—	0.000

注：括号内为标准误，*、**、***分别表示在10%、5%、1%水平下显著。

资料来源：EViews 软件输出结果，本书作者整理。

在人口方程的外生变量组中，人口规模在 GMM 方法下在1%显著水平下对就业人口有显著正影响。在两种方法中城乡收入差距有显著正影响，经济规模变量有显著的负影响。固定资产投资在两种方法中均不显著，城镇失业率有负影响，而城镇化率在 GMM 方法中观测到正影响。在土地方程的外生变量组中，经济规模不显著，固定资产投资则有显著的正影响。城镇失业率没有显著影响，城镇化率仅在 EGLS 方法中有负影响。商品房销售规模在两种方法中均有正影响。人口密度在 EGLS 中有显著的正影响，但在 GMM 方法中不显著。

在人口方程中，EGLS 与 GMM 方法所获得的调整后 R^2 分别为 0.841 与 0.679，表明模型有较好的解释力，GMM 方法所获得的调整后 R^2 略低。EGLS 中体现模型总体解释力的 F 值为 20.155，且在 1% 显著水平下显著，表明模型所筛选的解释变量与被解释变量之间存在显著的相关性。而在土地方程中，EGLS 与 GMM 方法所获得的调整后 R^2 分别为 0.945 与 0.690，EGLS 方法所获得的调整后 R^2 略高，EGLS 中体现模型总体解释力的 F 值为 63.171，且在 1% 水平下显著，同样表明解释变量与被解释变量之间存在显著的相关性。

第五节　结论与讨论

长三角城市群是中国是城镇化率最高的地区之一，其城镇发展战略与政策对中西部地区的城镇化具有标杆效应与示范作用。本章通过构建城镇化区域人口与土地两个系统的三组联立方程模型，利用长三角城市群 42 个城市 2009 ~ 2013 年的面板数据，探讨人口与土地的互动关系，反思现有的城镇发展战略，结论如下。

（1）以土地开发带动人口增长的"主动战略"是长三角区域地方政府普遍采取的城镇发展战略。通过提前规划城镇空间（新区、开发区、副城、卫星城、大学城等），进行基础设施建设与土地储备整理，利用招拍挂方式出让工业、居住与商服用地，吸引房地产开发商与企业进入，形成人口集聚效应。在此过程中，提前进行的土地开发推动人口密度偏离最优比例，城镇空间过剩导致物业租金下降，刺激区域外人口流入，其变动路径如图 4 - 2 所示。土地工具是推动"主动战略"的关键，地方政府在土地供给中能够起到决定性作用。这种城镇发展战略在一定程度上避免了"被动战略"中"城市病"问题，但蕴含资产与空间闲置的风险。

（2）第二、第三产业内"主动战略"的效应难以得到验证。当整个区域的城市普遍采用主动战略时，城市之间的竞争会迅速弱化"主动战略"的人口集聚效应。在第二、第三产业内部，产业用地开发并没有真正导致产业人口增加，蕴含较高的土地与人口脱节，以及产业空心化的风险。主动战略中提前开发的土地与空间，需要有相应的产业与人口跟进。但是，在第二产业与第三产业中这种关系都难以得到证实，这表明进入城镇化区域的人口并没有成为真正意义上的第二产业与第三产业人口。从现实来看，地方政府通过低价产业用地供给来推动人口集聚的作用正在弱化，进入城镇区域的身份尴尬的"城乡两栖人"没有真正转化成第二、第三产业人口，这种"伪城镇化"的人口对于城镇空间的消费与支撑作用有限。

（3）城镇活力降低与土地与资本闲置的风险增加。在主动战略中，需要有相应的产业人口增加才能推动城镇人口密度逐渐回到最优密度线。一旦人口密度长期偏离最优密度线，城市基础设施与已开发的物业将难以得到充分利用，城市集聚能力与经济活力下降。如果这种状况长期持续，前期投入的资本将会给地方政府与开发商带来沉重的财务负担。因此，若人口密度长期偏离最优密度线，则需要对现有城镇发展战略进行调整。从现有的政策工具来看，土地供给依然是最直接与最有效的可选工具，调整土地供给规模与结构是推进城镇化中实现人口与土地逐步回归合理区间的关键，也是实现人口与土地协同战略的关键。

第五章 城镇化中核心要素的协调度评价

本章选取协调度模型评价公共品、土地与人口三大核心要素的城镇化协调度,评估浙江省 11 个城市 2002~2014 年城镇化投入要素的协调水平及其演变阶段。首先,对历年人口城镇化、土地城镇化和公共品供给评价指标的数据进行整理计算,得到浙江省历年的城镇化核心要素协调度。其次,分析核心要素的变化趋势,结合城市情况剖析人口城镇化与土地开发、公共品供给之间的关系,总结浙江省城镇化进程的发展规律和内在机理。最后,横向比较城镇化核心要素协调度,对 11 个城市要素投入的协调水平进行评价,提出推动要素协调发展的政策建议。

第一节 引 言

党的十九大报告将"创新、协调、绿色、开放、共享"的发展理念确定为十四条治国方略之一。当前,快速城镇化过程中要素投入结构失衡与比例失调,造成城镇化品质不高,影响到区域经济稳定与城市可持续发展,推动城镇化中要素的协调发展是贯彻新发展理念的重要战略突破口。从现实来看,城镇化中表现出严重的以单要素为核心的城镇化,抑制了城市的空间集聚功能。一是资本过度投入引起的空间过快扩展与房地产价格泡沫,超过了居民的支付能力;二是土地开发与人口城镇化不协调导致城市空间长期闲置与资本浪费,带来了系统性金融风险;三是配套设施投资不足与产业缺失引起的城市活力匮乏,缺乏就业机会。改变以"资本为王"和土地开发为主导的城镇开发战略,推动城镇化中土地、人口与公共品要素的协调发展是深入贯彻新发展理念的必然要求。

城镇化表现为空间供给与需求之间相互响应的动态过程,存在均衡—非均衡—再均衡的演变过程,反映要素在空间上规模、结构与比例的变化。依据城镇化要素投放的先后时序与政府扮演的角色，程与林（Cheng and Lin，2010）、王和刘（Wang and Liu，2015）将城镇开发战略分为主动与被动两种类型。在第三章的分析中，我们发现，长三角区域采取主动战略驱动城镇化进程。而在城镇化的演进过程中，土地开发、人口集聚、公共品供给、产业培育与环境保护是可持续发展的主要议题，陈春（2008）、陈明星、陆大道和刘慧（2010）将城镇化的内涵概括为经济、人口、社会以及土地等方面的城镇化，这些都涉及最核心的三个要素，即土地、人口与公共品。袁惊柱、姜太碧和宋晓芹等（2012）、马孝先（2014）认为它们是城镇化进程的根本要素。这三个要素在空间上的投放时序、规模及结构决定了城镇发展模式与路径，已经成为影响城镇化发展模式与路径的核心要素。

设计城镇化核心要素的协调度指数，利用量化指标评估核心要素之间结构比例的合理性，可以有效评估土地开发、人口增长与公共品供给的失衡状况。整体而言，要素协调表征子系统之间和系统内部各要素之间具有稳定的互动关系，三个子系统构成了城镇化系统。指数设计思路是通过对三个子系统进行评价，得出子系统协调度，进而确定权重计算出全系统的协调指数。指数判读需要设定合理区间，通过对三个子系统内各指标的测试，确定子系统的合理范围，计算全系统的基准区间，进而依据城镇化的发展阶段进行系数调整，明确不同城市的合理区间。

第二节　模型构建与指标选取

一、模型构建

协调度是度量系统或系统内部要素之间在发展过程中彼此和谐一致的程度，体现了系统由无序走向有序的趋势，是协调状况好坏程度的定量指标。为考察城镇化中公共品、土地与人口三大核心要素投入的协调水平，本章选取离差系数最小化协调度模型，具体公式如下：

$$C(x,y,z) = \left\{ \frac{f(x) \cdot g(y) \cdot h(z)}{\left[\frac{f(x) + g(y) + h(z)}{3} \right]^3} \right\}^k \tag{5-1}$$

$$f(x) = \sum_{i}^{n} a_i x_i \tag{5-2}$$

$$g(y) = \sum_{j}^{m} b_j y_j \qquad (5-3)$$

$$h(z) = \sum_{k}^{r} c_k z_k \qquad (5-4)$$

其中，C 为协调度；f(x) 为人口城镇化函数；g(y) 为土地城镇化函数；h(z) 为公共品供给函数；k 为调整系数，一般取6；a_i、b_j 和 c_k 分别为人口城镇化指数、土地城镇化指数和公共品投资指数各指标的权重；x_i、y_j 和 z_k 分别为人口城镇化、土地城镇化和公共品投资指标体系中各指标对应的数值。

二、等级划分

综合廖重斌（1999），张宏元、杨德刚和王野等（2007）等学者关于协调度的研究成果，本章协调度等级划分如表 5 - 1 所示。调度模型中的协调度 C 都介于 0 ~ 1 之间，当 C = 1 时，协调度极大，系统走向新有序结构；当 C = 0 时，协调度极小，系统的有序性崩溃，系统将向无序发展。

表 5 - 1   要素协调度等级的划分

大类	协调度	协调等级
失调类	0.00 ~ 0.09	极度失调
	0.10 ~ 0.19	严重失调
	0.20 ~ 0.29	中度失调
	0.30 ~ 0.39	轻度失调
过度类	0.40 ~ 0.49	濒临失调
	0.50 ~ 0.59	勉强协调
协调类	0.60 ~ 0.69	初级协调
	0.70 ~ 0.79	中级协调
	0.80 ~ 0.89	良好协调
	0.90 ~ 1.00	优质协调

三、指标选取

根据城镇化中人口要素、土地要素以及资本要素的内涵，在层次性、动态性、完备性等原则的指导下并结合数据的可获取性和便于量化的角度出发构建了评价人口城镇化、土地城镇化和公共品投资的评价指标体系（见表5-2）。指标体系分为三个层次，由3项一级指标、8项二级指标和19项三级指标组成。

表5-2　　　　　　　　　　　　要素评价指标体系

一级指标	二级指标	三级指标	指标权重
人口城镇化	人口构成	非农业人口比重	a_1
		第二、第三产业就业人口比重	a_2
	产业结构	第二、第三产业产值占GDP比重	a_3
	生活水平	城镇居民人均可支配收入	a_4
		每万人拥有医院、卫生院床位数	a_5
		每万人汽车拥有量	a_6
		每万人基本养老保险参保人数	a_7
土地城镇化	城镇规模	建成区面积	b_1
		人均公园绿地面积	b_2
		人均道路面积	b_3
	投入水平	单位土地面积上固定资产投资	b_4
		单位土地面积上城市维护建设资金支出	b_5
	产出水平	单位土地面积上第二、第三产业产值	b_6
		单位土地面积上地方财政收入	b_7
公共品投资	经济型公共品	人均道路面积	c_1
		人均年末移动电话用户数	c_2
	非经济型公共品	每万人拥有医院、卫生院床位数	c_3
		人均教育事业费	c_4
		每万人基本养老保险参保人数	c_5

第三节　数据处理与权重确定

一、数据处理

本章以浙江省11个地级市为研究对象，收集整理2002~2014年的数据，数据主要来源于浙江省统计年鉴（2003～2015）和中国城市建设统计年鉴（2002～2014）。首先，为避免价格指数变化对实证结果产生的影响，以2001年为基期并根据2001～2014年浙江省的居民消费价格指数（CPI）对各指标数值进行消除通货膨胀处理。其次，为避免不同量纲造成偏误，本部分对各指标数据采取了标准化处理：

$$x'_{ij} = \begin{cases} (x_{ij} - m_i)/(M_i - m_i) & (正向指标) \\ (M_i - x_{ij})/(M_i - m_i) & (负向指标) \end{cases} \qquad (5-5)$$

其中，x_{ij} 和 x'_{ij} 分别为第 i 个指标在第 j 年的实际值和标准化处理后的值；i 为指标个数，取值为 1～20；j 为年份，取值为 2002～2014；m_i 为第 i 个指标的最小值；M_i 为第 i 个指标的最大值，实证研究中的 19 个指标均为正向指标。

二、权重确定

通过主成分分析法确定各指标权重。采用 EViews8.0 进行主成分分析，得到的特征值与累积贡献率如表 5-3 所示，括号内为累积贡献率，线性组合的系数矩阵如表 5-4 所示。人口指数的第 1 主成分贡献率为 70.7%，已能较好地反映人口城镇化水平。与此同时，第 2 个特征值开始明显变小（小于1），因此选择 m=1，即提取第 1 个主成分。

表 5-3　　　　　　　　　　主成分的特征值与累积贡献率

主成分	人口城镇化指数	土地城镇化指数	公共品投资指数
第 1 主成分	4.945（0.707）	3.735（0.534）	3.577（0.715）
第 2 主成分	0.938（0.841）	1.389（0.732）	0.971（0.910）
第 3 主成分	0.659（0.935）	0.758（0.840）	0.237（0.957）
第 4 主成分	0.208（0.964）	0.614（0.928）	0.154（0.988）
第 5 主成分	0.154（0.986）	0.433（0.990）	0.062（1.000）
第 6 主成分	0.066（0.996）	0.049（0.997）	—
第 7 主成分	0.028（1.000）	0.022（1.000）	—

资料来源：SPSS 软件输出结果，本书作者整理。

同理，公共品指数的第 1 主成分贡献率为 71.5%，能够较好地描述资本投入水平，且第 2 个特征值小于 1，因此也提取一个主成分。土地指数得到两个主成分，第 1 主成分占总方差的 53.36%，第 2 主成分占总方差的 19.85%，累计方差贡献率达到 73.2%，因此须提取两个主成分。对于只提取第 1 主成分的人口城镇化指数和公共品投资指数，其综合得分系数即为第1主成分线性组合中的系数，因此采用以下公式计算各指标的权重：

$$a_i = |A_i| / \sum_i^n |A_i| \qquad\qquad (5-6)$$

$$c_k = |C_k| / \sum_k^r |C_k| \qquad\qquad (5-7)$$

表 5 – 4　　　　　　　　　　主成分线性组合的系数矩阵

人口城镇化指数		土地城镇化指数			公共品投资指数	
—	P_1	—	P_1	P_2	—	P_1
x_1	0.337	y_1	0.282	– 0.305	z_1	0.139
x_2	0.383	y_2	0.287	0.535	z_2	0.502
x_3	0.310	y_3	0.038	0.760	z_3	0.478
x_4	0.393	y_4	0.478	0.027	z_4	0.508
x_5	0.400	y_5	0.345	– 0.195	z_5	0.492
x_6	0.400	y_6	0.492	– 0.017	—	—
x_7	0.412	y_7	0.497	– 0.067		

资料来源：SPSS 软件输出结果，本书作者整理。

　　而对于提取了第1、第2主成分的土地城镇化指数，须先计算综合得分模型中的系数。因为各土地城镇化指标总体上能够以第1、第2主成分代替，所以各指标系数可以认为是以这两个主成分方差贡献率为权重，对指标在这两个主成分线性组合中的系数进行加权平均：

$$B_j = (B_j^1 \cdot p^1 + B_j^2 \cdot p^2) / (p^1 + p^2) \qquad\qquad (5-8)$$

再根据式（5-9）计算权重：

$$b_i = |B_j| / \sum_j^m |B_j| \qquad\qquad (5-9)$$

其中，A_i、B_j 和 C_k 分别为人口指数、土地指数和资本指数各指标的综合系数；B_j^1 和 B_j^2 分别为土地指数第 j 个指标在第1、第2主成分线性组合中的系数；p^1、p^2 分别为第1、第2主成分的方差贡献率；i 为人口指数指标编号，取值 1～7；j 为土地指数指标编号，取值 1～7；k 为资本指数指标编号，取值为 1～5。计算得到各指标权重如表 5 –5 所示。

表 5 - 5 　　　　　　　　　　各指标权重

人口城镇化指数		土地城镇化指数		公共品投资指数	
a_1	0.128	b_1	0.063	c_1	0.066
a_2	0.145	b_2	0.180	c_2	0.237
a_3	0.118	b_3	0.119	c_3	0.226
a_4	0.149	b_4	0.181	c_4	0.240
a_5	0.152	b_5	0.101	c_5	0.232
a_6	0.152	b_6	0.180	—	—
a_7	0.156	b_7	0.175	—	—

资料来源：SPSS 软件输出结果，本书作者整理。

第四节　协调度测算与分析

一、总体分析

根据式（5 - 2）、式（5 - 3）与式（5 - 4）分别计算出各地级市的人口城镇化指数 $f(x)$、土地城镇化指数 $g(y)$、公共品投资指数 $h(z)$ 及全省平均值，得到浙江省人口城镇化、土地城镇化和公共品投资指数变化曲线，如图 5 - 1 所示；再根据式（5 - 1）计算得到浙江省历年城镇化核心要素协调指数 C，见表 5 - 6。2002 ~ 2014 年，浙江省城镇化进程中资本、土地与人口三大要素投入的协调水平经历了三个阶段，即失调阶段（2002 年）、过渡阶段（2003 年）和协调阶段（2004 ~ 2014 年）。

表 5 - 6　　　　2002 ~ 2014 年浙江省城镇化核心要素协调度评价结果

年份	$f(x)$	$g(y)$	$h(z)$	C	评价结果
2002	0.198	0.143	0.085	0.352	轻度失调
2003	0.232	0.191	0.121	0.527	勉强协调
2004	0.271	0.223	0.159	0.658	初级协调
2005	0.303	0.26	0.194	0.740	中级协调
2006	0.341	0.226	0.216	0.674	初级协调

续表

年份	f(x)	g(y)	h(z)	C	评价结果
2007	0.371	0.281	0.275	0.841	良好协调
2008	0.396	0.311	0.301	0.871	良好协调
2009	0.429	0.352	0.345	0.915	优质协调
2010	0.467	0.382	0.396	0.932	优质协调
2011	0.512	0.408	0.455	0.925	优质协调
2012	0.554	0.437	0.523	0.914	优质协调
2013	0.595	0.459	0.56	0.898	良好协调
2014	0.653	0.493	0.624	0.877	良好协调

资料来源：SPSS 软件输出结果，本书作者整理。

1. 失调阶段

2002 年人口城镇化指数 f(x)、土地城镇化指数 g(y)、公共品投资指数 h(z) 分别为 0.198、0.143 和 0.085，均低于 0.2，特别是公共品投资指数不到 0.1，与人口城镇化指数差距明显。协调度 C 只有 0.352，按照协调度等级划分方法，整体呈现轻度失调状态。这一阶段的人口、土地以及资本的城镇化水平均处于较低水平，其中，公共品投资的过分落后是导致要素之间轻度失衡的主要原因。由于土地城镇化指数 g(y)、公共品投资指数 h(z) 均低于人口城镇化指数 f(x)，所以这一阶段是土地、资本滞后型的城镇化，或者说是人口领先的城镇化。

2. 过渡阶段

2003 年人口城镇化指数 f(x)、土地城镇化指数 g(y)、公共品投资指数 h(z) 分别为 0.232、0.191 和 0.121，与 2002 年相比均有所上升，且差距略微缩小，因而协调度 C 从 0.352 上升到 0.527，进入勉强协调状态。从图 5-1 人口城镇化指数 f(x)、土地城镇化指数 g(y) 和公共品投资指数 h(z) 的变化趋势可以看到，三大要素的发展速度相当，指数之间的绝对差值基本保持不变，因此随着人口城镇化指数 f(x)、土地城镇化指数 g(y) 和公共品投资指数 h(z) 的增长，指数之间的相对差值逐渐缩小，协调度水平上升。过渡阶段的土地城镇化指数 g(y)、公共品投资指数 h(z) 仍低于人口城镇化指数 f(x)，可见这一阶段仍为土地、资本滞后型的城镇化。

3. 协调阶段

协调度 C 先从 2004 年的 0.658 开始，基本保持逐年增长，达到 2012 年的

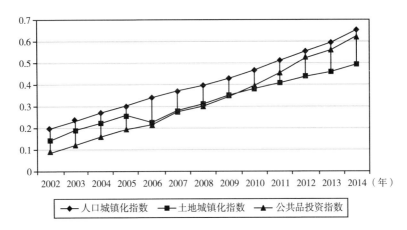

图 5 - 1　人口城镇化、土地城镇化和公共品投资指数曲线

资料来源：采用 SPSS 软件，根据计算数据绘制而成。

0.914，实现了从初级协调到优质协调的不断提高。而从 2012 年往后，协调度 C 开始逐年下降，2013 年和 2014 年的协调度 C 分别为 0.898 和 0.877，又回到了良好协调状态。由图 5 - 1 可知，2004 ~ 2014 年人口城镇化指数 f(x) 继续保持领先，即土地城镇化和公共品投资水平持续低于人口城镇化。然而值得注意的是，人口城镇化指数 f(x) 高于土地城镇化指数 g(y) 和公共品投资指数 h(z) 的程度沿着时间的轨迹发生了明显的变化，这主要是因为土地城镇化指数 g(y) 和公共品投资指数 h(z) 呈现出完全不同的发展态势。以 2006 年为转折点，一方面，土地城镇化指数 g(y) 没有继续增长，反而略有下降，之后保持稳定上升状态；另一方面，公共品投资指数 h(z) 上升速度加快，并于 2010 年逐步大于土地城镇化指数，逐年拉开差距，甚至有赶超人口城镇化指数 f(x) 的趋势。在这一阶段后期，土地城镇化发展相对滞后成为协调度 C 略微下降的主要原因。

二、城市分析

表 5 - 7 为浙江省各地级市 2002 ~ 2014 年城镇化核心要素之间的协调度，可以分析各城市城镇化协调度的变化走势。在 11 个地级市中，丽水市的协调度上下剧烈波动、极度不稳定，在严重失调和优质协调间随机游走。舟山市从 2002 至 2014 年一直处于协调状态，且在大多数年份都保持了优质协调状态。其他城市的协调度基本上呈波动上升态势，并在不同年份先后进入并保持在协调水平。

表5-7 11个城市城镇化核心要素协调度评价

年份	杭州	宁波	嘉兴	湖州	绍兴	舟山	温州	金华	衢州	台州	丽水
2002	0.346	0.318	0.327	0.281	0.066	0.930	0.016	0.245	0.231	0.048	0.109
2003	0.439	0.534	0.414	0.532	0.239	0.944	0.068	0.480	0.350	0.219	0.585
2004	0.512	0.616	0.598	0.777	0.328	0.887	0.164	0.548	0.489	0.303	0.776
2005	0.702	0.715	0.677	0.733	0.417	0.832	0.285	0.724	0.497	0.415	0.982
2006	0.678	0.642	0.792	0.423	0.505	0.788	0.298	0.741	0.805	0.388	0.414
2007	0.734	0.896	0.831	0.746	0.675	0.941	0.491	0.851	0.934	0.690	0.333
2008	0.811	0.898	0.869	0.761	0.696	0.909	0.534	0.876	0.940	0.844	0.377
2009	0.847	0.925	0.906	0.887	0.743	0.904	0.572	0.885	0.938	0.879	0.751
2010	0.846	0.915	0.949	0.941	0.847	0.960	0.555	0.842	0.969	0.944	0.659
2011	0.810	0.882	0.970	0.955	0.901	0.979	0.678	0.772	0.999	0.967	0.397
2012	0.756	0.887	0.976	0.914	0.878	0.989	0.837	0.689	0.981	0.955	0.430
2013	0.722	0.873	0.974	0.883	0.855	0.974	0.778	0.646	0.992	0.942	0.330
2014	0.710	0.876	0.970	0.879	0.776	0.972	0.842	0.614	0.756	0.934	0.300

资料来源：SPSS软件输出结果，本书作者整理。

为了考察协调度在时间和空间上的变化和差异，本章选取了2002年、2008年、2014年三个截面，对各市协调度C，人口城镇化指数f(x)、土地城镇化指数g(y)和公共品投资指数h(z)的分布情况进行描绘。为了更好地在空间上展示指数分布的空间格局，将各指数分为五个等级：第一等级（0.8~1）、第二等级（0.6~0.8）、第三等级（0.4~0.6）、第四等级（0.2~0.4）、第五等级（0~0.2）。

（一）2002年各市协调度水平分析

2002年浙江省各地级市城镇化核心要素协调度分布情况。首先，11个地级市中，仅有舟山市处于协调类，并且属于优质协调状态。2002年舟山市的人口城镇化指数f(x)、土地城镇化指数g(y)和公共品投资指数h(z)分别为0.176、0.165和0.142，可见人口城镇化、土地城镇化和公共品投资都相当落后，才导致高水平的协调度。其次，除舟山市外的杭州等10个地级市均处于失调阶段。其中，杭州、宁波和嘉兴的协调度C分别为0.346、0.318和0.327，为轻度失调；湖州、金华和衢州的协调度C分别为0.281、0.245和0.231，为中度失调；丽水的协调度C为0.109，处于严重失调；绍兴、温州和台州的协调度C分别为0.066、0.016和0.048，属于极度失调。

人口城镇化指数 f(x) 处在第四等级（0.2～0.4）的有杭州、宁波、嘉兴、湖州、绍兴和温州，分别为 0.387、0.285、0.250、0.211、0.221 和 0.235，这些城市在地理位置上均处于浙东北地区；处在第五等级（0～0.2）的有金华、衢州、台州、丽水和舟山，分别为 0.200、0.033、0.153、0.031 和 0.176，除舟山市外均为浙西南城市。可见，同浙西南地区相比，浙东北地区的人口城镇化水平较高。土地城镇化指数 g(y) 处在第四等级（0.2～0.4）的有宁波和嘉兴，分别为 0.231 和 0.282；处在第五等级（0～0.2）的有杭州、湖州、绍兴、舟山、温州、金华、衢州、台州和丽水，分别为 0.181、0.101、0.138、0.165、0.134、0.131、0.054、0.069 和 0.083。总体上，2002年浙江省各市土地城镇化水平普遍较低。公共品投资指数 h(z) 处在第四等级（0.2～0.4）的只有杭州，为 0.202；其他 10 个地级市均处在第五等级（0～0.2）。作为省会城市，杭州市是浙江省的政治、经济、文化和金融中心，资源丰富、经济相对发达，因此城镇化中公共品的资本投入领先于其他城市。

综合来看，2002 年各地级市的城镇化核心要素协调度普遍非常低，并且人口城镇化、土地城镇化和公共品投资的发展也都较为落后。可以认为，2002年浙江省各地级市的城镇化是人口要素、土地要素和资本要素发展落后、基本失调的城镇化，其人口城镇化、土地城镇化以及公共品投资水平均需进一步提高。

（二）2008 年各市协调度水平分析

从 2008 年浙江省各地级市城镇化核心要素协调度分布情况看。首先，丽水市仍旧处于失调阶段，协调度 C 为 0.377，从严重失调调整到轻度失调状态；其次，温州市的协调度 C 为 0.534，步入勉强协调状态，是唯一处于过渡阶段的城市。最后，除丽水市和温州市外，其他 9 市均已进入协调阶段。其中，绍兴的协调度 C 为 0.696，为初级协调；湖州的协调度 C 为 0.761，为中级协调；杭州、宁波、嘉兴、金华和台州的协调度 C 分别为 0.811、0.898、0.869、0.876 和 0.844，为良好协调；舟山和衢州的协调度 C 分别为 0.909 和 0.940，达到了优质协调。

人口城镇化指数 f(x) 处在第二等级（0.6～0.8）的只有杭州市，为 0.622；处在第三等级（0.4～0.6）的有宁波、嘉兴、绍兴和舟山，分别为 0.543、0.480、0.444 和 0.417；处在第四等级（0.2～0.4）的有湖州、温州、金华、衢州和台州，分别为 0.397、0.384、0.360、0.207 和 0.323；处在第五等级的只有丽水市，为 0.185。总体来看，浙东北的人口城镇化水平仍旧高于浙西南地区。土地城镇化指数 g(y) 处在第三等级（0.4~0.6）的有杭州、宁波、嘉兴和舟山，分别为 0.433、0.415、0.457 和 0.407；处在第四等级（0.2~0.4）的有湖州、绍兴、温州、金华、衢州和台州，分别为 0.273、0.364、0.211、0.287、0.235 和 0.256；处在第五等级（0~0.2）的只有丽水市，为 0.087。可见，除了丽水市外，其他城市的土地城镇化水平已有了明显的提升。公共品投资指数 h(z) 处在第三等级（0.4~0.6）的有杭州和宁波，分别为 0.486、0.471；处在第四等级（0.2~0.4）的有嘉兴、湖州、绍兴、舟山、温州、金华和台州，分别为 0.359、0.278、0.271、0.330、0.238、0.274 和 0.234；处在第五等级（0~0.2）的为衢州和丽水，分别为 0.192 和 0.177，这两个城市的公共品投资水平虽然仍处在第五等级，但相较于 2002 年也有了显著提升。

　　综合来看，从 2002 到 2008 年，各地级市的城镇化核心要素协调度水平有了明显的提高，大多数城市从失调阶段步入了协调阶段，个别城市虽然仍停留在失调或过渡阶段，但协调度水平也有了显著提高；除丽水市的土地城镇化水平原地踏步外，其他城市的人口城镇化、土地城镇化和公共品投资的发展基本都取得了极大的进步。空间上，浙东北城市无论是从协调度，还是各个要素的城镇化发展水平，普遍要高于浙西南地区，不同城市之间差距比较明显。

（三）2014 年各市协调度水平分析

　　2014 年浙江省各地级市城镇化核心要素协调度分布情况。首先，11 个地级市中仍然只有丽水市处于失调阶段，协调度 C 为 0.300，较 2008 年更低，仍为轻度失调状态；其次，其余 10 个地级市均处于协调阶段。其中，金华的协调度 C 为 0.614，为初级协调；杭州、绍兴和衢州协调度 C 分别为 0.710、0.776 和 0.756，为中级协调；宁波、湖州和温州的协调度 C 分别为 0.876、0.879 和 0.842，为良好协调；嘉兴、舟山和台州的协调度 C 分别为 0.970、0.972 和 0.934，为优质协调。值得注意的是，杭州、金华和衢州三个城市的协调度水平有所下降。

　　人口城镇化指数 f(x) 处在第一等级（0.8~1）的有杭州和宁波，分别为 0.954 和 0.856，远高于其他城市；处在第二等级（0.6~0.8）的有嘉兴、湖州、绍兴、舟山和金华，分别为 0.798、0.640、0.739、0.669 和 0.620；处在第三等级（0.4~0.6）的有温州、衢州和台州，分别为 0.576、0.451 和 0.516；处在第四等级（0.2~0.4）的只有丽水，为 0.360。可见，各市的人口城镇化水平较 2008 年都有了较大的提高，且从空间上看，浙东北的人口城镇化水平仍然普遍高于浙西南地区。

11 个地级市的土地城镇化指数 g(y) 全部低于 0.8，没有一个城市处在第一等级（0.8～1）；位于第二等级（0.6～0.8）的为杭州、宁波、嘉兴和舟山，分别为 0.608、0.663、0.698 和 0.755；处在第三等级（0.4～0.6）的有湖州、绍兴、温州和台州，分别为 0.478、0.491、0.427 和 0.425；位于第四等级（0.2～0.4）的有金华和衢州，分别为 0.370 和 0.347；位于第五等级（0～0.2）的只有丽水，为 0.165。可见，各个城市的土地城镇化水平明显低于人口城镇化水平，发展较为落后。

公共品投资指数 h(z) 处在第一等级（0.8～1）的有杭州和宁波，分别为 0.898 和 0.866；处在第二等级（0.6～0.8）的有嘉兴、绍兴、舟山和金华，分别为 0.719、0.651、0.754 和 0.612；处在第三等级（0.4～0.6）的有湖州、温州、衢州和台州，分别为 0.567、0.436、0.535 和 0.436；处在第四等级（0.2～0.4）的只有丽水，为 0.389。可见，除湖州市外，其他各地级市公共品投资指数与人口城镇化指数等级基本保持一致，呈现较高的协同性。

综合来看，时间上，从 2008 年到 2014 年，协调度出现了两种变化趋势，一部分城市协调度继续上升，迈入更高等级的协调度水平阶段；另一部分城市的协调度则出现了下降趋势。人口、土地和资本的城镇化发展水平都取得了极大的进步，其中公共品投资水平的提高最为明显，同人口城镇化保持了较好的协调性，而土地城镇化发展相对人口城镇化和公共品投资有所滞后。空间上，各个城市的协调度以及人口城镇化、土地城镇化和公共品投资的发展指数仍然呈现明显的地域分化，即浙东北城市优于浙西南城市。

第五节　结论与讨论

从前文分析结果可以发现，2002～2014 年浙江省城镇化经历了三个阶段，即失调阶段、过渡阶段和协调阶段。失调阶段，人口城镇化、土地城镇化和公共品投资都处于较低水平，但公共品指数落后是导致要素之间轻度失衡的主要原因；过渡阶段，三大要素水平均有所上升，相对差值逐渐缩小，协调度水平提高；协调阶段，协调度水平持续增长，并于 2012 年达到优质协调水平，此后逐年下降至良好协调状态。2006 年开始公共品供给加速发展，并在 2010 年赶超土地城镇化指数，而土地城镇化却发展相对滞后，成为协调度下降的主要原因。无论是失调阶段、过渡阶段还是协调阶段，土地城镇化和公共品投资仍滞后于人口城镇化。因此，浙江省的城镇化是土地、资本滞后型的城镇化，或者说是人口领先的城镇化。

从各地级市的截面数据进行分析，可以发现，2002 年浙江省各地级市的城镇化是人口要素、土地要素和资本要素发展落后、基本失调的城镇化；到了 2008 年，除丽水和温州外，大多数城市从失调阶段步入了协调阶段，人口、土地和资本的城镇化发展都有了明显提高；而从 2008 ~ 2014 年，协调度出现了两种变化趋势，一部分城市协调度继续上升，迈入更高等级的协调度水平阶段；另一部分城市的协调度则出现了下降趋势。同时，公共品投资水平的提高最为显著，与人口城镇化保持了较好的协调性，而土地城镇化发展相对滞后。总的来说，无论是协调度，还是各个要素的城镇化发展水平都呈现出明显的地域分化，浙东北地区的城市普遍要高于浙西南地区，不同城市之间差距比较明显。

一、土地城镇化和公共品投资

土地城镇化和公共品投资明显滞后于人口城镇化，且协调水平沿着时间的轨迹呈先上升后下降的趋势。

（1）土地城镇化和公共品投资水平始终落后于人口城镇化水平。2002 ~ 2014 年浙江省城镇化经历了三个阶段，土地城镇化和公共品投资始终滞后于人口城镇化，因此，可以认为浙江省的城镇化是土地、资本滞后型的城镇化，或者说是人口领先的城镇化。

（2）土地城镇化发展相对滞后成为后期协调水平下降的主要原因。2002 ~ 2012 年，协调度从轻度失调不断提高至优质协调水平，之后逐年下降至良好协调状态。以 2006 年为转折点，土地城镇化指数不增反减，之后保持稳定上升状态；而与此同时，公共品投资指数加速上升，并在 2010 年超过土地城镇化指数，甚至有赶超人口城镇化指数的趋势。在协调阶段，公共品投资与人口城镇化保持了良好的协调性，而土地城镇化的相对滞后成为 2012 年后协调度略微下降的主要原因。

（3）空间差异明显。无论是协调度，还是各个要素的城镇化发展水平都呈现出明显的地域分化，即浙东北地区的城市普遍要优于浙西南地区。不同城市之间差距比较明显，特别是丽水市各个要素的城镇化发展最为落后、协调度极不稳定，在严重失调和优质协调间随机游走；而其他城市城镇化基本呈稳定发展趋势，协调度不断提高，部分城市后期出现下降趋势。

二、土地供应量

随着城镇化的推进，我国城市规模不断扩大，城市人口的持续增长，对建设用地需求旺盛，土地供应量迅速增长。

（1）从供应总量来看，"十二五"期间，国有建设用地年均供应量达 65 万公顷，是"十一五"期间的 1.9 倍，人均建设用地面积从 266 平方米增至 280 平方米。2011～2013 年国有建设用地供应量连续增长，2012 年和 2013 年同比涨幅分别达到 19.9% 和 5.6%。2013 年出现拐点，建设用地供应量逐年下降，从 2013 年的 75 万公顷降至 2014 年的 64.8 万公顷、2015 年的 54.0 万公顷，2016 年的 51.8 万公顷。城镇化新阶段国家新增建设用地指标只减不增，显然违背了可持续利用、高效利用的准则，因此政府应积极采取行政、经济等方法引导市场提高存量土地的利用率，节约土地资源。

（2）从供地结构来看，土地供应结构调整已取得一定进展，但仍需加大改善力度。2010～2016 年，房地产供地占比明显降低，从 35.6% 降至 20.8%，但是依然存在供需错配、供应不足与过剩并存的问题。在城镇化的新阶段，大量的人口和产业依然聚集在东部沿海城市和经济发展水平较高的城市，但中小城市的房地产供地面积增长却远远超过大城市。人口要素、土地要素和资本要素之间的不匹配，导致了三四线城市房地产市场库存增加，而一二线城市供不应求的局面。工矿仓储用地占比虽然从 2010 年的 35.6% 降至 2016 年的 23.3%，但依旧超过了世界城市规划 15% 的一般水平。工业用地中高耗能产业供地占比显著下降，但仍高于高技术产业供地，供地结构仍有待进一步调整。基础设施用地占比大幅上升，从 2010 年的 28.8% 增至 2016 年的 55.9%，但基础设施营地种类较多，分类用地面积可能存在不足。

（3）土地利用率表明，土地的低效利用现象仍然大量存在。以 2010 年不变价计算，单位 GDP 建设用地消耗从 2010 年到 2015 年下降了 25.9%，降幅明显，但仍未达成"十二五"规划提出的减少 30% 的任务目标。

（4）从供地的地域分布来看，建设用地供应随着产业结构的调整出现了明显向中部、西部地区倾斜的态势。其中，东部地区建设用地指标快速下降，从"十一五"时期的 49.8% 降至"十二五"时期的 36.4%，而中部、西部地区明显上升，从 24.1% 和 26.1% 分别升至 28.4% 和 35.2%。我国东部地区是人口、产业核心聚集区域，人口要素和资本要素大量集中，而中部、西部地区，特别是西部地区城市，人口净流出严重。建设用地供应向中部、西部的倾斜趋势与人口要素和资本要素的流动方向相反，造成东部地区经济发达城市供地不足、西部地区土地闲置现象愈发突出。

进入城镇化的新阶段，土地城镇化发展滞后于人口城镇化和公共品投资，造成城镇化核心要素间的协调度开始下降。与此同时，土地城镇化的滞后还将导致过高的人口密度、拥挤的城市、超出承受能力的房价等一系列"城市病"，人口对空间和公共品需求与土地供给之间的矛盾日益突出。因此，城镇化的健康发展必须保证足够的土地供应支持。然而，分析我国当前的土地供应现状可知，土地整体供应量逐年减少、供给结构有待优化、土地闲置和低效利用问题突出以及人口、资本与土地的空间分布不匹配。因此，在城镇化的新阶段，我国必须深化供给侧改革，进一步优化国土开发格局，积极盘活存量土地，提高土地利用效率。

第六章　案例研究：浦东新区、滨海新区开发过程与阶段

我国成功实施了以开发区、新区为标志的开发开放与城镇化发展战略，推动快速的城镇化发展。上海浦东与天津滨海两个国家级新区带动了长三角与环渤海经济圈的崛起，成为两个区域经济增长的动力。随着浦东和滨海新区的成功，我国开始设立更多的国家级新区和自由贸易区，利用这些新区带动更大区域的经济发展。2010 年重庆两江新区、2011 年浙江舟山群岛新区与河南中原经济区的成立标志着新一轮国家级新区建设的开始。2013 年我国启动自由贸易区的建设，先后设立中国（上海）自由贸易试验区、中国（广东）自由贸易试验区、中国（天津）自由贸易试验区、中国（福建）自由贸易试验区、中国（辽宁）自由贸易试验区、中国（浙江）自由贸易试验区、中国（河南）自由贸易试验区、中国（湖北）自由贸易试验区、中国（重庆）自由贸易试验区、中国（四川）自由贸易试验区与中国（陕西）自由贸易试验区。2017年，国务院印发通知，决定设立国家级新区河北雄安新区，承接首都的部分功能；2018 年，国务院发布《国务院关于同意设立中国（海南）自由贸易试验区的批复》，实施范围为海南岛全岛。因此，总结浦东和滨海新区的开发历程、发展阶段、成功经验与教训，对后续城镇化中新区及自贸区建设有借鉴意义。

第一节　浦东新区与滨海新区发展情况描述

我国城镇化以新区开发建设为切入点，成功实施了 3 个开发开放大战略，广东深圳、上海浦东和天津滨海，都承担着建设增长极"内核"、带动区域城镇化发展。深圳特区带动了 18 万平方千米、8000 万人口的珠三角加速崛起；浦东新区带动了 21 万平方千米、9000 万人口的长三角迅猛发展；滨海新区带

动了 33 万平方千米、1 亿人口的环渤海地区的崛起。2018 年浦东新区与滨海新区城镇化指标如表 6 - 1 所示。重庆两江新区将推进"西三角"乃至 680 万平方千米、4 亿多人口的西部地区开发开放。从浙江省来看，2011 年浙江舟山群新区的设立，将带动浙江省海洋经济的进入全新发展阶段；2017 年中国（浙江）自由贸易区挂牌，是中国政府在浙江舟山群岛新区设立的区域性自由贸易园区。因此，分析已经发展成熟的国家级新区的发展过程、增长速度、成长阶段和开发模式，对其他新区的发展有借鉴意义。

表 6 - 1　　　　　　　　2018 年浦东新区与滨海新区主要城镇化指标

总指标	分指标	浦东新区	滨海新区
社会指标	面积（平方千米）	1403. 12	2270. 00
	人口（万人）	555. 02	298. 34
投入指标	固定资产投资（亿元）	2003. 09	1550. 00
	实际利用外资（亿美元）	81. 05	34. 50
产出指标	GDP（亿元）	10461. 59	6654. 00
	工业总产值（亿元）	10421. 07	9517. 47
	财政收入（亿元）	4263. 98	463. 70
	外贸进出口（亿美元）	2003. 09	2005. 09

注：天津滨海新区 2017 与 2018 年未公布 GDP 数据，表格中的数据为 2016 年的数据。
资料来源：《上海浦东新区统计年鉴》《天津滨海新区统计年鉴》统计数据。

一、浦 东 新 区

（1）发展过程。1990 年 4 月，国家启动浦东开发战略，制定"开发浦东、振兴上海、服务全国、面向世界"的开发方针。2005 年，国务院正式批准浦东进行国家综合配套改革试点；2009 年 4 月南汇区划入浦东后，浦东新区区域面积达到 1210 平方千米，2018 年常住人口 556. 70 万人，均占上海市的 1/5 左右；2018 年生产总值 10461. 59 亿元，占上海市的 32. 01%；初步形成了以现代服务业和高技术产业为主导的发展格局。2013 年 9 月，中国（上海）自由贸易试验区在浦东成立，着力推进投资、贸易、金融、事中事后等领域的制度创新。

（2）功能定位。"一个作用、三个区"，浦东新区承担着落实发展上海经济龙头的国家发展战略，具有示范带动作用。浦东已成为改革开放先行先试区、自主创新示范引领区、现代服务业核心集聚区。功能区包括陆家嘴金融贸易区、张江高科技园区、外高桥保税区、金桥出口加工区、洋山保税港区 5 个国家级开发区以及国家级的临港装备产业基地，集聚了先进制造业、临港工业、高新技术产业、生产性服务业等现代产业。

二、滨海新区

（1）发展过程。1994年天津市政府提出了开发天津滨海新区的设想，提出以港口为中心的国际自由贸易区发展。2008年3月，国务院批复《天津滨海新区综合配套改革试验总体方案》，继浦东新区之后，滨海新区也成为国家级综合配套改革试验区。滨海新区域面积达到2270平方千米，2018年常住人口298.42万人，均占天津市的1/5左右；2016年生产总值6654.00亿元，占天津市的37.20%。

（2）功能定位。依托京津冀、服务环渤海、辐射"三北"、面向东北亚，建设成为中国北方对外开放的门户、高水平的现代制造业和研发转化基地、北方国际航运中心和国际物流中心，环境优美的宜居生态型新城区。滨海新区包括先进制造业产业区、临空产业区、滨海高新技术产业开发区、临港工业区、南港工业区、海港物流区、滨海旅游区、中新天津生态城、中心商务区九大产业功能区和天津港，形成以先进制造业和临港产业为主的产业体系。

第二节　新区建设指标发展趋势分析

浦东和滨海作为较早成立的国家级新区，在中央和各省市政府的支持下，人口和经济集聚效应快速显现，经济发展速度得到明显提升。通过总结浦东和滨海发展过程中的人口集聚速度、空间扩张速度、主要经济指标发展趋势，对比分析这些指标新区在全市所占比重的变动趋势，可以探索新区经济指标的增长规律。

一、新区建设指标发展趋势

（一）人口集聚速度分析

（1）浦东人口和滨海新区分别以平均每年5.21%、4.50%的速度增长，呈现阶段性的增长趋势，分别占上海市和天津市人口的1/5。其中浦东新区在1990年成立之初人口133.94万人，截至2018年常住人口达到555.02万人，每年保持了5.21%的增长速度。浦东新区人口的变动趋势来看，可以划分为四个阶段。1990～1999年，户籍人口数由133.94万，增加到160.08万，人口增长速度较缓慢。2000～2008年，浦东新区常住人口由240.23万人增加到305.70万人，每年平均增长8.18万人，人口集聚效应明显。从2009年开始，南汇区并入浦东新区，区划调整使得浦东新区面积增加一倍，人口由2008年的305.7万人，激增到419.05万人，2009～2013年人口高速增加，2013年达到540.9万人。2013～2018年，人口增长速度趋于更加缓慢，截至2018年达到555.02万人（见图6-1）。从浦东新区人口占全市人口的比重来看，由1990年的10.44%上升到2018年的22.90%，浦东新区所占的比重逐步上升，南汇区的并入使得浦东新区的人口占到了全市的1/5强。

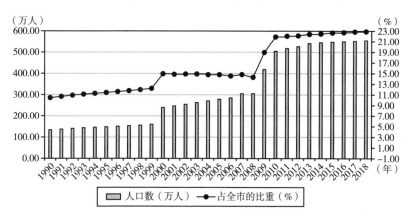

图6-1 浦东新区1990～2018年人口数及其占全市的比重

资料来源：1990～2018年《上海浦东新区统计年鉴》与《上海统计年鉴》。

滨海新区在1993年成立之初人口为99.18万人，截至2018年常住人口达到298.34万人，每年保持了4.50%的增长速度。滨海新区人口变动趋势可以分为三个阶段，1993～2006年，户籍人口从99.18万人增加至112.39万人，人口增速较为缓慢。2007～2015年，常住人口增长速度加快，从2007年的172.24万人增加到2015年的297.01万人，平均每年增加15.6万人，滨海新区所占天津市的人口比重由15.45%增加至19.20%。2015～2018年，人口数量趋于稳定，约占天津市常住人口的1/5，变动趋势见图6-2。

（2）新区建设初期人口集聚的速度快于全市，尔后增长率与全市逐步持平。从浦东新区和上海市的人口增长率的对比来看，新区成立后，新区人口的增长速度在前十年（1990～2000年）显著快于全市，新区政策驱动人口集聚的效应十分明显。尔后除去2009年行政区域化的调整，随着新区建设的进入

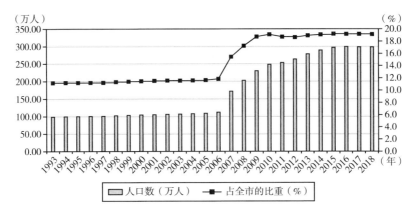

图 6 - 2　滨海新区 1993 ~ 2018 年人口数及其占全市的比重

资料来源：1993 ~ 2018 年《天津滨海新区统计年鉴》与《天津统计年鉴》。

成熟阶段，人口的增长率与全市基本一致。从滨海新区和天津市的人口增长率
的对比来看，1997 ~ 2010 年新区人口增长速度高于全市，人口集聚效应比较
明显，2013 年之后，人口增长率与天津市基本一致，变动趋势见图 6 - 3。

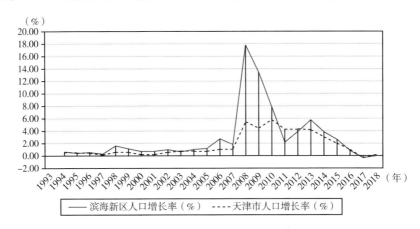

图 6 - 3　滨海新区和天津市 1993 ~ 2018 年人口增长率对比

注：基于人口数计算同比增长率，1993 ~ 2007 年为户籍人口增长率，2007 ~ 2018 年为常住人口增
长率。

资料来源：1993 ~ 2018 年《天津滨海新区统计年鉴》与《天津统计年鉴》。

从人口的集聚效应来看，浦东新区和滨海新区建设初期，在新区政策带动
效应下人口更快集聚，随着新区建设的成熟，人口增长趋势与全市趋于一致。
从人口增长率来看，浦东新区建设初期 1990 ~ 2000 年人口比全市集聚得要快，
全市人口平均增速为 2.28%，浦东新区人口平均增速为 6.02%，比全市约快 4

个百分点。滨海新区在 1997～2010 年人口平均增速也高于天津市，全市人口平均增速为 2.87%，滨海新区人口平均增速为 7.16%。从浦东新区和滨海新区的成长来看，新区在建设的前些年，人口集聚速度比所属市快 4～6 个百分点。

（二）空间扩张速度分析

新区在规划设立后，需要进行土地开发、市政公用设施和公共服务配套的建设，以满足人们的公共服务需求，从而使得建成区面积增加，推动新区空间扩张。滨海新区建成区面积 1998～2018 年总体上处于不断增加趋势，从 1998 年的 131.81 平方千米增加至 2018 年的 370.24 平方千米，平均增速为 5.30%，见图 6-4。而人口平均增速为 5.48%，两者差距不显著。但对近五年人口和建成区面积的平均增长速度进行测算，人口平均增速为 1.37%，而建成区面积的平均增速为 2.14%。由图 6-4 可知，2015～2018 年人口数量趋于稳定，人口每年平均增长速度为 0.15%，而建成区面积的每年平均增长速度为 1.50%，远高于每年人口平均增长速度。滨海新区土地开发速度快于人口增长速度，存在土地粗放利用、要素失衡问题。

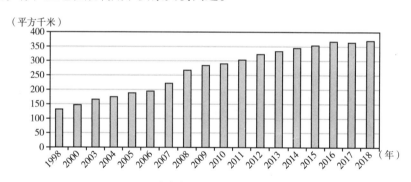

图 6-4　滨海新区建成区面积变化趋势

注：因数据缺失，未包含 1993～1997 年、1999 年和 2001～2002 年建成区面积。

资料来源：1998～2018 年《天津滨海新区统计年鉴》。

二、新区建设投入指标分析

（一）固定资产投资指标

（1）新区的固定资产投资投资规模快速增加，但随着新区建设的基本完成，占全市的比重有下降趋势。固定资产投资是反映区域经济活跃程度的重要指标，可以用这一指标观测新区不同阶段的投资变动趋势和规律。新区建设第一阶段通常是基础设施建设和房地产开发投资的高峰期。从浦东新区 1990 ~ 2018 年固定资产的投资规模来看，1990 年浦东新区固定资产投资仅有 14.15 亿元，到 2010 年高达 2003.09 亿元，是 1990 年的 141.56 倍，保持了平均每年 19.35% 的增长速度（见图 6 - 5）。

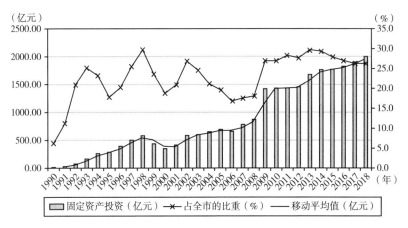

图 6 - 5　浦东新区固定资产投资及其占全市的比重

资料来源：1990 ~ 2018 年《上海浦东新区统计年鉴》与《上海统计年鉴》。

从图 6 - 6 可以看出，浦东新区固定资产投资额占全市的比例，从 1990 年的 6.2% 上升到 2013 年的 26.3%，2013 ~ 2018 年呈下降趋势。浦东新区固定资产投资占全市的比重从 1996 年开始始终维持在 20% 左右，受经济周期影响而起伏。从图 6 - 6 可以看出，滨海新区占全市的比重从 1993 年到 2013 年整

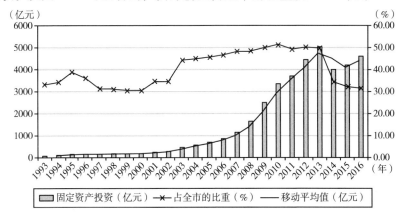

图 6 - 6　滨海新区固定资产投资及其占全市的比重

资料来源：1993 ~ 2016 年《天津滨海新区统计年鉴》。

体处于增长趋势，由 2013 年的 33.14% 增长至 2013 年的 49.76%，2013～2016 年占全市的比重呈下降趋势。滨海新区固定资产投资从 1993 年的 75.09 亿元增加至 2016 年的 4609.00 亿元，保持了每年平均 19.60 亿元的增长速度。

（2）新区的固定资产投资前期经历高速增长期，尔后增长率与全市趋同。从固定资产投资的增长率比来看，新区固定资产投资的增长速度在前 2～3 年要显著快于全市，新区政策驱动效应十分明显。后期随着新区建设的进入成熟阶段，固定资产投资的增长率与全市基本处于同一水平，变化趋势相同。与浦东新区相比，2003～2013 年滨海新区的固定资产投资增速要远远快于浦东新区，从图 6-7 可以较为清楚地看出这一趋势。而 2006～2016 年，浦东新区的固定资产投资额都低于滨海新区，见图 6-7。

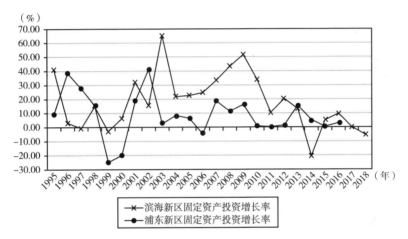

图 6-7　浦东新区和滨海新区 1995～2018 年固定资产投资增长率对比

资料来源：1995～2018 年《上海浦东新区统计年鉴》和《天津滨海新区统计年鉴》。

（二）实际利用外资指标

新区建设前期到成熟稳定期实际利用外资规模总体处于增长趋势，占全市的比重波动比较大。实际利用外资作为经济发展的催化剂，是加快经济发展的重要驱动因素。从浦东新区和滨海新区实际利用外资额来看，两个新区总体上均处于增长趋势（见图 6-8 和图 6-9），浦东新区实际利用外资额从 1990 年的 0.13 亿美元增长至 2018 年 81.05 亿美元，每年平均增长速度高达 25.84%，占全市的比重波动较大，2018 年占全市的比重达到最高值为 46.85%。滨海新区实际利用外资额从 1994 年的 16.04 亿美元增长至 2015 年的 138.23 亿美元，每年平均增长速度为 10.80%，最终占全市的比重在 65% 左右。

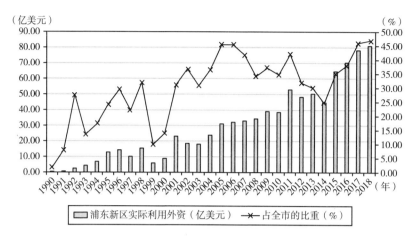

图 6 - 8　浦东新区 1990 ~ 2018 年实际利用外资及其占全市的比重

资料来源：1990 ~ 2018 年《上海浦东新区统计年鉴》和《上海统计年鉴》。

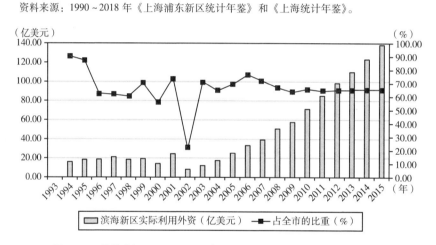

图 6 - 9　滨海新区 1993 ~ 2015 年实际利用外资及其占全市的比重

资料来源：1993 ~ 2015 年《天津滨海新区统计年鉴》和《天津统计年鉴》。由于数据缺失，2000 年之前为直接利用外资合同外资额。

三、新区建设产出指标分析

（一）GDP 指标变动趋势分析

（1）浦东新区和滨海新区的生产总值规模和占全市的比例均处于增长趋势，浦东新区和滨海新区 GDP 年均增长率分别为 20.22%、22.21%，增速渐缓。从图 6 - 10 和图 6 - 11 来看，1990 年，浦东新区 GDP 为 60.24 亿元，2000 年达到 923.51 亿元，为 1990 年的 15.33 倍。2000 ~ 2010 年增速放缓，

2010 年 GDP 达到 4707.52，为 2000 年的 5.10 倍。2010～2018 年增速更加缓慢，2018 年 GDP 为 10461.59，相比 2010 年增加 1 倍多。从 1990 年开始，每

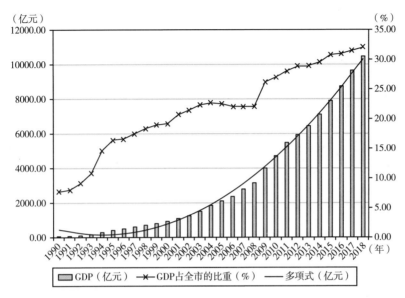

图 6－10　浦东新区 1990～2018 年 GDP 及其占全市的比重

资料来源：1990～2018 年《上海浦东新区统计年鉴》和《上海统计年鉴》。

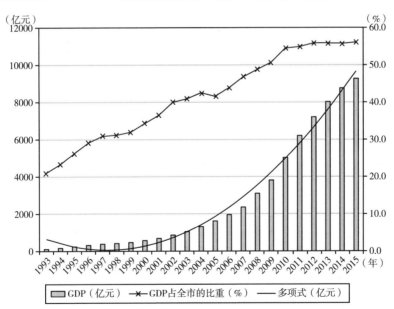

图 6－11　滨海新区 1993～2015 年 GDP 及其占全市的比重

资料来源：1993～2015 年《天津滨海新区统计年鉴》和《天津统计年鉴》。

年 GDP 平均增长率为 20.22%。1993 年滨海新区 GDP 为 112.36 亿元，2003 年 GDP 达到 1046.30 亿元，为 1993 年的 9.32 倍。2003~2013 年增速趋缓，2013 年为 8020.4 亿元，为 2003 年的 7.67 倍。截至 2015 年，GDP 高达 9270.31 亿元，每年 GDP 平均增速达到 22.21%。

从 GDP 的规模上来看，浦东新区 GDP 占全市的比重从 1990 年的 7.71% 逐渐增加到 2008 年的 22.07%，为上海市经济总量的五分之一强。2009 年南汇区并入浦东新区后，浦东新区 GDP 占全市的比重由 2008 年的 22.07% 上升到 26.17%，提升了约 5 个百分点。浦东新区 GDP 占全市的比重不断增加，截至 2018 年达到 32.01%。从经济贡献上来看，浦东新区的发展为上海市的经济发展提供了一个强大的增长点，对上海经济的带动作用日益明显。滨海新区 GDP 占全市的比重逐步稳定增长，从 1993 年的 21.0 增加至 2015 年的 56.1%，为天津市 GDP 的一半多，对天津市的经济发展有着重要的贡献。

（2）新区对于全市经济发展具有带动作用，全市生产总值增长率与新区变化趋势相同，总体低于新区水平，前期较为显著。从浦东新区生产总值增长速度（见图 6-12）来看，浦东新区生产总值增长率从 1991 年的 18.76% 增长至 1994 年的 77.56%，新区建成前 1~5 年增长率较大且不断增加，新区生产总值增速显著高于全市。1996 年后，新区生产总值增长率总体上略高全市约为 1~4 个百分点。

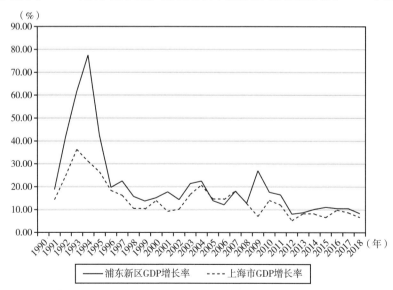

图 6-12　浦东新区和上海市 1990~2018 年 GDP 增长率对比

资料来源：1990~2018 年《上海浦东新区统计年鉴》和《上海统计年鉴》，基于 GDP 数据计算每年同比增长率。

从滨海新区生产总值增长率（见图6－13）来看，滨海新区每年的生产总值增长率始终显著高于全市水平，比全市高约5～8个百分点。从生产总值增长率变化趋势上来看，上海市和天津市生产总值增长率变化趋势与浦东新区和滨海新区相同，增长率总体低于浦东新区和滨海新区。此外，由于新区所占全市比重较大，新区经济发展对于全市具有带动作用。因此，对于新区建设来说，GDP的产值在新区成立的前1～5年将保持一个较快的增长速度。从滨海新区和浦东新区的情况来看，GDP的增长速度将在原有的基础上增长2～8个百分点。

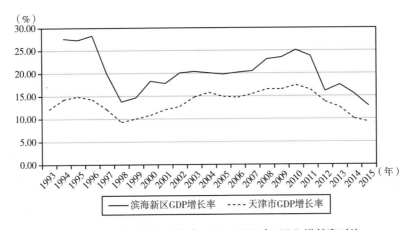

图6－13　滨海新区和天津市1993～2015年GDP增长率对比

资料来源：1993～2015年《天津滨海新区统计年鉴》和《天津统计年鉴》，基于GDP数据计算每年同比增长率。

（二）工业总产值指标变动趋势分析

工业总产值总体处于增长趋势，前期高速增长，中期稳定增长，后期趋于稳定。工业生产总值反映新区一定时间内工业生产的总规模和总水平。从图6－14可以看出，1990年浦东新区工业总产值为176.85亿元，到2000年达到1625.77，翻了9倍多。2000～2010年工业总产值增速放缓，2010年达到8591.50亿元，为2000年的5.28倍。截至2018年，浦东新区生产总值高达10421.07亿元，自1990年以来，每年平均增速为15.09%。从图6－15可以看出，1993年滨海新区工业总产值仅为212.90亿元，2003年达到2133.21亿元，增长了约10倍。2003～2013年工业总产值增速略微放缓，2013年工业总产值达到16165.02亿元，为2003年的7.58倍。2014～2016年，浦东新区的工业总产值有所下降，2016年工业总产值为12381.39亿元，自1993年以来，每年平均增速约为19.32%。

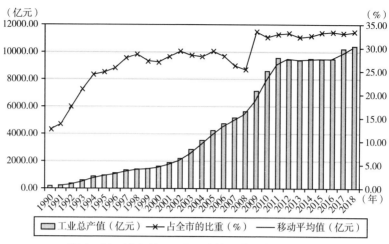

图6-14   浦东新区工业总产值及其占全市的比重

资料来源：1990~2018年《上海浦东新区统计年鉴》和《上海统计年鉴》。

从新区工业总产值占全市的比重来看，在新区建设前期，工业总产值占全市的比重处于增加趋势。在稳定增长期，工业总产值占全市的比重趋于稳定，起伏不大。1990年浦东新区工业总产值占全市的比重约为10.77%，2000年增加至23.15%。2000~2010年，工业总产值占全市的比重在24%左右。2010~2018年，维持在28%左右（见图6-14）。1993年滨海新区工业总产值占全市的比重约为15.19%，2003年增加至48.81%，2006~2013年工业总产值占全市的比重在59%左右（见图6-15）。

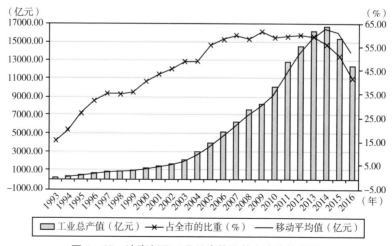

图6-15   滨海新区工业总产值及其占全市的比重

资料来源：1993~2015年《天津滨海新区统计年鉴》和《天津统计年鉴》。

第三节　新区建设成长阶段总结

通过比较浦东新区和滨海新区成立以来各主要指标增长速度与占全市比重的趋势，可以发现新区在设立以后，政策支持推动新区各项产出指标快速增长，带动经济快速发展。滨海新区和浦东新区的"窗口"功能效益显著，经济"排头兵"带动作用明显。浦东奠定了上海在长三角乃至全国经济发展中的龙头地位。浦东经过近30年的开发开放，已成为上海建设国际经济、贸易、金融、航运中心的核心功能区。以浦东-上海为龙头的长三角区域，作为中国改革开放的"新锐"，经济总量以年均20.22%以上的速度快速增长，成为全国经济、科技和文化最发达的地区之一。滨海新区对京津冀、环渤海区域振兴的带动作用日益显现。滨海新区新一轮开发开放的强势启动，使其在原有较高平台上呈现出加速增长态势。不仅极大地推动了天津经济发展，而且服务和带动周边区域发展。滨海新区正在积极推进京津航空口岸一体化，以京津冀都市圈为核心的环渤海区域一体化进程正在加速。新区的发展是城镇化与工业化发展的一部分，从发展的角度来说，每个城市成长都要经历不同的阶段。结合城市发展的一般规律和新区的特点，新区的发展历程大致可以划分为四个阶段：规划筹备期（2~5年）、高速增长期（8~10年）、稳定增长期（8~10年）和成熟稳定期，图6-16展示了新区发展的四个阶段。

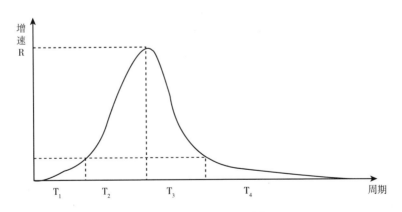

图6-16　新区发展四阶段

注：R表示新区的成长速度，T表示新区的成长时间，T_1表示规划筹备期，T_2表示高速增长期，T_3表示稳定增长期，T_4表示成熟稳定期。

一、规划筹备期 (2~5 年)

城市新区的建设都要经过一个规划筹备期。此期间有别于早期城市的自然聚集期，自然聚集发展的城市是资源自发聚集的结果，而新区是政策影响的结果。对于新区的规划筹备期来说，需要决定新区的规模、位置、主要功能、空间规划和定位等一系列重要的问题。滨海新区和浦东新区都经过了较长时间的规划和定位论证，包括新区的总体功能定位、板块开发设计、优惠取策、拟引入的项目等。这一阶段也是争取国家优惠政策和筹划大项目的关键时期。

二、高速增长期 (8~10 年)

在新区总体规划结束后，新区进入高速增长期。在这个阶段政府有大量的基础设施投入，新区的产业聚集和人口居住数量在各项政策的鼓励下，快速涌入，新区在这个阶段成长速度呈现激增的态势。浦东新区和滨海新区在设立后经历了十余年的高速增长期，这一期间新区的主要经济指标呈现高速增长的态势，比全市指标明显要快。这一结果显然是由于新区开发前期各类园区的开建、大量固定资产投资的投入，新区各类指标被显著地提升到一个新水平。

三、稳定增长期 (8~10 年)

在新区的增长速度到达高峰之后，尽管新区的增长速度仍然维持在较高水平，但其增长速度呈现递减的趋势。这个阶段主要是在前一个阶段人口、产业和经济快速增长后的一个补充发展阶段。随着人口的大量涌入和住宅的大量开发，需要与之配套的一些设施和服务业。这个阶段主要体现在就业岗位的不断增加，为居民生活服务的行业迅速发展，如大型购物商场、休闲娱乐场所以及医疗服务体系等的快速成长。以浦东新区为例，经过 1990~2000 年的快速发展之后，2000~2010 年的基本上处于稳定增长的时期，这一时期的增长速度尽管还是略高于全市，但差距已经缩小。

四、成熟稳定期

成熟稳定期是在新区经历以上三个阶段的快速成长后，进入相对独立性的发展阶段，这个阶段发展速度较为缓慢并且经历的周期较长。这个阶段主要是新区中商务、金融和居民居住环境的不断成熟完善。虽然这个阶段的新区发展速度缓慢，但是对于新区要成为完善功能的城市来说却尤为重要，它不仅决定着新区和核心城区的依赖程度还最终决定新区在区域中的功能角色。

第四节 国内新区建设经验总结

一、推动制度革新和机制创新，推动新区快速发展

浦东和滨海建设之初，国家给予了较多的资金和税收优惠政策等扶持，随着我国改革开放的深入，新一轮新区建设必然是市场推动的结果，国家能够给予的优惠政策越来越有限。可以预计未来新区的发展，很大程度上不能完全依靠政策带动，更多要依靠自身的制度创新和机制创新。对于新区政府来说，"先行先试"是国家所能给予的最大优惠政策。以浦东新区为例，2013 年 9 月 29 日，中国（上海）自由贸易试验区挂牌成立，按照国务院批准的总体方案，着力推进投资、贸易、金融、事中事后等领域的制度创新。自贸试验区建设 5 年，累计总结了 100 多项制度创新成果，分领域、分层次在全国进行了复制推广。浦东新区 GDP 也从 2013 年的 6448.68 亿元增加到 2018 年的 10461.59 亿元，五年里增长了约 1.62 倍，年平均增速达到 10.16%。

二、重视新区产业集聚功能，实现长期可持续发展

新区在经历稳定增长期后会逐渐步入成熟稳定期，各项指标增长速度放缓，趋于稳定。从长远来看，缺乏实质性产业的新区后续发展能量不足，不利于区域的长期可持续发展。新区发展要通过主导产业的辐射作用，延伸产业链，利用所属地区的各种资源，吸引为新区内大企业服务的中小型专业化配套企业，以此加大新区产业的集聚效应，形成产业集群，实现长期可持续发展。此时，需要优化调整产业布局，努力构筑现代产业集群，奠定新区在区域发展中的功能定位，为新区发展注入长久持续活力。

以浦东新区为例，浦东积极推进金融贸易先行、高技术产业先行的产业发展方针，大力培育和引进具有国际竞争力的产业和项目，不断优化产业结构，着力形成以服务经济为主体的产业结构和创新驱动为主导的发展模式。第三产业增加值比重由 1990 年的 20.1% 提高到 2017 年的 74.7%。浦东已经成为内

地总部最集中、辐射面最广、服务能力最强的区域之一。以通用电气、诺华为代表的研发中心，以英迈、宜家等为代表的贸易中心，以小松、富士胶片为代表的结算中心，以 IBM、百度等为代表的集成服务中心，以通用汽车、巴斯夫为代表的营运中心等纷纷落户浦东。浦东以创新为驱动大力支持战略性新兴产业发展，在半导体设备、芯片设计、新能源、抗体药物和海洋工程装备等领域掌握关键技术、打破国际垄断。2017 年第二产业增速快于第三产业，战略性新兴产业产值占工业总产值的比重达到 40.9%。

滨海新区努力打造京津冀世界级先进制造产业基地，天河超算、曙光信息、南大通用入选国家大数据产业试点示范项目，集成电路圆片、服务机器人产量增长 1 倍以上，科大讯飞、深之蓝等一批智能科技企业茁壮成长，自主可控基础软硬件产业链初步成型。空客累计交付 A320 飞机 404 架、A330 飞机14 架，彩虹无人机实现量产，银河麒麟操作系统助力北斗导航卫星发射升空，航空航天装备产业链日趋完整。以力神电池、巴莫科技、中能锂业为代表的动力电池产业规模不断壮大，风电机组产量增长 2 倍以上，新能源产业步入快车道。开发区、高新区入围国家生物医药产业园区综合竞争力 50 强，新药研发、合成生物、干细胞技术优势显现，康希诺疫苗投入量产，生物医药基本形成完整产业链条。汽车整车产能达到 130 万辆，发动机、变速器等配套生产能力大幅提升，通过打造汽车全产业链推动区域可持续发展。

三、明确土地开发战略，优化土地长期经营策略

近年来，新区空间扩张速度大于人口增加速度，存在土地资源配置失衡、土地粗放利用问题。新区作为窗口，在带动城市经济快速发展的同时，也暴露出土地资源利用中的问题。在土地要素方面，新区建成区面积逐渐增加，新区空间不断扩张。前期土地的快速投放，带来的突出问题是后续可用土地不足。已投放的土地存在粗放利用、产出效率不高的问题。新区的发展过程应是一个逐步探索的过程。新区开发中最宝贵、不可复制的资源是土地，土地的开发需要有一个长远的发展规划和打算，缺乏长远规划的短期开发行为会导致新区不能持续发展。新区需要有相对明确的长期开发战略，同时保持策略上的灵活性。新区的发展定位、发展战略和土地利用规划，必须适应动态的国内、城市发展环境，适时、适度调整自身的发展道路，把握机会，保证城市新区持续、稳定的发展。在此过程中，城市规划、土地规划要为适应新的发展趋势和环境而不断调整。

第三篇　城镇化要素投入与产业发展

第七章 城镇化核心要素投入对产业规模的影响

第一节 引 言

产业理论表明,生产要素投入变化是导致生产率增长的重要原因,结构红利假说认为要素投入结构变化能够促进生产率的提高,即当要素从低生产率产业向高生产率产业转移时,将会促进社会总生产率增长。一些学者认为要素结构变化能够推动经济发展和生产率提高,迪特里希(2012)发现七个 OECD 国家的要素结构变化推动了经济发展,武(Wu, 2017)通过测算有效结构偏离份额的绝对值(资产净值)来评估要素结构变化的影响,同样发现要素投入结构变化对全要素生产率有着重要的影响。对于要素投入与产业生产率之间的关系,国内学者进行一系列研究,王鹏与尤济红(2015)采用全要素生产率分解法检验劳动力与资本要素在产业结构调整中的配置效率,发现资本边际产出率呈现收敛趋势,验证了劳动力要素存在明显的结构红利,但资本要素的结构红利已经消失。丁焕峰和宁颖斌(2011)发现广东省生产率的增长主要来自劳动力的结构效应,张翼与何有良(2010)利用随机前沿生产函数验证了要素结构的重新配置有利于经济发展。

也有学者得到不一致的结论,麦克米伦等(2014)研究了 1990~2005 年拉丁美洲与非洲国家的数据,认为要素结构变动并未给产业生产率带来正的影响;费格伯格(2000)、蒂穆尔和西尔毛伊(2000)、梅克尔(2002)、恩盖和皮萨里德斯(2007)的研究都表明要素结构变化不利于生产率的增长,产业结构变化是经济增长的副产品。倪树高与张彦栋(2011)利用分行业面板数据研究发现浙江省的制造业在 1992~2007 年并未呈现结构红利,而且出现结构负利,行业间要素流动的结构效应并不明显。帅先富和卢源荣(2010)发现尽管劳动力转移能够对全要素生产积极影响,但是资本要素的结构红利假说并不成立。关于要素结构红利假说的检验是发展中国家经济增长的重要议题，即生产要素投入在行业之间的再分配是否能够促进经济发展，是否能够推动产业结构转型。已有研究忽略了土地要素在产业生产率中的关键性影响，土地要素在城乡之间、产业之间转移的效应还缺乏实证检验。本章利用动态的偏额 - 分离法将土地要素纳入分析框架，系统地检验劳动力、资本与土地要素在产业间的投入变化对生产率的影响，分阶段考察要素投入及其结构变化对生产率增长的影响。

第二节　产业规模与结构现状

1979 年，浙江省三次产业占 GDP 份额分别为 42. 83：40. 61：16. 56，总体呈现"一二三"结构。改革开放后，浙江省产业结构不断调整，第二、第三产业的发展水平得到很大程度提升，第二、第三产业产出总值呈快速上升趋势，第一产业产出发展较为缓慢。第一产业所占份额明显呈下降趋势，第三产业所占份额总体上呈现稳定上涨的趋势，第二产业所占份额保持相对稳定的趋势，见图 7 - 1。

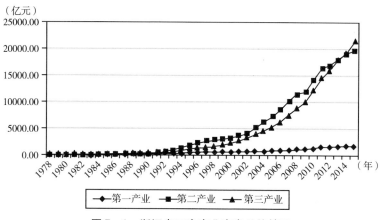

图 7 - 1　浙江省三次产业产出总值情况

资料来源：1978 ~ 2014 年《浙江省统计年鉴》。

浙江省产业发展可以分为三个阶段。第一阶段（1980 ~ 1992 年），三次产业缓慢发展阶段。在这一阶段三次产业产出总体呈缓慢上升趋势，第一产业占 GDP 份额开始下降，从 35. 91% 降至 19. 09%，第三产业占 GDP 份额快速上升，由 17. 36% 上涨至 33. 41%。1987 年，第三产业所占份额超过第一

产业所占份额，至 1992 年已经形成"二三一"的产业格局。第二阶段
(1992 ~ 2010 年)，三次产业呈现快速发展阶段。在此阶段，随着市场经济
体制的确立，第一产业缓慢增长，而第二、第三产业产出呈爆发式增长，第
一产业所占份额持续下降，第二产业所占份额呈 M 形增长趋势，其间有两
次大的增长，分别是在 1992 年和 2002 年前后。1992 年前后中国的经济体
制发生变化，浙江省工业得以发展，但随着外资的不断注入，工业企业在改
革方面遇到瓶颈，第三产业发展迅速。2002 年前，劳动密集型产业在浙江
快速发展，生产要素向第二产业聚集，第三产业所占份额逐步递增，产业结
构优化，逐渐向"三二一产业结构"发展。在第三阶段，浙江省进入经济
新常态阶段，这一阶段中国经济发展放缓，产业结构调整成为浙江乃至中国
经济改革的侧重点。第一产业下降趋势放缓，处于低点。随着服务业价格的
逐渐放开，现代服务业快速增长。2014 年，浙江省经济迈入重要阶段，份额
首次超过第二产业，三次产业份额比例为 4.42：47.73：47.85，形成"三二
一"的产业格局，见图 7 - 2。

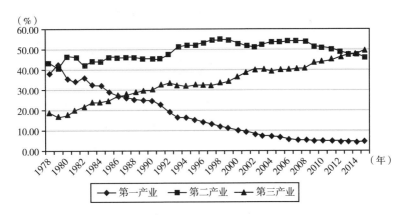

图 7 - 2　浙江省 1978 ~ 2014 年三次产业所占份额变化情况

资料来源：1978 ~ 2014 年《浙江省统计年鉴》。

　　从三次产业的就业人口来看，其变动趋势与产值变动趋势相同。第一产
业的就业人口数呈持续下降态势，第二、第三产业人口总数总体呈现上涨态
势，三次产业就业人口所占总就业人数份额的变化趋势总体上与其人口数的
增长态势保持一致。1998 年第三产业就业人口数与其所占份额有一定程度
上的下降。浙江省就业人口的变化趋势与三次产业结构的变化趋势相一致，
劳动力从第一产业不断向第二、第三产业流动。在产值方面，第三产业产值
在 1988 年前后超过第一产业产值，2012 年前后超过第二产业产值。而第三

产业的就业人口在 2002 年才超过第一产业，并且至 2015 年仍未超过第二产业就业人口。可见，浙江省的经济发展曾长期依赖于人口密集化产业，对其他产业发展所需的劳动力产生了挤出效应，而服务第三产业的高技能、高技术劳动力不足。浙江省经济结构正处于第二阶段，第三产业所占份额持续上升，接近 50%，第二产业有些微下降。与发达经济相比还存在一定的差距，2014 年美国三次产业比值是 1.45：20.5：78.05，法国三次产业比是 1.68：19.44：78.89，南非三次产业比为 2.49：29.47：68.05，全球平均 3.09：26.42：70.49。由此可见，发达经济体第三产业的比例较高，第三产业所占比值在 70% 左右，第二产业比值在 20% ~ 30%，第一产业的比例在 1% 左右。浙江省产业发展及结构的转型升级还存在较大空间。在城镇化过程中，要素投入对产业与产业结构的影响机制还缺乏研究，要素投入对产业的作用是否逐渐增加还需要进一步检验。

第三节　模型分析与数据整理

一、基于三要素的偏额–分离法模型

偏额–分离法由法布里坎特（Fabricant，1942）提出，该方法认为总劳动生产率增长由各部门的劳动生产率增长组成，总劳动生产率增长的驱动力是劳动力在产业之间流动。偏额–分离法已成为测量区域经济增长的重要方法，各产业增长带来的总和即是区域经济的总增长。偏额–分离法的数学表达式见式（7–1），其中 LP^T 为总的劳动生产率，LP_I^T 为第 i 产业的劳动生产率，T 表示时期，i 表示第 i 产业部门，S_I^T 为第 i 产业在 T 时期的劳动份额。

$$LP^T = \frac{Y^T}{L^T} = \sum_{i=1}^{n} LP_I^T S_I^T \qquad (7-1)$$

第 T 期和第 0 期的劳动生产率之差的方程表达式为：

$$LP^T - LP^0 = \sum_{i=1}^{n}(LP_I^T - LP_I^0)S_I^0 + \sum_{i=1}^{n}(S_I^T - S_I^0)LP_I^0 + \sum_{i=1}^{n}(LP_I^T - LP^0)(S_I^T - S_I^0)$$

$$(7-2)$$

式（7–2）两边都除以 LP^0，则劳动生产率可以被分成三个部分：

$$\frac{LP^T - LP^0}{LP^0} = \frac{\sum_{i=1}^{n}(LP_I^T - LP_I^0)S_I^0 + \sum_{i=1}^{n}(S_I^T - S_I^0)LP_I^0 + \sum_{i=1}^{n}(LP_I^T - LP_I^0)(S_I^T - S_I^0)}{LP^0}$$

$$= \frac{\sum_{i=1}^{n}(LP_I^T - LP_I^0)S_I^0}{LP^0}$$

$$+ \frac{\sum_{i=1}^{n}(S_I^T - S_I^0)LP_I^0}{LP^0} + \frac{\sum_{i=1}^{n}(LP_I^T - LP^0)(S_I^T - S_I^0)}{LP^0} \qquad (7-3)$$

式（7-3）中第一部分是内部增长效应，是劳动力要素不发生转移时所拥有的生产率，以及技术进步引起的生产率增长；第二部分是静态转移效应，是要素在产业间转移所带来的生产率提高；第三部分是动态转移效应，反映劳动力要素向生产率较高的产业转移所带来的生产率增长。依据式（7-3）进一步获得土地和资本要素的生产率分解公式：

$$\frac{G^T - G^0}{G^0} = \frac{\sum_{i=1}^{n}(G_I^T - G_I^0)S_I^0 + \sum_{i=1}^{n}(G_I^T - G_I^0)LP_I^0 + \sum_{i=1}^{n}(G_I^T - G_I^0)(S_I^T - S_I^0)}{G^0}$$

$$= \frac{\sum_{i=1}^{n}(G_I^T - G_I^0)S_I^0}{G^0} + \frac{\sum_{i=1}^{n}(S_I^T - S_I^0)G_I^0}{G^0} + \frac{\sum_{i=1}^{n}(G_I^T - G_I^0)(S_I^T - S_I^0)}{G^0}$$

$$(7-4)$$

传统上，偏额-偏离法仅考虑劳动要素在产业部门间流动对劳动生产率的影响，未考虑土地与资本要素。为系统分析劳动、资本和土地三要素的投入转移对生产率的影响，借鉴蒂穆尔和西尔毛伊（2000）提出的全要素生产率思路，本章将土地视为可变动要素，构建劳动力、资本和土地三要素在产业间流动对全要素生产率的影响模型。假设第 i 产业在 t 时的产出为 $Y_i(t)$，投入要素劳动、资本及土地分别为 $Lab_i(t)$、$K_i(t)$ 和 $Lan_i(t)$，$\dot{A}(t)$ 为扣除各要素投入后的全要素生产率，$\dot{Y}_i(t)$、$\dot{Lab}_i(t)$、$\dot{K}_i(t)$ 和 $\dot{Lan}_i(t)$ 则是第 i 产业的产出增长率、劳动力增长率、资本增长率及土地增长率。

$$\dot{A}(t) = \sum_i \rho_i(t)\dot{A}_i(t) + \left\{ \dot{Y}(t) - \sum_i \rho_i(t)\dot{Y}_i(t) \right\}$$

$$+ \left\{ \sum_i \rho_i(t)\alpha_i(t)\dot{Lab}_i(t) - \alpha(t)\dot{Lab}(t) \right\}$$

$$+ \left\{ \sum_i \rho_i(t) \beta_i(t) \dot{K}_i(t) - \beta(t) \dot{K}(t) \right\}$$

$$+ \left\{ \sum_i \rho_i(t) \gamma_i(t) \dot{Lan}_i(t) - \beta(t) \dot{Lan}(t) \right\} \qquad (7-5)$$

式（7-5）中，$\sum_i \rho_i(t) \dot{A}_i(t)$ 衡量各产业全要素增长率加权值，称为内部增长效应（WGE）；$\dot{Y}(t) - \sum_i \rho_i(t) \dot{Y}_i(t)$ 衡量各产业产出结构变动对生产率的影响，是产出结构效应（OSE）；$\sum_i \rho_i(t) \alpha_i(t) \dot{Lab}_i(t) - \alpha(t) \dot{Lab}(t)$ 衡量劳动力要素在三次产业间流动对生产率的影响，是劳动力转移效应（LSE）；$\sum_i \rho_i(t) \beta_i(t) \dot{K}_i(t) - \beta(t) \dot{K}(t)$ 衡量的是资本要素在三次产业间流动对生产率的影响，称为资本转移效应；$\sum_i \rho_i(t) \gamma_i(t) \dot{Lan}_i(t) - \beta(t) \dot{Lan}(t)$ 衡量各产业间土地要素在三次产业间投入变化对生产率的影响，是土地转移效应。

二、数据来源与变量选择

本章采用浙江省 1999~2015 年的三次产业的数据，将考察期分三个阶段（1999~2005 年、2005~2010 年、2010~2015 年），考察三要素投入及其结构变化对产业生产率的影响。为研究要素投入对产业规模变化影响，以三次产业产值变化率作为衡量指标，劳动力投入用三次产业年末的从业人口数量来衡量，土地投入以年末用于三次产业的土地面积来衡量，资本投入用固定资产投资存量来衡量。由于统计数据中不能获得资产存量的指标，采用永续盘存法来估算浙江省各产业的资本存量，其计算公式为：

$$K_t = K_{t-1}(1 - \delta_t) + I_t \qquad (7-6)$$

式（7-6）中，K_t 表示第 t 年资本存量，I_t 表示第 t 年资本增加量，δ_t 表示第 t 年的资本折旧率。其主要估算步骤分为四步：首先确定基准年的资本存量 K_t，其次得到以后各年的投资 I_t，然后确定每年的资本，最后根据上述公式得到资本存量序列。根据《浙江省统计年鉴》所划分的三次产业对固定资产投资额进行归类，第一产业是农林牧渔业，包括农业、林业、畜牧业、渔业和农林牧渔服务业，第二产业包括采矿业、制造业、电力、燃气及水的生产和供应业、建筑业，第三产业是除第一、第二产业以外的其他各业。固定资产投资是以各行业更新改造投资和基本建设投资进行划分，第一产业的资本投入是国民经济各行业更新改造投资和基本建设投资中的农业、林业畜牧业和渔业的投资额，第二产业是采掘业、制造业、电气、煤气及水的生产和供应业、地质勘探业、水利管理业和建筑业等行业的更新改造和基本建设的投资额，第三产业的资本投入是除一、二产的其他行业投资额。以1999年作为资本存量的基准年，借鉴已有方法测量得到1999年的三次产业资本存量分别为136.72亿元、1638.66亿元和1095.96亿元，其中固定资产的折旧率为9.6%。进而用永续盘存法计算1999～2015年的浙江省资本存量，见表7－1。

表7－1　　　　　　1999～2015年浙江省三次产业资本存量估计值　　　　　单位：亿元

年份	第一产业	第二产业	第三产业	三产合计
1999	136.72	1638.66	1095.96	2871.34
2000	125.90	1882.70	1532.00	3540.60
2001	116.07	2157.20	2730.29	5003.55
2002	111.10	2831.61	5000.74	7943.45
2003	114.55	4373.16	6873.55	11361.26
2004	120.49	6384.56	9149.90	15654.95
2005	129.03	8625.38	11536.05	20290.47
2006	138.50	11028.16	14140.20	25306.86
2007	158.22	13588.05	16836.04	30582.31
2008	179.10	16222.55	19795.46	36197.11
2009	219.12	18952.05	23457.48	42628.65
2010	258.20	21789.04	27941.04	49988.28
2011	330.19	24920.40	34016.06	59266.65
2012	456.90	28621.57	41594.54	70673.01
2013	614.02	32935.44	50533.02	84082.47
2014	818.58	37702.68	61044.06	99565.32
2015	1079.18	42885.84	72706.75	116671.80

资料来源：1999～2015年《浙江省统计年鉴》，以1999年为基准年。

土地投入数据来源于《2000～2016 年中国国土资源土地统计年鉴》《2000～2016 年中国城市建设统计年鉴》与浙江省国土资源网站。由于不同阶段对土地用途分类的标准不一，本章依据《2000～2016 年浙江省土地公报》中的分类方法，把土地分为农用地与建设用地。第一产业土地投入以农用地面积来表示，建设用地作为第二、第三产业的土地投入数据，依据产业分类标准进一步区分为第二与第三产业用地。三次产业的劳动、资本、土地的产出弹性，利用 C－D 生产函数回归得到 $Y = ALab_t^\alpha K_t^\beta Lan_t^\gamma$，将两边取对数可以得到：

$$lnY = lnA + \alpha lnLab_t + \beta lnK_t + \gamma lnLan_t \qquad (7-7)$$

根据式（7－7）可以得到如表 7－2 所示的产出弹性。

表 7－2　　　　　　　　　　　　　三要素产出弹性估计值

变量	α	β	γ
系数	0.32	1.62	13.13
t 检验值	7.30	3.08	4.68
调整后 R^2	0.99		
F 统计值	993.43		
D－W 统计值	2.13		

资料来源：SPSS 软件输出结果，本书作者整理。

第四节　要素投入影响生产率的存在性检验

结构红利假说认为要素流动引起生产率变化需要满足两个条件：一是三次产业间的要素投入规模发生变化，且投入要素的结构也发生变化；二是三次产业间的生产率及其增长不一致。因此，在运用动态份额偏离法之前，需要事先检验三次产业间要素投入变化及其生产率变动情况。

表 7－3 描述了浙江省各个要素在三次产业的投入变动情况，在 1999～2005 年、2005～2010 年两个时间段，劳动力从第一产业向第二、第三产业转移。1999～2005 年资本要素从第一、第二产业向第三产业转移，2005～2010 年资本要素从第一、第三产业向第二产业转移，2010～2015 年资本要素从第

二产业向第一、三产业转移。与劳动力和资本相比，土地要素在产业间的转移相对较小且流向单一，各阶段均是从第一产业向第二、第三产业转移，且第二产业的土地要素投入比第三产业要多。此外，三要素在产业间转移的速度越来越慢。

表7-3　　　　　　　　　　三要素产值份额的增长率　　　　　　　　单位:%

指标		1999~2005年	2005~2010年	2010~2015年	1999~2015年
劳动	第一产业	-16.57	-8.49	-2.81	-27.87
	第二产业	15.2	4.71	-1.46	18.45
	第三产业	1.37	3.78	4.27	9.42
资本	第一产业	-4.13	-0.12	0.41	-3.84
	第二产业	-14.56	1.08	-6.83	-20.31
	第三产业	18.69	-0.96	6.42	24.15
土地	第一产业	-1.78	-1.95	-1.1	-4.84
	第二产业	1.66	1.56	0.87	4.09
	第三产业	0.12	0.39	0.23	0.75
产值份额	第一产业	-4.48	-1.75	-0.63	-6.86
	第二产业	-1.25	-2.27	-5.17	-8.68
	第三产业	5.73	4.02	5.8	15.54

资料来源：SPSS软件输出结果，本书作者整理。

表7-4描述了三次产业要素生产率水平及其增长率，可以看出，第一产业的资本生产率高于第二、第三产业和总生产率，而第二、第三产业的劳动生产率高于第一产业的劳动生产率，这与丁焕峰和宁颖斌（2011）根据广东省数据所得出的结果是一致的。同时，在2003年第三产业的劳动生产率超过了第二产业，土地生产率从高到低分别是第三、第二与第一产业。从生产率的增长情况来看，劳动生产率及土地生产率在三个阶段都呈增长态势，而资本生产率除了第一产业在1999~2005年呈增长状态外，其他阶段均有所下降。综合分析表7-3和表7-4数据可以发现，浙江省三次产业之间的各要素生产率水平的差异明显，各要素在产业间也存在着转移效应，符合份额-偏离法使用的前提条件。

表7-4　1999~2015年三次产业要素生产率水平及其增长率

单位：%

指标	年份	第一产业生产率			第二产业生产率			第三产业生产率			总产业生产率		
		资本	人口	土地	资本	人口	土地	资本	人口	土地	资本	人口	土地
生产率水平	1999	4.43	0.56	0.05	1.82	3.79	3.45	1.70	2.44	6.14	1.90	2.07	0.38
	2000	5.01	0.65	0.05	1.74	3.39	3.72	1.46	2.83	7.27	1.73	2.25	0.43
	2001	5.68	0.71	0.05	1.66	3.54	3.92	0.98	3.13	8.62	1.38	2.47	0.48
	2002	6.17	0.77	0.05	1.44	3.82	4.29	0.65	3.57	10.66	1.01	2.80	0.56
	2003	6.27	0.87	0.06	1.17	4.24	5.09	0.57	4.36	12.52	0.85	3.33	0.68
	2004	6.76	1.04	0.06	0.98	4.79	6.01	0.50	5.05	14.28	0.74	3.89	0.81
	2005	6.92	1.18	0.07	0.83	5.13	6.46	0.46	5.68	16.54	0.66	4.33	0.93
	2006	6.68	1.29	0.07	0.77	5.86	7.50	0.44	6.27	19.20	0.62	4.95	1.08
	2007	6.23	1.44	0.08	0.75	6.37	8.61	0.45	6.74	22.40	0.61	5.51	1.29
	2008	6.12	1.64	0.08	0.71	6.97	9.44	0.44	7.61	25.26	0.59	6.16	1.47
	2009	5.31	1.77	0.09	0.63	6.87	9.15	0.43	8.26	27.03	0.54	6.40	1.57
	2010	5.27	2.34	0.10	0.65	7.84	10.39	0.44	9.81	31.31	0.56	7.63	1.88
	2011	4.79	2.96	0.12	0.66	8.74	11.71	0.42	11.38	36.25	0.55	8.81	2.19
	2012	3.65	3.20	0.13	0.59	9.04	11.97	0.39	12.47	39.86	0.49	9.41	2.34
	2013	2.87	3.47	0.14	0.55	9.74	12.44	0.36	13.31	43.66	0.45	10.18	2.55
	2014	2.17	3.54	0.14	0.51	10.39	12.95	0.31	14.07	45.87	0.40	10.82	2.71
	2015	1.70	3.72	0.14	0.46	10.92	13.15	0.29	14.86	50.15	0.37	11.49	2.89
生产率的增长率	1999~2005	0.09	0.18	0.08	-0.09	0.06	0.15	-0.12	0.22	0.28	-0.11	0.18	0.24
	2005~2010	-0.05	0.20	0.10	-0.04	0.11	0.12	-0.01	0.15	0.18	-0.03	0.15	0.20
	2010~2015	-0.14	0.12	0.07	-0.06	0.08	0.05	-0.07	0.10	0.12	-0.07	0.10	0.11

资料来源：SPSS软件输出结果，本书作者整理。

第五节 要素投入变化对生产率增长的影响

一、要素投入对单要素生产率增长的影响

为分析单要素在产业间流动对要素生产率影响的阶段特征，根据式（7 - 4）计算出浙江省三次产业间单要素流动所产生的结构效应、静态转移效应、动态转移效应与内部增长效应。表7-5描述了单要素流动对该要素生产率的影响。在三个阶段，资本要素的静态转移效应均小于0，其数值接近于0，表明资本是由生产率高的产业向生产率低的产业转移，但是转移速度放缓。动态转移效应在1999~2005年和2010~2015年这两个阶段为负，表明资本在生产率增长较快的行业投入较少，而在生产率水平增长慢的产业投入较多，资本流动对产业规模增长起到了抑制作用。土地和劳动力要素的静态转移效应均大于0，这说明土地与劳动力要素在三次产业间是由生产率低的行业向生产率高的行业转移，带动了各个产业生产率的增长，但是劳动力的静态转移效应和动态转移效应对总增长率的影响减弱。此外，劳动力以及土地要素的动态转移效应大于0，要素向生产率高的行业转移。

表7-5　　　　　　三次产业单要素生产率的增长分解　　　　单位:%

指标	年份	总增长率	要素生产率增长的分解			
			结构效应	静态转移效应	动态转移效应	内部增长效应
资本	1999~2005	-65.12	-16.86	-6.84	-10.02	-48.27
	2005~2010	-16.06	-0.52	-0.57	0.05	-15.54
	2010~2015	-33.78	-1.01	0.92	-1.93	-32.77
	1999~2015	-80.61	-4.62	-6.77	2.15	-75.99
劳动力	1999~2005	108.67	31.94	24.93	7.02	76.72
	2005~2010	76.36	12.51	8.24	4.27	63.84
	2010~2015	50.52	4.85	3.13	1.72	45.67
	1999~2015	453.90	114.70	37.29	77.42	339.20
土地	1999~2005	144.44	33.32	16.87	16.45	111.13
	2005~2010	102.11	30.49	17.71	12.78	71.63
	2010~2015	54.05	12.24	8.64	3.60	41.81
	1999~2015	661.10	238.86	48.68	190.18	422.24

资料来源：SPSS 软件输出结果，本书作者整理。

　　表 7 - 6 描述的是 1999 ~ 2015 年浙江省三次产业各种效应对单要素生产率增长的贡献。横向比较各阶段要素的结构效应和内部增长效应，可以发现在同一阶段内资本、人口、土地要素的结构效应远小于内部增长效应，表明总生产率的增长主要来自内部增长效应。内部增长效应对要素生产率增长的贡献值一般都在 70% 以上。纵向观察可以发现土地要素的结构效应与内部增长效应对土地生产率的影响保持相对平稳。资本与劳动力的内部增长率对总增长率的贡献份额越来越大，对内部增长效应的依赖越来越严重，由第一阶段的 70% 多上升到了第三阶段的 90% 以上。换言之，浙江省各产业的技术效率提升和技术进步能够在不同程度上促进单要素增长率的提高，而资本与劳动力要素在产业间流动对单要素生产率的提升作用不明显，要素转移对经济发展的推动力也越来越小。

表 7 - 6　　　　　1999 ~ 2015 年三次产业各效应对单要素生产率增长的贡献　　　　单位:%

指标	年份	总增长率	各种效应的贡献			
			结构效应	静态转移效应	动态转移效应	内部增长效应
资本	1999 ~ 2005	- 65. 12	25. 88	10. 50	15. 38	74. 12
	2005 ~ 2010	- 16. 06	3. 25	3. 54	- 0. 28	96. 75
	2010 ~ 2015	- 33. 78	2. 99	- 2. 71	5. 70	97. 01
	1999 ~ 2015	- 80. 61	5. 73	8. 40	- 2. 67	94. 27
劳动力	1999 ~ 2005	108. 67	29. 40	22. 94	6. 46	70. 60
	2005 ~ 2010	76. 36	16. 39	10. 79	5. 60	83. 61
	2010 ~ 2015	50. 52	9. 60	6. 19	3. 41	90. 40
	1999 ~ 2015	453. 90	25. 27	8. 21	17. 06	74. 73
土地	1999 ~ 2005	144. 44	23. 07	11. 68	11. 39	76. 93
	2005 ~ 2010	102. 11	29. 86	17. 34	12. 51	70. 14
	2010 ~ 2015	54. 05	22. 65	15. 99	6. 66	77. 35
	1999 ~ 2015	661. 10	36. 13	7. 36	28. 77	63. 87

　　注: 贡献程度是总增长率除以各效应的数值，当生产率为负、效应也小于 0 时，及贡献值大于 0 时则表明该要素的转移存在结构红利，反之则是结构负利。

　　资料来源: SPSS 软件输出结果，本书作者整理。

二、要素投入对全要素生产率增长的影响

　　根据式 (7 - 5) 进一步计算得到全要素生产率增长中各种效应的贡献程

度（见表 7 - 7），即内部增长效应、产出结构效应、劳动转移效应、资本转移效应与土地转移效应对全要素生产率提升的贡献值。横向比较各阶段全要素生产率增长分解情况，1999 ~ 2015 年期间全要素生产率增长 - 117.73%，其劳动转移效应对全要素生产率下降的影响十分明显，贡献值为 384.22%，而土地转移效应能够有效减缓全要素增长率的下降趋势，平抑了劳动对全要素生产率带来的不利影响，而资本转移对全要素生产率增长的影响并不大。分阶段来看，在 1999 ~ 2005 年期，全要素生产率降低 28.56%，主要是由内部增长效应引起，其对全要素生产率增长率的贡献为 276.33%，在这期间劳动转移效应和土地转移效应为正，分别为 13.36% 和 48.24%，对全要素生产率增长率的贡献分别为 - 56.78% 和 - 168.91%。当劳动转移效应与土地转移效应共同作用于全要素生产率时能够减缓其下降趋势，但效果有限。在 2005 ~ 2010 年，全要素生产率的增长率由负转正，主要来自土地转移效应，大量土地资源向第二、第三产业转移促进了全要素生产率的增长，对其贡献值为 499.53%。2010 ~ 2015 年期间，全要素生产率下降至 3.97%，总效应来自土地转移效应，其贡献值达 1580.60%。此外，资本转移效应能够促进全要素生产率的增长。

表 7 - 7　　　　　　　1999 ~ 2015 年全要素生产率增长的分解及贡献值　　　　单位:%

年份		全要素生产率增长率	全要素生产率增长分解				
			内部增长效应	产出结构效应	劳动转移效应	资本转移效应	土地转移效应
1999 ~ 2005	数值	- 28.56	- 78.92	- 6.88	13.36	- 4.36	48.24
	贡献值		276.33	24.09	- 46.78	15.27	- 168.91
2005 ~ 2010	数值	21.08	- 85.96	- 1.99	4.94	- 1.21	105.3
	贡献值		- 407.78	- 9.44	23.43	- 5.74	499.53
2010 ~ 2015	数值	3.97	- 40.80	- 2.11	- 24.89	9.03	62.75
	贡献值		- 1027.71	- 53.15	- 626.95	227.46	1580.60
1999 ~ 2015	数值	- 117.73	148.60	- 99.81	- 452.34	15.95	269.86
	贡献值		- 126.22	84.78	384.22	- 13.55	- 229.22

注：当全要素生产率增长率为负值，劳动转移效应和资本转移效应为负值时，表示存在结构红利现象。

资料来源：SPSS 软件输出结果，本书作者整理。

纵向比较各观测时期要素转移效益的阶段特征，发现劳动转移效应由正转负，对全要素生产率的推动作用在经过一个上升期后转变为负向作用，人口的结构红利逐渐消失，甚至转变为人口负利。资本转移效应由负转正，说明资本转移效应是有效的，能够促进全要素增长率的增长，而土地转移效应则由大变小。土地要素流动带来的效果却越来越明显，对全要素生产率的影响逐步增大。

第六节　小　结

在结构红利假说的基础上，本章利用偏额－分离法分析资本、劳动力和土地三要素流动对单要素生产率与全要素生产率的影响。首先，在 1999 ～ 2015 年期间资本、劳动力与土地要素在三次产业间相互流动，各时间段内的要素间的流动趋势并不一致，同一要素在不同时间段内的转移方向也在发生改变。三次产业间的要素生产率存在差异，城镇化中资本要素在各个产业内的要素生产率都呈下降趋势，而土地与劳动力的要素生产率呈上升趋势。其次，资本、劳动力与土地的生产率增长在城镇化推进中逐渐放缓，且其增长率主要由内部增长率引起，但它们的结构效应对要素生产率的影响并不显著。虽然要素在产业结构之间的流动所产生的结构效应对生产率增长有一定促进作用，但作用逐渐弱化。最后，土地要素的结构红利效应明显。其他的要素转移效应在各时间段内对全要素生产率增长率的推动力越来越大，而劳动力的结构红利效应减弱，甚至在 2010 ～ 2015 年转变为结构负利，资本在要素间的转移对全要素生产率能够起到拉动作用，资本要素向第二、第三产业转移，而结构效应不明显。

浙江省劳动力要素的结构红利基本消失，资本对产业生产率的推动作用并不显著，土地要素成为拉动经济发展的重要驱动力。短期来看，依靠土地供给政策刺激经济增长具有显著作用，但长期来看会导致产业结构的进一步失衡，限制产业生产率的增长。从要素供给侧改革的视角出发，需要尊重市场在要素配给中的决定性作用，减少政府对要素流动的限制与干预；对土地要素而言，需要因地制宜合理控制土地出让数量，调整土地出让结构，避免三次产业间土地供给中的价格扭曲；对资本要素而言，需要打通民间资本投资的渠道，降低民间资本投资的成本，促进民间资本合理流动并提升其流通速度；对于劳动力要素而言，要加大劳动力教育和培训的投资力度，建立完善的人才培养体制，提高劳动力素质，减少劳动力要素流通的成本。

第八章　城镇化核心要素投入
对产业结构的影响

为进一步分析要素在三次产业间的变动对产业规模的影响情况，检验浙江省各要素是否存在结构红利，本章收集整理浙江省 2003～2015 年的数据，考察要素规模与要素结构对产业结构的影响。

第一节　要素与产业结构关系的理论分析

劳动力、资本及土地等生产要素的丰裕度及其高级化影响产业结构，同时，要素流动也会通过改变需求影响产业发展，产业结构的转型升级表现为要素在产业间优化配置的过程。城镇化过程推动要素流动及其利用形态改变。首先，城镇化过程表现为劳动力由农村向城市转移，而城市的受教育机会多和教育基础设施良好有助于提升人力资本，为产业发展提供人力资源。其次，城镇化对周边乡村农业产生带动效果，提高农产品需求和价格，使农业生产存在规模报酬，创造更多的就业机会。再次，城镇化中基础设施提升的影响，基础设施资本存量的积累对于城市产业分工和结构升级至关重要，随着土地价格上升，低附加值的产业被迫向外迁移，产业结构发生变化。由于要素禀赋的影响，浙江省的优势产业集中在劳动力密集的制造业。

假设 8-1：要素投入规模对产业结构的升级有正面影响，其作用边际递减。由于劳动力与土地要素价格上涨，资本要素的替代作用得以强化，产业结构逐渐由劳动密集型向资金密集型转移，产业结构不断调整。投资对产业结构的推动作用及持续时间有限。当资本存量达到一定规模时，其边际效用开始递减。随着劳动力、土地、资本等生产要素的积累，技术创新能力的提高将会改变各生产要素的生产率。生产要素从低利润向高利润行业流动，落后产业将逐渐被淘汰，产业结构得以优化。

假设 8-2：要素投入的比例失衡对产业结构的升级存在负向影响。各要素的投入比例影响产业结构，人口流入、土地扩张、资本投入等应保持一定的合理比例，若某一类要素占比过高，会影响产业升级。城镇化面临城乡分割的户籍制度、土地制度、税收制度、基础设施投资体制所导致的要素无法自由流动等问题，存在价格扭曲，会带来人口与土地两者之间的不均衡。例如，土地扩张速度远大于人口迁移的速度，土地利用率低下，而城镇中资本投入滞后于土地扩张速度，会造成基础设施投资不足从而削弱城镇的人口聚集能力。要素投入比例失衡不利于产业结构升级。

第二节　要素投入规模对产业结构的影响

一、数据说明

本章把各地级市和副省级城市作为研究对象，数据主要来源于浙江统计信息网、《浙江省统计年鉴》与《中国城市建设统计年鉴》。被解释变量主要是产业结构系数，用 STR 表示，其计算公式为：$STR = 1 \times I_1 + 2 \times I_2 + 3 \times I_3$，其中 I_i 代表第 i 产业所占总产值的比值，当 STR 越接近 3 时，产业结构层次越高，STR 越接近 1 时，产业结构层次越低。

P 表示城镇化中劳动力要素的投入情况，以第二、第三产业的就业人口占总就业人口的比值来衡量城镇化过程中劳动力要素的投入情况，选用高校学生数量来衡量区域劳动力质量，L 表示土地投入情况。相关文献中常用建成区面积来测量城市规模及其扩张速度。建成区具体指行政范围内经过征用的土地和实际建设发展起来的非农业生产建设地区，包括市区集中连片区以及分散在近郊区具有完善的市政公用设施的城市建设用地（如机场、污水处理厂、通讯电台）。因此，建成区包括城市行政范围内已经建成或正在建设的、相对集中分布的地区，本章采用建成区面积的大小来衡量土地投入情况。K 表示城镇固定资产投资情况，用来衡量资本投入情况。X_i 表示控制变量，选用人均 GDP 与地方财政支出作为控制变量。经济增长与产业结构有密切关系。政府财政支出是指政府为提供公共产品和服务、满足社会公共需要而安排财政资金的支付。本章用人均 GDP 及地方财政支出作为来衡量区域经济发展及政府支出指标。D 表示虚拟变量，控制行政级别的影响，$D_i = \begin{cases} 1 & i \text{ 是县级市} \\ 0 & i \text{ 是非县级市} \end{cases}$。

二、模型设定

面板数据模型包含横截面、时间以及变量三类信息。在选择面板模型时，运用协方差检验被解释变量的参数对所有界面是否一致，从而避免误差的产生，改进参数估计的有效性。协方差检验有如下假设。H_1：$\beta_1 = \beta_2 = \cdots = \beta_n$，$H_2$：$\beta_1 = \beta_2 = \cdots = \beta_n$，$\alpha_1 = \alpha_2 = \cdots = \alpha_n$。如果不拒绝假设 H_2，可以选择不变系数模型，若拒绝 H_2、不拒绝 H_1，则可以选择变截距模型。模型检验公式见式（8-1）和式（8-2）。

$$F_2 = \frac{\dfrac{S_3 - S_1}{(N-1)(K+1)}}{\dfrac{S_1}{NT - N(K+1)}} \qquad (8-1)$$

$$F_1 = \frac{\dfrac{S_2 - S_1}{(N-1)K}}{\dfrac{S_1}{NT - N(K+1)}} \qquad (8-2)$$

采用面板模型进行分析时，横截面的异方差与序列的自相关性是可能存在的问题。由于数据样本横截面个数大于时间个数，采用截面加权估计法（cross section weights，CSW）。而当随机误差项与解释变量相关时，运用普通最小二乘法（Ordinary Least Square，OLS）有偏且不一致，因此采用二阶段最小二乘法来进行回归。采用豪斯曼检验筛选固定效应和随机效应模型，结果如表8-1所示。

表 8-1　　　　　　　　　　　豪斯曼检验结果

豪斯曼检验	检验值	P 值	结果
回归 2	37.898	0.000	固定影响模型
回归 3	30.354	0.000	固定影响模型
回归 4	17.968	0.003	固定影响模型

注：根据式（8-1）、式（8-2），用 EViews 软件得到 F2 = 1.87，F1 = 0.48，查 F 分布表可以得到，在 5% 的显著性水平下，F(224, 198) = 1.26，F(192, 198) = 1.27，由于 F2 < 1.26，拒绝 H2；F1 < 1.27，无法拒绝 H1，模型采用变截距固定影响模型。模型形式为：$Y_{it} = \alpha + \alpha_i^* + \beta_1 P_{it} + \beta_2 L_{it} + \beta_3 K_{it} + \beta_4 GDP_{it} + \beta_5 GOV_{it} + \mu_{it}$。

资料来源：EViews 软件输出结果，本书作者整理。

三、结果分析

为了分析时间变化、要素投入结构对产业结构影响的变化情况，本章把美国 2009 年为应对次贷危机而采取的经济刺激计划作为分界点，把观测时间段分成 2003～2009 年、2009～2015 年两个时间段进行总体研究。表 8 - 2 中回归模型 8 - 1 主要是浙江省 2003～2009 年的数据进行分析，回归模型 8 - 2 主要是对浙江省 2009～2015 年的样本数据进行分析，回归模型 8 - 3 主要是对浙江省 2003～2015 年的数据样本进行分析。

表 8 - 2　　　　　　　浙江省要素投入对产业结构的阶段性影响系数

变量	回归模型 8 - 1	回归模型 8 - 2	回归模型 8 - 3
C	-4.668 (-2.146)	8.426 (18.117)	4.070 (6.823)
P	2.946** (4.108)	0.161** (2.427)	1.100** (3.589)
L	0.159** (0.904)	0.008** (0.113)	0.474** (3.481)
K	1.121** (4.971)	0.217** (3.529)	0.219** (1.121)
PGDP	6.835** (2.558)	-1.000** (-160.442)	-1.044** (-58.127)
GOV	0.825** (4.707)	0.488** (4.850)	1.106** (8.933)
R^2	0.780	0.999	0.977
F 统计	18.222	21121.030	423.703

注：括号内为标准误，** 表示 $p < 0.05$。
资料来源：EViews 软件输出结果，本书作者整理。

如表 8 - 2 所示，在 2003～2015 年，人口要素、土地与资本的影响系数为正，这说明第二、第三产业就业人口比值的增加、建成区面积的增加以及固定资产的投入都会促进产业结构层次提高，其中劳动力对产业结构升级的影响作用最大而资本投入增长的影响作用最小。比较两个时间段的结果发现，相对于 2003～2009 年，2009～2015 年的检验结果中人口、土地和资本的要素投入对产业结构层次的影响系数正在逐步减少，表明要素投入对产业结构升级的促进作用也越来越小。其中，劳动力这个生产要素影响力下降最快。人均 GDP 对产业结构的影响系数为负，而政府财政支出对产业结构的影响系数为正，表明其增长有利于产业结构升级。

第三节　要素投入结构对产业结构的影响

一、数据说明和模型设定

解释变量中的代表各要素投入的 P、L、K 转变为要素投入两两之间的偏离系数情况。I_1、I_2、I_3 分别表示土地与人口、土地与资本和人口与资本三种要素两两投入的合理水平，这里用偏离系数来代替。土地投入增长率与资本、人口投入增长率之间的偏离情况用式（8-3）来表示。X 表示其中一种要素投入的增长率情况，STR 表示另一种要素投入的增长率情况。

$$I = \left| \frac{X - Y}{X + Y} \right| \qquad (8-3)$$

采用静态面板数据模型，在 EViews 中加入虚拟变量后，无法采用截面固定影响模型，根据豪斯曼检验结果选用固定影响模型。同时，为消除异方差与自相关，采用 PCSE 协方差进行估计。豪斯曼检验情况见表 8-3。

表 8-3　　　　　　　　　　　豪斯曼检验结果

豪斯曼检验	检验值	P 值	结果
回归 5	23.730	0.001	固定影响模型
回归 6	16.152	0.013	固定影响模型
回归 7	41.621	0.000	固定影响模型

资料来源：EViews 软件输出结果，本书作者整理。

建立方程如下：

$$STR_{it} = \beta_0 + \sum_1^3 \beta_j I_{jit} + \alpha_1 PGDP_{it} + \alpha_2 GOV_{it} + \alpha_3 D_i + \mu_{it} \qquad (8-4)$$

其中 j 代表第 j 个变量，j = 1，2，3；i 代表横截面数量，i = 1，2，3，…，33；t 代表时间数量，t = 1，2，3，…，T。

二、模型结果

表 8 - 4 中的回归模型 8 - 4 是对浙江省 2003 ~ 2015 年的样本数据进行分析，回归模型 8 - 5 是对 2009 ~ 2015 年浙江省的样本数据进行分析，回归模型 8 - 6 是对浙江省 2003 ~ 2009 年的样本数据进行分析。

表 8 - 4　　　　　浙江省各时间段要素投入结构与产业结构的影响系数

变量	模型 8 - 4	模型 8 - 5	模型 8 - 6
C	7. 235 (37. 682)	7. 661 (39. 383)	3. 132 (0. 886)
I_1	0. 036 ** (1. 611)	0. 023 ** (1. 200)	0. 055 ** (1. 327)
I_2	- 0. 043 ** (- 2. 060)	- 0. 016 ** (- 0. 790)	- 0. 095 ** (- 2. 095)
I_3	- 0. 047 ** (- 1. 959)	- 0. 030 ** (- 1. 571)	- 0. 047 ** (- 1. 109)
PGDP	- 0. 529 ** (- 4. 945)	- 0. 390 ** (- 6. 592)	3. 828 ** (0. 888)
GOV	0. 523 ** (5. 773)	0. 376 ** (10. 652)	0. 586 ** (4. 115)
D	0. 223 ** (3. 838)	0. 126 ** (2. 411)	0. 525 ** (2. 082)
R^2	0. 966	0. 998	0. 713
F 统计	1934. 454	6843. 7	12. 356

注：括号内为标准误，** 表示 $p < 0.05$。
资料来源：EViews 软件输出结果，本书作者整理。

根据表 8 - 4 可以发现土地与人口的偏离系数的影响系数为正，说明土地与人口两种要素投入结构对产业结构系数呈正向关系。随着城镇化进程深入，土地与人口的偏离系数对产业结构的推动作用越来越小，影响系数从 0.055 降至 0.023。土地与资本、人口与资本的偏离系数的影响系数均为负，表明土地与资本、人口与资本的偏离系数升高不利于产业结构的转型升级，且这种负影响随着时间推移而强化。各要素间投入的失衡对产业结构的升级造成不利影响。

第四节 研究结论

本章主要利用面板数据模型对人口、资本、土地三种要素投入与投入结构对产业结构系数的影响关系进行分析，形成三点结论。第一，在快速城镇化中，劳动力、资本与土地的投入规模对产业结构有正影响，有助于产业升级。第二，要素在产业结构之间的转移对产业要素生产率的提升作用减弱，对全要素生产率的影响也逐渐降低，地方政府需要优化要素品质，避免单一依靠要素投入规模。第三，产业的优化升级在一定程度上取决于生产要素的流动。劳动力、资本、土地等要素的投入规模能在一定程度上拉动产业结构的优化升级，但单纯要素数量的增加对产业结构升级的作用越来越小，同时要素间投入的失衡进一步制约产业结构的发展。

第四篇　城镇化中工业用地利用效率评价

第九章　城镇化中工业用地利用
效率与影响因素

党的十九大报告提出我国社会经济发展进入新时代的历史论断，指出经济已由高速增长阶段转向高质量发展阶段。"亩均论英雄"成为新时代经济提质增效、深化发展的重要思路。2018 年 1 月，浙江省出台《关于深化"亩均论英雄"改革的指导意见》，到 2020 年浙江省所有工业企业根据亩产效益进行评价，评价结果将直接影响企业各类资源要素的配置。我国的宏观经济政策、产业政策、社会政策将围绕高质量增长的总要求展开。相比于世界先进水平，我国制造业大而不强，在自主创新能力、土地利用效率、信息化程度等方面还存在差距。推动产业升级与转型是落实"稳中求进"经济发展总基调的重要议题，也是实现"中国制造 2025"战略目标的必然选择。

2017 年，全国工业增加值达到了 279997 亿元，比上年增长 6.4%，占 GDP 比重为 33.85%。与此同时，工业用地面积快速扩张，2016 年我国城市建设用地面积达到了 52761.30 平方千米，比 2005 年净增加了 23124.47 平方千米，其中工业用地面积达到了 10525.24 平方千米，占城市建设用地面积的 19.95%，在各类生产用地中所占比重是最高的。发达国家城市工业用地面积比重一般不超过 10%，我国城市工业用地占比明显偏高，"北上广深"四大城市 2016 年工业用地面积占比分别为 17.99%、29.04%、27.91%、29.67%，城市工业用地仍处于低价、快速扩张的态势，投入产出的效率低。因此，需要从土地空间利用效率的角度对工业用地的利用效率进行测量，明确其产出率的分布特征，提升工业用地利用效率，推动新型城镇化的高质量发展。

第一节　评价方法与影响因素

一、工业用地产出率

国家质量监督检验检疫总局和国家标准化管理委员会 2017 年批准发布的

《土地利用现状分类》（GB/T 21010 - 2017）中，把建设用地分为"商服用地、工矿仓储用地、住宅用地、公共管理与公共服务设施用地、特殊用地、交通运输用地、水域及水利设施用地、其他土地"8 大类，其中工业用地归在工矿仓储用地（06）的二级类里面。此文件将工业用地界定为"工业生产、产品加工制造、机械和设备修理及直接为工业生产等服务的附属设施用地"。而住房和城乡建设部 2012 年颁布实行的《城市用地分类与规划建设用地标准》（GB 50137 - 2011）将城市建设用地划分为"居住用地、公共管理与公共服务用地、商业服务业设施用地、工业用地、物流仓储用地、道路与交通设施用地、公用设施用地、绿地与广场用地"8 大类，大类中有直接对应的为工业用地（M）类型。此标准对工业用地界定为"工矿企业的生产车间、库房及其附属设施等用地，包括了专用的铁路、码头和附属道路等，但不包括露天的矿业用地"。

　　表 9 - 1 对比两个分类标准的土地类型，两者内涵并不相同。《土地利用现状分类》和《城市用地分类与规划建设用地标准》对工业用地的界定有差异，后者不包括露天的矿业用地，但是包括了专用的铁路、码头和道路和生产的附属设施用地。本章选用《城市用地分类与规划建设用地标准》中的标准，即城市建设用地中用于工业生产及其相应的附属设施用地，相应统计指标是《中国城市建设统计年鉴》中城市建设用地中的工业用地。

表 9 - 1　《土地利用现状分类》与《城市用地分类与规划建设用地标准》对比

法规	《土地利用现状分类》	《城市用地分类与规划建设用地标准》
建设用地	商服用地（05）	居住用地（R）
	工矿仓储用地（06）	公共管理与公共服务用地（A）
	住宅用地（07）	商业服务业设施用地（B）
	公共管理与公共服务设施用地（08）	工业用地（M）
	特殊用地（09）	物流仓储用地（W）
	交通运输用地（10）	道路与交通设施用地（S）
	水域及水利设施用地（11）	公用设施用地（U）
	其他土地（12）	绿地与广场用地（G）

　　资料来源：国家质量监督检验检疫总局和国家标准化管理委员会颁布的《土地利用现状分类》（GB/T 21010 - 2017）与住房和城乡建设部颁布的《城市用地分类与规划建设用地标准》（GB50137 - 2011）。

二、土地利用效率评价

　　土地利用效率是空间规划政策中的重要问题，也是推动紧凑型发展，可持续集约开发利用、耕地保护的关键所在。在英国、荷兰、日本、新加坡与中国这样人口密度大的国家，工业用地的供应与利用效率是研究热点，提高土地利用效率是这些国家可持续发展的有效路径。例如，新加坡通过限制工业土地供应数量提高利用效率，中国大陆地区引导农村人口向城市集聚，通过提升城市化率促进土地高效利用。在区域科学和经济地理学关于空间利用效率的研究中，国际上更多关注企业选址、产业集聚与土地利用模式，直接针对土地实际产出（单位产值或增加值）的研究相对不足。针对实际产出值的研究主要也来自中国大陆、荷兰和新加坡。荷兰学者引入一种计算专门用于经济活动的土地生产力的方法，将土地作为单独的生产要素来处理，通过计算每单位土地的增加值来评价工业用地的利用效率。研究发现荷兰工业区的土地生产率较低，主要原因是市政当局为刺激经济发展提供了过量的低价工业用地。针对土地利用效率的评价，一是关注其单位土地上的经济产出，如单位面积产值或增加值；二是测算工业用地的非期望产出，如工业废水排放量、工业二氧化硫排放量和工业烟尘排放量等，对比分析不同城市在这些指标上的差异，评价土地的利用效率。

　　在土地利用效率的评价方法上，学者采用的方法和研究角度也不尽相同，可以归纳为五类：单一指标评价、多指标评价、数理统计方法、参数方法和非参数方法，不同的方法有其含义和优缺点，见表9－2。利用单一综合指标进行统计分析，操作简单，实际应用广。学者从单位增加值占地率的角度，对江苏省

表9－2　　　　　　　　　　　土地利用效率分析方法比较

方法	含义	优点	缺点
单指标评价	利用单一综合指标进行统计分析	原理简单，操作方便	评价不够全面和系统
多指标评价	选择多个指标加以汇总，建立评价指标体系	可以根据研究需要结合不同模型	指标选取、权重的确定具有主观性
数理统计方法	主要有线性回归、主成分分析等	比较客观，可以控制相关因素的影响	难以反映真实的效率水平
参数方法	主要有生产函数法等，通过建立生产函数进行计算和测量	可以测算投入和产出之间的关系	难以保证特定的函数与现实情况是相符合的
非参数方法	通过线性规划确定生产前沿面	不受投入产出量纲的影响，不需要确定权重，能给出非有效决策单元的调整方向和幅度	需要有足够的决策单元，对投入产出指标比较敏感

　　资料来源：本书作者根据庄红卫和李红（2011）、张琳和王亚辉（2014）、郭贯成和温其玉（2014）及相关文献整理。

沿江地区各细分行业规模以上工业企业的土地利用效率进行了定量研究，多采用单位面积产出指标对工业用地效率进行测算，运用单位工业用地面积上工业总产值、单位工业用地面积上工业增加值、单位建成区面积第二、第三产业增加值等指标来测算土地利用效率。也有学者选择了多指标评价体系，选择多个指标加以汇总，构建评价指标体系。相对于单一指标，该指标体系更全面，适用于单一区域的评价。庄红卫和李红（2011）通过定量分析开发区土地利用过程中投入水平、产出水平、结构效益、综合效率等多指标的差异来评价湖南省开发区工业用地利用效率，指出从整体上来看，开发区工业用地利用效率不高，各区域差异显著。

数理统计方法也是效率评价常用的方法之一，主要包括线性回归、主成分分析、因子分析等方法，其优点在于不依赖主观判断，可以排除人为因素的干扰。其中采用线性回归方法的研究比较常见，如张琳和王亚辉（2014）通过对2088家工业企业样本的实证分析，从微观层面研究了多种因素对工业用地产出效率的影响情况，发现大型企业土地利用效率普遍高于小型企业，土地投入、企业特性及外部环境会显著影响企业的工业用地产出效率。也有学者将土地引入生产函数中进行研究，利用生产函数构建计量模型对土地利用效率或其影响因素进行分析。除了生产函数方法，全要素生产率方法也是研究中常用的一种方法。有学者在对福建省工业用地进行分析和度量时，采用了全要素生产率方法，既测算土地集约度，也评价了要素利用效率。张琳、王亚辉和李影（2015）在全要素生产率方法的基础上，结合 Malmquist 指数，通过构建工业用地绩效模型，对工业用地生产效率进行测算。

数据包络分析（DEA）是一种比较典型的非参数方法，由于它不需要设定具体的生产函数，也不受投入产出量纲的影响，在研究中应用比较普遍。法尔、格罗斯科夫、洛弗尔和帕苏卡（Faere R, Grosskopf S, Lovell C A K, Pasurka C, 1989）首先提出处理负向产出（非期望产出）的 DEA 模型，在环境效率的评价问题上多采用该模型。国内学者在采用 DEA 方法进行研究的基础上，对 DEA 方法的应用进行了拓展。有学者采用 DEA 模型结合 Malmquist 指数进行效率分析，郭贯成和温其玉（2014）运用 Malmquist-Luenberger 和 Malmquist 生产率指数分析了两种情况下（考虑与不考虑非期望产出）33 个城市 2004～2011 年工业用地的生产率变化及其分解情况。传统的 DEA 方法具有一定的局限性，因为在评价决策单元的相对效率时是不考虑投入要素的松弛变量而直接进行效率分析的，容易产生误差。在 DEA 方法的基础上，谢花林、王伟和姚冠荣（2015）采用 SBM 模型分析了 2002～2012 年 6 个主要经济区城市工业用地利用效率的空间差异，并用 Malmquist 指数揭示工业用地 TFP 的动态变化，发现珠三角和长三角的城市工业用地利用效率较高。

国内研究中关于上述方法的应用研究集中在长三角、珠三角、京津冀等城市圈及城市内部，针对全国性城市的系统研究还比较欠缺。本章选用单一指标法，对我国 275 个城市的工业用地产出率进行测算，利用 ArcGIS10.2 软件描述城市工业用地产出率的分布特征与区域差异，评价全国地级市的工业用地利用效率，分析时空分布特征、区域差异与变动趋势。

三、土地效率的影响因素

影响土地产出率的因素有很多，从不同尺度上来看，对土地产出率的影响因素可归纳为城市层面、开发区层面与企业层面。从城市层面来看，多项研究认为社会经济发展水平、产业结构、城市规模、技术进步、制度政策等因素对工业用地利用效率的影响较大，已有研究发现社会经济越发达，其工业用地集约利用水平越高，而产业集聚对工业用地的集约利用水平有显著正向影响。豆建民和汪增洋（2010）、赵凯和蒋伏心（2013）的研究发现要素集聚、人力资本水平、城市规模、产业结构、城市区位对城市土地的产出率均有显著影响，其中，城市规模对工业用地产出率的影响是倒 U 形，即存在一个最优的最大规模。罗能生和彭郁（2016）认为政府竞争会影响工业资本形成，从而对工业用地效率产生影响，地方政府竞争的 4 个方面（参与能力、土地竞争、基础设施竞争、官员晋升竞争）对工业用地利用效率有不同程度的影响；周游和谭光荣（2017）的研究表明地方政府基础设施竞争对中国城市土地效率的提高具有促进作用，但财政收支竞争、优惠政策竞争及外商直接投资竞争都不利于城市土地利用效率的提高。

从开发区层面上来看，部分研究认为开发区级别、开发区区位、土地开发率、投资强度、土地利用结构和工业用地出让的市场化率等因素是影响工业用地集约利用水平的主要因素。研究发现，土地开发率和投资强度越大，土地市场化水平越高，土地利用结构越合理，则开发区土地集约利用水平越高。地理区位对工业园区工业用地产出效率也有较大的影响，离市中心越近，越能享受到公共设施长期投入的成果，土地产出效率越高；距离交通枢纽越近，土地产出效率也会越高。

从企业层面来研究工业用地利用水平的研究并不是很多，主要可以归纳为企业特征、投入因素与外部环境这几个方面。张琳（2014）从土地投入、企业特性、外部环境三个方面分析工业用地产出效率的影响因素，单位土地面积上劳动力、资本、研发投入、企业初始基础设施对土地利用效率有正向影响，企业所有制性质（国有企业与否）对企业用地效率有负向影响。刘向南、单嘉铭、石晓平（2016）和张永刚（2018）也认为企业劳动、资本、研发投入和企业规模等因素是工业用地效率的重要影响因素。不同行业的工业用地产出效率存在差异，资金和技术密集型行业的用地集约利用程度高于劳动力密集型行业。企业规模与用地产出效率应该是倒 U 形关系，但目前，多数企业扩大规模仍然有利于生产率的提升。在现有研究的基础上，结合本章的研究目的、研究对象以及数据的收集情况，将参考城市层面的影响因素，从要素集聚、人力资本水平、城市规模、政府竞争、产业结构、地理区位等方面来构建工业用地产出率影响因素的指标体系。

（一）要素集聚

在一定程度上，要素集聚与城市土地产出率是相互促进的，这里的要素主要是指资本和劳动力要素。要素集聚程度反映了城市经济活动的集聚程度，其技术外部性和货币外部性的共同作用导致了经济集聚，达到一定程度就会产生显著的集聚效应，正向的集聚效应会进一步吸引经济活动的聚集。通常来说，企业倾向于在要素产出率高的区域建厂，形成企业集聚。当企业集聚规模不断扩大时，其所带来的外部性效应又会促进要素产出率的提升。同时，企业集聚不仅带来了资本，企业发展也需要更多的劳动力，这将促使其他地区的劳动力向城市集聚。

在经济集聚的过程中，要素密度和使用效率发生变化，同时又将影响土地产出率。当土地价格升高时，在要素替代弹性的作用下，将会通过增加劳动和资本要素的投入代替土地要素，要素投入密度的增大将提高土地产出率；技术的进步导致要素使用效率增强，带动土地产出率增加，同时将反过来增加城市土地需求。企业集聚效应必须在合适的范围内，若过度集聚，可能会产生拥挤效应，要素投入产出率将下降。

（二）人力资本水平

除了本身的自然资源和资本外，现代城市经济发展的决定因素还有劳动者的知识和技能。同物质资本相比，人力资本对城市经济增长的贡献将越来越大，人力资本对经济效率的作用主要通过技术外部性（知识溢出）实现。集聚于同一城市空间的个体、企业通过交流促进了知识和技术的扩散，提高了该地区的生产率水平。城市除了有利于要素集聚，还是技术创新活动的高发区。创新的动力源于需求，城市则集中了各类需求，为创新活动提供了驱动力，新知识、新观点、新技术在城市集聚的经济环境里可以得到低成本的传播。相比于劳动力与资本的边际报酬递减约束，技术进步对土地产出率的影响更加深远。技术进步也会使得劳动力和资本的边际效用提高，在技术进步的基础上，同等水平的劳动力和资本投入可以得到更多的产出。

大城市对人才有更大的吸引力，因为大城市有更多的就业机会、更丰厚的工资报酬，因此，大城市拥有更高的人力资本水平。而人力资本又会反过来影响城市的综合竞争力，影响着城市的生产力。高素质人才可以为企业的技术创新提供条件，推动劳动生产率的提高；同时也可以促进工业产业结构升级，使知识技术密集型产业取代一些产出比较低的劳动密集型产业，从而提高工业用地的产出率。

（三）城市规模

城市规模主要表现为人口规模和土地面积规模，在一定集聚规模内，城市规模对城市土地产出率有正向影响。经济集聚会带来劳动力的集聚，使城市人口规模增加，这也必然导致对城市土地的需求增加，促使城市用地规模扩张。城市规模的扩张对城市工业用地产出率有正外部性，大城市由于其具有更大的市场规模、更优越的贸易条件和更完善的基础设施，会吸引更多企业集聚，这又促进了经济集聚。企业选择大城市往往意味着更为激烈的竞争，在优胜劣汰的竞争机制下，企业只有提高产出率才能在竞争中立足，从而推动了整体的工业用地产出率。城市规模如果不合理，将会造成城市工业用地产出率降低。有些城市"摊大饼"式的快速扩张，过度追求"土地城镇化"，反而会增加产业成本，影响产业活力和城市经济增长，拉低了城市土地的产出率。

（四）政府竞争

通常认为，地方政府之间的竞争通过影响工业资本形成从而影响工业用地效率。各级地方政府官员为了城市的发展，通过招商引资来推动地方经济更快增长，以获得更多的地方财政收入。另外，地方政府对一级土地市场具有垄断权，这方便了地方政府通过降低土地的供应价格来进一步吸引投资，但降低地价的底线竞争行为导致了土地市场的扭曲。地方政府在土地引资的竞争中不仅存在着降低地价的底线竞争行为，还存在着竞相增加土地出让面积的底线竞争行为，这将会造成工业用地面积的过度扩张，导致工业用地价格偏低，不利于提升经济增长质量。因此，地方政府竞争对工业用地产出率的影响是一把双刃剑。一方面，由于地方政府之间的竞争，地方政府可以充分调动资源参与地方经济，而基础设施完善的城市更容易产生经济集聚效应以及吸引优秀人才，这会促使城市工业用地产出水平提高；另一方面，地方政府的不当竞争，会过多干预土地市场，导致土地价格扭曲，不利于城市工业经济的发展，也不利于城市工业用地产出率的提高。政府竞争这一影响因素在本书中将会采用经济发展速度、政府干预水平、城市基础设施、土地市场化程度这四个指标来衡量。

（五）产业结构

城市的产业结构会随着经济的发展进行调整和转换，一般来说，城市的产业发展会经历从第一产业先转移到第二产业，再从第二产业转向第三产业的过程，这一过程所带来的必然结果是农业用地的减少，第二、第三产业用地的增加。其次，产业结构的升级是从低结构水平产业向高结构水平产业转移的过程，低附加值产业会逐渐被高附加值产业取代或低附加值产业自身通过技术变革等方式向高附加值产业方向发展。产业发展是以土地为依托，产业结构的调整和转换会通过土地利用变化反映出来，因此产业结构演变会导致土地利用结构的变动。对整个城市来说，产业结构优化有利于提高城市整体土地（第二、第三产业用地）产出率。但是对于工业用地来说，城市产业向第三产业转移，城市产业定位发生了改变，这种差异可能会影响到工业用地的产出率。

（六）地理区位

地理区位条件是影响城市经济发展的重要影响因素，良好的城市区位条件往往是和便利的交通条件、信息的大量集聚等优势相联系的。一个城市拥有良好的区位条件，毫无疑问会降低这个城市内生产经营活动的生产运输等成本，提高市场竞争力，从而吸引更多企业的入驻，促进更大规模的经济集聚。在城市内部，企业离市中心越近，可以更加充分地享受到公共设施的便利，土地产出率通常也会越高；企业距离交通枢纽越近，土地产出率也会比较高。同时，优越的地理区位有利于一个城市同周边城市的联系，区域中心城市对周边城市的辐射力也会受地理距离远近的影响，从而影响到该城市的经济文化等方面的发展。

第二节　测算方法与区域分布

一、计算方法与研究区域

本章选用单一指标来对比分析全国地级市工业用地的产出率。土地产出率作为土地生产水平的重要指标，可用单位面积土地在一个生产周期内产出的产品数量或产值来表示，是反映土地利用效率的重要指标。用城市的地区生产总值（GDP）或第二、第三产业产值与城市建成区面积的比值来衡量该城市的土地产出率；也可以用每单位工业用地上的货币增加值来反映工业用地的产出水平。土地产出率是土地利用效率的核心指标，用单位城市工业用地上的工业总产值来衡量城市工业用地产出率，分析城市工业用地产出水平。

进一步计算 275 个城市 11 年的平均工业用地产出率，见式（9 - 1）：

$$\overline{q_i} = \sum_{t=1}^{11} GIO_{it} / \sum_{t=1}^{11} S_{it} \qquad (9 - 1)$$

$\overline{q_i}$ 表示 i 城市 11 年的平均工业用地产出率。计算出 275 个城市 11 年的平均工业用地产出率后，通过软件在地图上描述出来。GIO 代表该城市当年规模以上工业总产值，S 代表城市当年的工业用地面积。规模以上工业总产值数据来源于《中国城市统计年鉴》，工业用地面积数据来源于《中国城市建设统计年鉴》，时间跨度为 2006~2016 年，共 11 年的时间。为反映城市工业用地产出率 q 的实际变化情况，以 2006 年为研究基期，将 2007~2016 年规模以上工业总产值的数据根据相应的指数逐年平减。

本章的研究对象为全国地级城市（不含港澳台地区），由于大部分地级市的建成区面积远小于行政区域面积，不同城市工业主要分布的区域不同（有的主要分布在市辖区，有的分布在下辖县级市），有些城市下辖县市数量较少或没有，所以本部分只在地级市的市辖区层面上进行分析。其中部分城市因数据缺失较多所以未包含在样本中，少数因城市工业用地规模过小引起工业用地产出率数值偏差较大的城市也未包含在样本中，最终计算了全国 275 个地级城市的工业用地产出率数据。将样本中的 275 个地级市按所在区域分成东部（含河北省、北京市、天津市、山东省、江苏省、上海市、浙江省、福建省、广东省、海南省）、中部（含山西省、河南省、安徽省、湖北省、江西省、湖南省）、西部（含陕西省、四川省、云南省、贵州省、广西壮族自治区、甘肃省、青海省、宁夏回族自治区、西藏自治区、新疆维吾尔自治区、内蒙古自治区、重庆市）和东北（含黑龙江省、吉林省、辽宁省）城市，见表 9-3，本章根据此划分标准对样本城市工业用地产出率的区域差异进行分析。

表 9-3　　　　　　　　　东部、中部、西部、东北地区城市划分

区域	省份	城市
东部	天津市	天津市
	河北省	石家庄市、唐山市、秦皇岛市、邯郸市、邢台市、保定市、张家口市、承德市、沧州市、廊坊市、衡水市
	江苏省	南京市、无锡市、徐州市、常州市、苏州市、南通市、连云港市、淮安市、盐城市、扬州市、镇江市、泰州市、宿迁市
	浙江省	杭州市、宁波市、温州市、嘉兴市、湖州市、绍兴市、金华市、衢州市、舟山市、台州市、丽水市
	福建省	福州市、厦门市、莆田市、三明市、泉州市、漳州市、南平市、龙岩市、宁德市
	山东省	济南市、青岛市、淄博市、枣庄市、东营市、烟台市、潍坊市、济宁市、泰安市、威海市、日照市、莱芜市、临沂市、德州市、聊城市、滨州市、菏泽市
	广东省	广州市、韶关市、珠海市、佛山市、江门市、湛江市、茂名市、肇庆市、惠州市、梅州市、汕尾市、河源市、清远市、东莞市、中山市、潮州市
	海南省	海口市、三亚市
中部	山西省	太原市、大同市、阳泉市、长治市、晋城市、朔州市、晋中市、运城市、忻州市、临汾市、吕梁市
	安徽省	合肥市、芜湖市、蚌埠市、淮南市、马鞍山市、淮北市、铜陵市、安庆市、黄山市、滁州市、阜阳市、宿州市、六安市、亳州市、池州市、宣城市
	江西省	南昌市、景德镇市、萍乡市、九江市、新余市、鹰潭市、赣州市、吉安市、宜春市、抚州市、上饶市
	河南省	郑州市、开封市、洛阳市、平顶山市、安阳市、鹤壁市、新乡市、焦作市、濮阳市、许昌市、漯河市、三门峡市、南阳市、商丘市、信阳市、周口市、驻马店市
	湖北省	武汉市、黄石市、十堰市、宜昌市、襄阳市、鄂州市、荆门市、孝感市、荆州市、黄冈市、咸宁市、随州市
	湖南省	长沙市、株洲市、湘潭市、衡阳市、邵阳市、岳阳市、常德市、张家界市、益阳市、郴州市、永州市、怀化市、娄底市

区域	省份	城市
西部	内蒙古自治区	呼和浩特市、包头市、乌海市、赤峰市、通辽市、鄂尔多斯市、呼伦贝尔市、巴彦淖尔市、乌兰察布市
	广西壮族自治区	南宁市、柳州市、桂林市、梧州市、北海市、防城港市、钦州市、贵港市、玉林市、百色市、贺州市、河池市、来宾市、崇左市
	重庆市	重庆市
	四川省	成都市、自贡市、攀枝花市、泸州市、德阳市、绵阳市、广元市、遂宁市、内江市、乐山市、南充市、眉山市、宜宾市、广安市、达州市、雅安市、巴中市、资阳市
	贵州省	贵阳市、六盘水市、遵义市、安顺市
	云南省	昆明市、保山市、昭通市、丽江市、普洱市、临沧市
	陕西省	西安市、铜川市、宝鸡市、咸阳市、渭南市、延安市、汉中市、榆林市、安康市、商洛市
	甘肃省	兰州市、嘉峪关市、金昌市、白银市、天水市、武威市、张掖市、平凉市、酒泉市、庆阳市、定西市、陇南市
	宁夏回族自治区	银川市、石嘴山市、吴忠市、固原市、中卫市
	新疆维吾尔自治区	乌鲁木齐市、克拉玛依市
东北	辽宁省	沈阳市、大连市、鞍山市、抚顺市、本溪市、丹东市、锦州市、营口市、阜新市、辽阳市、盘锦市、铁岭市、朝阳市、葫芦岛市
	吉林省	长春市、吉林市、四平市、辽源市、通化市、白山市、松原市、白城市
	黑龙江省	哈尔滨市、齐齐哈尔市、鸡西市、鹤岗市、双鸭山市、大庆市、伊春市、佳木斯市、七台河市、牡丹江市、黑河市、绥化市

注：根据国家统计局的东部、中部、西部和东北地区的划分标准来划分样本城市所在区域。

二、工业用地产出率分布情况

通过 ArcGis 10.2 软件，将工业用地产出率数据在地图上表示出来，2006年、2011 年、2016 年这 3 个年份的工业用地产出率具体情况如图 9 - 1、图 9 - 2、图 9 - 3 所示。由于大部分城市工业用地产出率集中在 100 亿元/平方千米以下，为了更好地区分城市之间工业用地产出率的差异，且能够在图上比较直观地表现出来，本章并没有采用均衡的区间间隔来划分，而是将 0～100 亿元这一区间以 20 亿元为间隔划分，100 亿～300 亿元这一区间以 50 亿元为间隔划分，工业用地产出率超过 300 亿元/平方千米的城市比较少，这一区间不再进行过细的划分。

　　观察图9-1可知，2006年大部分城市工业用地产出率差异比较小，而且工业用地产出率普遍不高。过半数城市工业用地产出率在20亿元/平方千米以下，超过90%的城市工业用地产出率在60亿元/平方千米以下，城市之间的对比差距并不明显。由表9-4可知，2006年城市工业用地产出率的极大值和极小值之间有不小的差距，分区域来看，东部地区城市工业用地产出率的标准差最大，说明数据离散程度高，东部地区城市之间发展差异较大，中部地区标准差最小，说明工业用地产出率相对比较平均。2006年时城市工业用地产出率最高的前十名城市中大多数城市位于经济比较发达的东部地区，而工业用地产出率较低的后十位城市大多位于东北和西部地区的一些城市。从整体上看，2006年时全国城市工业用地产出率还处于比较低的水平，东部地区部分城市工业用地产出率处于领先位置，大部分城市工业用地利用效率不高，有较大的提升空间。

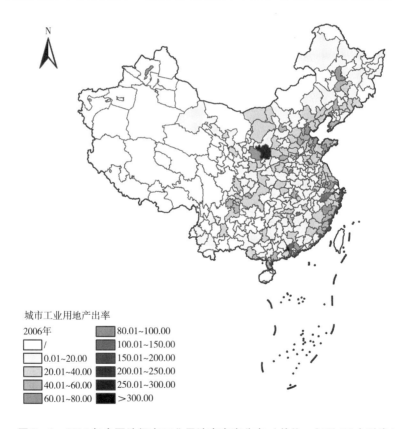

图9-1　2006年全国地级市工业用地产出率分布（单位：亿元/平方千米）

　　资料来源：工业用地产出率基于《中国城市统计年鉴》中规模以上工业总产值数据和《中国城市建设统计年鉴》中工业用地面积数据计算得出。原始地图来源于国家基础地理信息系统数据库，本书审图号GS（2021）5578号。

表 9 - 4 　　　　　　　　2006 年城市工业用地产出率描述性统计　　　单位：亿元/平方千米

区域	极大值	极小值	均值	标准差
全国	320. 54	1. 64	27. 54	31. 59
东部	320. 54	6. 41	44. 07	42. 67
中部	103. 32	4. 07	19. 81	15. 07
西部	255. 30	2. 04	21. 81	29. 68
东北	71. 67	1. 64	20. 49	17. 65

资料来源：本书作者根据《中国城市统计年鉴2007》和《中国城市建设统计年鉴2006》数据计算而得。

由图 9 - 2 可以明显看到，2011 年时，大部分城市工业用地产出率有所提高（与图 9 - 1 相比）；横向对比来看，275 个样本城市工业用地产出率差距有

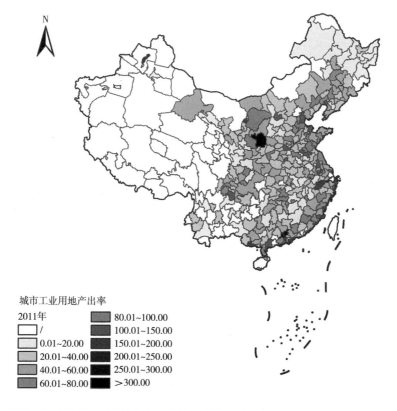

图 9 - 2　2011 年全国地级市工业用地产出率分布（单位：亿元/平方千米）

资料来源：工业用地产出率基于《中国城市统计年鉴》中规模以上工业总产值数据和《中国城市建设统计年鉴》中工业用地面积数据计算得出。原始地图来源于国家基础地理信息系统数据库，本书审图号 GS（2021）5578 号。

所加大。从表 9-5 可以看出，西部地区样本城市工业用地产出率差异较大，离散程度高，中部和东北地区发展比较平均。此外，工业用地产出率在 20 亿元/平方千米以下的城市减少，但是将近 80% 的城市工业用地产出率仍低于 60 亿元/平方千米，超过 90% 的城市工业用地产出率低于 100 亿元/平方千米。虽然总体上城市工业用地产出率提高了，但是提升的幅度有限。工业用地产出率排名前十的城市一半处于东部地区，另一半在西部地区；排名后十名的城市大部分位于西部和东北地区。由此可见西部地区城市之间工业用地产出率分化比较大。与 2006 年相比，经过 5 年时间，全国城市工业用地产出水平有所提高，工业用地利用水平有明显提高，城市间差距加大，但仍有一部分城市工业用地产出率处于比较低的水平。

表 9-5　　　　　　2011 年城市工业用地产出率描述性统计　　　单位：亿元/平方千米

区域	极大值	极小值	均值	标准差
全国	609.19	2.36	49.55	52.91
东部	378.40	18.27	65.93	53.56
中部	117.22	8.16	39.71	25.42
西部	609.19	2.36	48.70	73.56
东北	103.84	2.91	36.19	25.44

资料来源：本书作者根据《中国城市统计年鉴 2012》和《中国城市建设统计年鉴 2011》数据计算得出。

到了 2016 年时（见图 9-3），275 个样本城市工业用地产出率进一步提高，城市间工业用地产出率差距拉开，出现了较为明显的分化。工业用地产出率在 20 亿元/平方千米以下的城市相比 2011 年时有所减少，工业用地产出率在 100 亿元/平方千米以上的城市明显增加，工业用地利用效率进一步提升。从表 9-6 工业用地产出率的描述性统计情况可以看出，西部地区城市工业用地产出率发展情况差异较大；无论是从极值还是均值来看，东北地区城市工业用地产出率都比其他地区低，样本城市内部发展相对比较平均，离散程度低，但工业用地产出率总体水平偏低。工业用地产出率排名前十的城市所处地区分散于东部、中部、西部地区，工业用地产出率的后十名城市则大多处于东北地区。由此可见，城市工业用地产出率水平的高低不仅仅受到经济发展水平的影响，还可能会受到其他多种因素的综合影响。

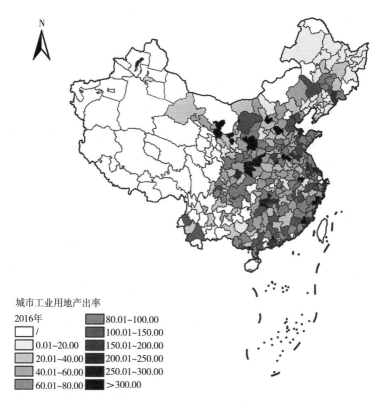

图9-3　2016年全国地级市工业用地产出率分布（单位：亿元/平方千米）

资料来源：工业用地产出率基于《中国城市统计年鉴》中规模以上工业总产值数据和《中国城市建设统计年鉴》中工业用地面积数据计算得出。原始地图来源于国家基础地理信息系统数据库，本书审图号 GS（2021）5578 号。

表9-6　　　　　　　2016年城市工业用地产出率描述性统计　　　单位：亿元/平方千米

区域	极大值	极小值	均值	标准差
全国	619.84	3.51	82.27	88.90
东部	568.90	21.32	105.17	87.41
中部	448.92	11.37	78.70	78.09
西部	619.84	8.73	85.10	106.18
东北	164.65	3.51	30.06	35.54

资料来源：本书作者根据《中国城市统计年鉴2017》和《中国城市建设统计年鉴2016》数据计算得出。

图9-1、图9-2、图9-3可以看出275个样本城市在2006年、2011年、2016年三个时间节点的工业用地产出率情况。为进一步探索2006~2016年工

业用地产出率的分布规律，本书计算了 275 个城市 11 年的平均工业用地产出率，见式（9 - 2）：

$$\overline{q_i} = \sum_{t=1}^{11} GIO_{it} \Big/ \sum_{t=1}^{11} S_{it} \qquad (9 - 2)$$

其中，$\overline{q_i}$ 表示 i 城市 11 年的平均工业用地产出率。

　　计算出 275 个城市 11 年的平均工业用地产出率后，通过 ArcGis 10.2 软件在地图上表示出来，如图 9 - 4 所示。

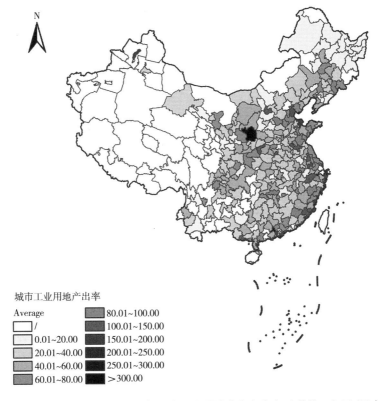

图 9 - 4　全国地级市 2006 ~ 2016 年平均工业用地产出率分布（单位：亿元/平方千米）

资料来源：平均工业用地产出率基于《中国城市统计年鉴》中规模以上工业总产值数据和《中国城市建设统计年鉴》中工业用地面积数据计算得出。原始地图来源于国家基础地理信息系统数据库，本书审图号 GS（2021）5578 号。

　　观察图 9 - 4 可知，275 个样本城市 11 年平均工业用地产出率分布存在"点、带式"规律：工业用地产出率较高的城市大多分布于"边缘"（即东部沿海一带），呈带状分布，大致可连成一条 S 形曲线，其余工业用地产出率较高的城市散落在"中间"。

三、工业用地产出率区域差异

本章将样本中的 275 个地级市按所在区域分成了东部、中部、西部和东北地区城市，并计算了全国和各区域城市年度平均工业用地产出率，由各城市规模以上工业总产值之和除以工业用地面积之和得到，见式（9 – 3）：

$$\bar{q}_t = \sum_{i=1}^{n} GIO_{it} \Big/ \sum_{i=1}^{n} S_{it} \qquad (9-3)$$

其中，$\bar{q}$ 代表年度平均工业用地产出率，GIO 代表规模以上工业总产值，S 代表工业用地面积，n 为样本城市数量，其年度平均工业用地产出率发展趋势如图 9 – 5 所示。

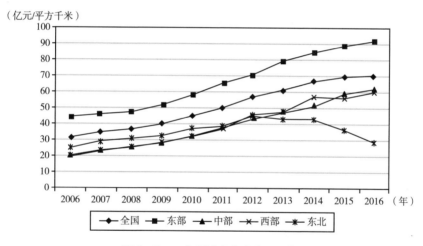

图 9 – 5　工业用地产出率发展趋势

资料来源：2006~2016 年《中国城市统计年鉴》和《中国城市建设统计年鉴》。

从总体上看，样本城市年度平均工业用地产出率是逐年稳定增加的，经历了先平稳增长，后增长速度加快，再增长趋势变缓的发展阶段，这说明中国城市工业用地利用效率一直在提高，工业用地产出水平稳步提升。分区域来看，东部地区 80 个城市年度平均工业用地产出率明显高于全国平均水平，且增长趋势变化同全体样本城市变化趋势大致相同；中部地区 80 个城市年度平均工业用地产出率均低于全国平均水平，但整体上来看，还是随着时间的推移呈稳定上升趋势；西部地区 81 个城市年度平均工业用地产出率也均低于全国平均水平，个别年份存在波动，但大趋势仍是逐年增加，2006～2010 年与中部地区城市年度平均工业用地产出率相差不大，曲线也大致重合，2011 年开始有较明显区分，曲线有交叉；东北地区 34 个城市年度平均工业用地产出率在 2006～2012 年逐渐增加，2012 年之后开始逐年下降，2016 年东北地区城市年度平均工业用地产出率远远低于全国和其他区域平均水平。

总体来说，2006 年时全国和各区域年度平均工业用地产出率差别比较小，此后差距逐渐拉大。城市工业用地产出率普遍逐年提高，符合经济增长的大趋势，工业用地集约利用意识增强，工业用地粗放利用问题有所改善。分区域看，东部地区城市工业用地产出率最高，明显高于其他地区，增长速度比较快；中部、西部地区城市工业用地产出率次之；在 2012 年之前东北地区城市工业用地产出率高于中部、西部地区，但在 2012 年之后，东北地区工业用地产出率最低，虽然 2016 年时东北地区年度平均工业用地产出率高于 2006 年，但是和产出率最高的东部地区拉开了不小的差距。

本章还计算了 275 个样本城市工业用地产出率的各年度变异系数（变异系数等于样本标准差除以样本均值），并编制了样本城市各年度系数表，具体见表 9 - 7。通过比较样本城市各年度变异系数可知，275 个样本城市总体差异趋势是下降的。2008 年样本城市工业用地产出率变异系数是 11 年中最小的，表明该年样本城市内部差异最小，离散程度低，发展比较均衡。从时间趋势上看，样本总体、东部、西部城市年度变异系数是降低的，而中部、东北城市年度变异系数相比 2006 年升高了。分区域来看，各区域年度差异波动较大，其中，中部、西部城市差异程度波动性更为明显。东部城市内部差异程度最小，且在 2007 年时为最低值；西部城市内部差异程度最大，波动幅度大，2013 年时变异系数最小；中部、东北地区 2010 年时变异系数最小，各区域变异系数最小值出现的年份不一致也反映了各区域发展的不均衡。

表 9 - 7   样本城市各年度变异系数

年份	全国	东部	中部	西部	东北
2006	1.1470	0.9681	0.7605	1.3604	0.8615
2007	1.1530	0.6673	0.7789	1.7196	0.8168
2008	0.9975	0.6904	0.8098	1.4504	0.7634
2009	1.1871	0.6911	0.6193	1.8271	0.6961
2010	1.0886	0.7777	0.6064	1.5813	0.6611

年份	全国	东部	中部	西部	东北
2011	1.0680	0.8125	0.6401	1.5104	0.7028
2012	1.2223	1.0382	1.5324	1.1521	1.0776
2013	1.0241	0.7798	1.1999	1.0871	1.1493
2014	1.0777	0.8048	1.1448	1.2644	1.1603
2015	1.0543	0.7744	0.9654	1.3170	1.1491
2016	1.0805	0.8311	0.9922	1.2477	1.1823

资料来源：本书作者整理。

四、特征总结

提升城市工业用地利用效率是实现高质量与可持续发展的有效路径。本章通过测算城市工业用地单位面积的规模以上工业总产值，全面评估 275 个样本城市工业用地产出率及其时空分布。首先，城市工业用地产出率随时间稳步增长。2006 年 50% 以上的产出率低于 20 亿元/平方千米，而 2016 年超过 90% 的工业用地产出率都在 20 亿元/平方千米以上。其次，工业用地产出率呈现"点、带"分布规律。通过分析样本城市 11 年平均工业用地产出率可以发现，工业用地产出率较高的城市分布于东部沿海一带，可连成一条 S 形曲线。而其他产出率较高的地区，则呈现散点分布在中间区域。再次，区域差异显现。东北地区产出率呈现倒 U 形，出现差异化的发展趋势。东部地区城市工业用地产出率最高，明显高于其他地区。中西部产出率稳步增长，而东北地区 2012 年出现拐点，呈现下降趋势，东北地区工业用地产出率最低总体呈倒 U 形分布。

第三节　模型构建与变量选择

一、模型设定

借鉴西科恩和霍尔（Ciccone and Hall，1996）、西科恩（2002）的集聚经济效应模型，假定各城市的劳动力和资本是均匀分布的，构建出城市工业用地产出率的广义 C – D 方程如下：

$$Q_i = a_i \Phi_i \left[(h_i N_i / a_i)^{\beta_1} (K_i / a_i)^{\beta_2} \right]^\alpha (Q_i / a_i)^{(\lambda-1)/\lambda} \qquad (9-4)$$

式（9-4）中，下标 i 代表第 i 个城市，Q_i 代表城市工业用地产出（本部分中指该城市规模以上工业总产值），a_i 为城市工业用地面积，Φ_i 代表希克斯中性技术乘子，也可以看作全要素生产率，h_i 代表人力资本水平、K_i 代表物质资本存量，N_i 代表劳动力，α、β_1、β_2 是相应要素的边际贡献率，$0 \leqslant \alpha$、β_1、$\beta_2 \leqslant 1$。$(\lambda-1)/\lambda$ 表示该城市中生产密度的单位面积产出弹性，当 $\lambda > 1$ 时，密集经济活动将产生正的空间外部性。式（9-4）可变形为式（9-5）。

$$q_i = \Phi_i C_i^\lambda \left[(h_i n_i)^{\beta_1} k_i^{\beta_2} \right]^\gamma \qquad (9-5)$$

式（9-5）中，k_i、n_i 分别代表单位面积上物质资本存量和劳动力，$\gamma > 1$ 时，表明存在工业经济的集聚效应，说明要素集聚水平的增加有利于提升城市工业用地的产出率。C_i 为一系列其他指标变量，包括城市面积规模（area）、城市人口规模（pop）、城市经济发展速度（rate）、政府干预水平（gover）、城市基础设施（road）、土地市场化程度（mi）、城市产业结构指数（isi），将指标变量代入并对式（9-5）两边同时取对数可得：

$$\begin{aligned} \ln q_{it} = {} & c_i + b_1 \ln k_{it} + b_2 \ln n_{it} + b_3 \ln h_{it} + b_4 \ln area_{it} + b_5 \ln pop_{it} + b_6 \ln rate_{it} \\ & + b_7 \ln gover_{it} + b_8 \ln road_{it} + b_9 \ln mi_{it} + b_{10} \ln isi_{it} + \mu_t + \varepsilon_{it} \end{aligned} \qquad (9-6)$$

式（9-6）是回归分析的计量经济模型，其中 c_i 为 i 城市的常数项，μ_t 为不随时间变动的误差项，ε_{it} 为时变误差项。

二、变量选择

基于文献综述，选取城市工业用地产出率（q）作为因变量，影响城市工业用地产出率的因素为要素集聚、人力资本水平、城市规模、政府竞争、产业结构等。要素集聚水平是城市经济活动集聚水平的体现，通过资本密度（k）和劳动力密度（n）来衡量；人力资本水平（h）用每万人高校教师数这一指标反映；采用城市面积规模（area）和城市人口规模（pop）共同反映城市的规模大小；政府竞争通过城市经济发展速度（rate）、政府干预水平（gover）、城市基础设施（road）、土地市场化程度（mi）分别反映地方政府竞争结果、参与竞争的能力、基础设施竞争、土地竞争 4 个方面；产业结构通过产业结构指数（isi）表示，见表 9-8。

表9-8　　　　　　　　　　　　解释变量及数据来源说明

影响因素	变量	具体内涵	单位	预期符号
要素集聚	资本密度	单位土地面积上固定资本存量	万元	+
	劳动力密度	单位土地面积上工业从业人数	万人	+
人力资本水平	人力资本水平	每万人中高校教师人数	人	+
城市规模	城市面积规模	城市建成区面积	平方千米	+
	城市人口规模	城市年平均人口数量	万人	+
政府竞争	经济发展速度	GDP增长率	%	+
	政府干预水平	政府支出占GDP比重	%	+
	城市基础设施	每平方千米道路面积	10^4平方米	+
	土地市场化程度	招拍挂出让面积占土地出让总面积的比例	%	+
产业结构	产业结构指数	产业结构指数 isi = $1 \times r_1 + 2 \times r_2 + 3 \times r_3$	%	-

通过上述指标作为自变量来构建数理模型，对各变量进行详细说明。

城市工业用地产出率（q）：由该城市某一年规模以上工业总产值与该城市工业用地面积比值得到，见式（9-3）。规模以上工业总产值数据来源于《中国城市统计年鉴》，城市工业用地数据来源于《中国城市建设统计年鉴》，时间跨度为2006~2016年，规模以上工业总产值数据以2006年为基年进行了平减。

资本密度（k）：资本密度即单位土地面积上固定资本存量，由该城市某一年固定资本存量与该城市建成区面积比值得到。为得到每个城市该年的固定资本存量，首先利用历年固定资产投资价格指数，以2006年为基期，对各个城市的固定资产投资额进行平减，得到各个城市每年的实际固定资产投资额。参考单豪杰（2008）的估算方法，估算出基期的固定资本存量，然后用永续盘存法计算出2006~2016年（不含基年）的固定资本存量，物质资本折旧率为单豪杰（2008）估算的10.96%，计算公式为：

$$K_t = I_t + (1 - \delta)K_{t-1} \qquad (9-7)$$

劳动力密度（n）：劳动力是三大生产要素之一，劳动力密度即单位土地面积上劳动力，该指标由该城市某一年工业从业人员数与工业用地面积比值得到，该城市当年工业从业人员数数据来源于《中国城市统计年鉴》，通过工业各行业从业人员数加总得到。

人力资本水平（h）：该城市人力资本水平可以通过该城市的教育水平反映，可供选择的指标有普通高等学校学生人数和高校教师数等，由于高校生毕业后可以选择异地就业，所以本章认为高校教师数目这一指标能更好地反映该城市的人力资本水平，为了使变量具有可比性，将高校教师数除以年平均人口，以每万人中高校教师数来反映人力资本水平。

城市面积规模（area）：城市土地面积影响到城市的用地规模，近年来许多城市不断向外扩张，城市规模变大。一个城市的建成区包括市区集中连片的部分以及分散在近郊区与城市有着密切联系并且具有基本完善的市政公用设施的城市建设用地，由于市的面积并不能很好地反映地理学意义上城市的面积，我国统计部门通常用建成区来反映一个市的城市化区域的大小。有鉴于此，本章用城市建成区面积来反映该城市的规模大小，而且建成区的规模也可以从某种程度上反映该城市的空间容量。

城市人口规模（pop）：城市的人口数量能反映一个城市的规模，一般来说一个城市的经济水平发展较好，才能吸引更多的人集聚，城市人口规模就越大，该指标由该城市年平均人口表示。

城市经济发展速度（rate）：GDP 能反映一个城市的经济总量，而 GDP 增长率能反映该城市的经济发展速度。当前中国地方政府之间的竞争，地方政府官员之间的竞争，GDP 增长率无疑是一个直观的考察指标，GDP 增长率较高的城市也能在一定程度上反映该城市的经济竞争力，所以该指标通过 GDP 增长率来衡量。

政府干预水平（gover）：政府支出占 GDP 比重可以衡量该城市的政府对当地经济的参与程度，比重越高，显示政府在经济发展中扮演的角色越强势，更加有能力调动社会资源。基于数据的可获得性，该指标由政府预算支出占当年 GDP 的比值得到。

城市基础设施（road）：基础设施采用城市每平方千米道路面积来表示，城市道路基础设施是基础设施中最重要的一个部分，相对来说也最明显。一个城市公共道路的建设水平从某种程度上可以展现该城市基础设施的完善程度，完善的基础设施是吸引外来资本入驻的重要因素。

土地市场化程度（mi）：该指标采用招拍挂的土地出让面积占土地出让总面积的比例表示。该比例越高，土地市场化程度越高，表明该城市土地市场的竞争性越强，而政府在土地市场中起到了非常重要的管理作用，政府通过协议出让工业用地的数量越少，该城市土地市场的竞争性越强。

产业结构指数（isi）：产业结构指数用来衡量该城市产业发展状况，通过产业结构指数来刻画，计算公式为：

$$isi = 1 \times r_1 + 2 \times r_2 + 3 \times r_3 \tag{9-8}$$

其中，r_i 表示第一、第二、第三产业增加值占 GDP 的比重，不同的产业结构指数在某种程度上反映出地方政府对该城市的产业定位的倾向，这种倾向会对工业用地产出率产生一定影响。

　　上述变量的数据来源于历年的相关统计年鉴，仅市辖区范围。时间跨度为 2006 ~ 2016 年，所有与金额相关数据通过相应的指数平减至 2006 年，指数数据来源于历年《中国统计年鉴》。

第四节　数据处理与实证结果

一、数据处理

（一）面板单位根检验

　　通常来说，面板数据模型在回归前需检验数据的平稳性，以避免伪回归，确保估计结果的有效性。本部分采用 EViews 8.0 软件，在对面板数据模型进行回归前，进行了单位根检验，软件共有五种常用的单位根检验方法，本部分采用 LLC、IPS - W、ADF - FCS、PP - FCS 四种方法进行单位根检验，以少数服从多数原则判断该序列是否存在单位根。四种面板单位根检验结果如表 9 - 9 所示。lnq、lnk、lnn、lnh、lnarea、lnpop、lnrate、lnroad、lngover、lnmi 等变量的水平序列至少有三个检验量具有显著性，显著拒绝"存在单位根"的原假设，说明这些变量不存在单位根，即原序列平稳；而 lnisi 这一变量的水平序列仅有 LLC 检验的检验结果显著，进行一阶差分之后，四种检验方法结果均显示显著，说明 lnisi 变量是一阶差分平稳变量。

表 9 - 9　　　　　　　　　　面板单位根检验结果

变量	LLC - T 值	IPS - W 值	ADF - FCS 值	PP - FCS 值
lnq	- 18. 0087 ***	- 0. 9106	613. 3460 **	759. 0190 ***
lnk	- 17. 8929 ***	1. 9559	612. 1280 **	819. 9170 ***
lnn	- 25. 5409 ***	- 3. 2069 ***	666. 5890 ***	830. 4310 ***
lnh	- 114. 7100 ***	- 16. 6582 ***	887. 4720 ***	984. 6930 ***
lnarea	- 32. 9594 ***	- 4. 2593 ***	757. 2460 ***	811. 1840 ***
lnpop	- 120. 3350 ***	- 8. 8440 ***	734. 8780 ***	726. 8330 ***

续表

变量	LLC – T 值	IPS – W 值	ADF – FCS 值	PP – FCS 值
lnrate	– 35. 2715 ***	– 8. 6886 ***	943. 3840 ***	1252. 8400 ***
lngover	– 25. 3386 ***	– 3. 0341 ***	735. 2090 ***	958. 3180 ***
lnroad	– 52. 4650 ***	– 8. 7620 ***	897. 0230 ***	1007. 8500 ***
lnmi	– 211. 7060 ***	– 63. 1392 ***	2151. 8100 ***	2372. 4700 ***
lnisi	– 12. 1483 ***	3. 9380	482. 2440	501. 5670

注：** 表示在 5% 水平下显著　*** 表示在 1% 水平下显著。LLC – T、IPS – W、ADF – FCS、PP – FCS 分别指 Levin、Lin & Chu t* 统计量，Im、Pesaran & Shin W – stat 统计量，ADF – Fisher Chi – square 统计量、PP – Fisher Chi – square 统计量。

资料来源：EViews 软件输出结果，本书作者整理。

（二）协整检验

为了检验变量之间是否存在存在着长期稳定的均衡关系，需要进行协整检验。面板数据的协整检验方法可以分为两大类，一类是建立在 Engle and Granger 二步法检验基础上的面板协整检验，具体方法主要有 Pedroni 检验和 Kao 检验；另一类是建立在 Johansen 协整检验基础上的面板协整检验。本章采用 Kao（Engle and Granger）方法对面板数据进行检验。检验结果见表 9 – 10，协整检验结果显示 Kao 检验的 ADF 统计量在 1% 的显著性水平下拒绝了原假设，说明面板变量之间存在着长期稳定的均衡关系，同时说明方程回归残差是平稳的，可以直接对原方程进行回归，此时的回归结果是比较精确的。

表 9 – 10　　　　　　　　　　　**Kao 协整检验结果**

方法	T 统计值	显著性
ADF	– 11. 9737 ***	0. 0000
Residual variance	0. 0796	—
HAC variance	0. 0643	—

注：*** 表示在 1% 水平下显著。
资料来源：EViews 软件输出结果，本书作者整理。

（三）模型选择

面板模型通常有三种形式可以选择：一种是混合估计模型（pooled regression model），如果不同个体之间不存在显著性差异，不同截面之间也不存在显著性差异，可以用普通最小二乘法估计参数。一种是固定效应模型（fixed effects regression model），对于不同的截面或不同的时间序列，模型的截距不同，通过在模型中添加虚拟变量的方法估计参数。还有一种是随机效应模型（random effects regression model），如果模型的截距项包括了截面随机误差项和时间随机误差项的平均效应，并且这两个随机误差项都服从正态分布，则为随机效应模型。上述三种面板数据模型需要通过检验判断选择哪种回归模型，先采用似然比检验（F 检验）来判定选择混合模型还是固定效应模型，似然比检验结果如表 9 – 11 所示，检验结果显著，拒绝了原假设，说明可以选择固定效应模型。

表 9 – 11　　　　　　　　　固定效应似然比检验结果

效应检验	统计值	自由度	概率值
Cross – section F	19.6590	(274, 2740)	0.0000
Cross – section Chi – square	3288.7223	274	0.0000

资料来源：EViews 软件输出结果，本书作者整理。

在似然比检验的基础上，进行豪斯曼检验来确定选择固定效应模型还是随机效应模型，若显著地拒绝了原假设，则应当选择固定效应模型。豪斯曼检验结果如表 9 – 12 所示，结果显示显著地拒绝了原假设。因此，本章选择固定效应模型进行回归分析。

表 9 – 12　　　　　　　　　随机效应豪斯曼检验结果

检验	Chi – Sq. 统计值	Chi – Sq. 自由度	概率值
Cross – section random	158.8451	10	0.0000

资料来源：EViews 软件输出结果，本书作者整理。

二、实证结果

根据单位根检验、协整检验以及似然比检验和豪斯曼检验结果，本章选择个体固定效应模型进行回归分析，采用截面加权法（Cross Section Weights，CSW）进行 GLS 进行估计，回归结果见表 9 – 13。

表 9 – 13　　　　　　　城市工业用地产出率影响因素的回归结果

变量	全国（M1）	东部（M2）	中部（M3）	西部（M4）	东北（M5）
C	– 3.6280 *** （– 18.9472）	– 3.9031 *** （– 10.9406）	– 5.1542 *** （– 10.8781）	– 2.5256 *** （– 5.2329）	3.5094 *** （3.0989）
lnk	0.5031 *** （51.9555）	0.4604 *** （20.5130）	0.5543 *** （30.2159）	0.5481 *** （31.0130）	0.3791 *** （13.1440）

续表

变量	全国（M1）	东部（M2）	中部（M3）	西部（M4）	东北（M5）
lnn	0.7171 *** (76.3020)	0.6697 *** (35.9422)	0.5995 *** (34.2294)	0.8190 *** (49.2068)	0.8244 *** (28.5588)
lnh	0.0818 *** (5.6198)	0.0281 (0.8187)	0.0701 ** (1.9858)	0.0738 *** (3.7212)	0.1662 *** (3.0688)
lnarea	0.5026 *** (23.2523)	0.4454 *** (9.6943)	0.5698 *** (12.3751)	0.5827 *** (16.7639)	0.4617 *** (6.6800)
lnpop	0.1710 *** (5.8900)	0.2589 *** (5.2887)	0.2173 *** (2.8759)	−0.1188 ** (−2.0564)	−0.9127 *** (−3.9271)
lnrate	0.2776 *** (5.1773)	0.0994 ** (2.1171)	0.2398 (1.1313)	0.6426 *** (2.6598)	0.7859 *** (4.1046)
lngover	0.0734 *** (5.3802)	0.0377 (1.2796)	0.0795 *** (2.9828)	0.1160 *** (4.4251)	0.1176 *** (4.2526)
lnroad	0.0704 *** (4.0586)	0.1990 *** (4.5857)	0.1182 *** (3.3420)	0.0148 (0.5913)	0.1507 *** (2.8707)
lnmi	0.1822 *** (6.3395)	0.1939 *** (4.3070)	0.0187 (0.2972)	0.1322 ** (2.0617)	0.5759 *** (7.9156)
lnisi	−1.5378 *** (−8.8918)	−1.2106 *** (−3.3419)	−1.1253 *** (−3.4199)	−1.7093 *** (−4.0846)	−3.2839 *** (−7.1815)
R − squared	0.9493	0.9439	0.9538	0.9283	0.9602
A. R − squared	0.9441	0.9376	0.9486	0.9202	0.9550
F − statistic	180.8284 ***	149.3331 ***	183.3787 ***	115.0341 ***	185.2644 ***

注：括号内为标准误，**、***分别表示在5%、1%水平下显著。
资料来源：EViews软件输出结果，本书作者整理。

（一）全国样本回归结果

根据表9－13全国（M1）城市样本回归结果，要素集聚的两个指标资本密度和劳动力密度与城市工业用地产出率存在显著正相关关系，且均在1%显著性水平下显著，这说明资本和劳动力的投入对城市工业用地产出率具有明显的促进作用。M1中资本密度的回归系数小于劳动力密度的回归系数，说明现阶段我国城市工业的发展还比较依赖劳动力的投入，资本及其他要素对劳动力的替代作用不是十分显著，这表明现阶段劳动密集型企业在工业企业中占据了比较大的比例。资本密度和劳动力密度的回归系数之和反映的是要素集聚程度，即城市经济集聚效应，M1中二者之和大于1，表明工业经济的集聚效应存在，且超过了拥挤效应，说明增加要素集聚程度有利于提升城市工业用地的产出率。

人力资本水平在1%的显著性水平下显著为正，说明提高人力资本水平对城市工业用地产出率有正向影响。人力资本水平回归系数相对较小，表明人力资本水平对城市工业用地产出率的影响作用相对较弱，可能的原因是当前经济发展水平下，要素投入对城市工业用地产出的贡献仍远大于人力资本水平的提高。人力资本还无法完全转化为生产力或是转化利用率比较低，企业应当重视新人才、新知识、新技术的引进，并应用到生产当中。

城市面积规模和城市人口规模均在1%水平上对城市工业用地产出率影响显著为正，这说明当前大部分城市的规模仍处于一定的集聚规模内，即城市规模对城市工业用地产出率仍然会起促进作用。但是这并不意味着城市规模可以无限扩张，已有研究表明城市规模对城市工业用地产出率的影响可能呈倒U形，当城市规模超过最大临界值后，城市工业用地产出率可能会下降。所以应当避免城市规模的盲目扩张，否则将导致城市无法发挥集聚效应，影响城市的经济发展。

经济发展速度对城市工业用地产出率有促进作用，在1%的显著性水平下显著，说明地方政府官员大力推动地方经济的发展，一方面提高了地方经济水平，另一方面也增加了土地经济产出，从而正向影响了工业用地的产出率。政府干预水平对城市工业用地产出率影响也显著为正，说明在现今的经济环境下，地方政府越强势，对地方经济的参与程度越高，越能充分调动有限的社会资源参与到工业生产之中，使得工业用地的产出率有所提高，但是这一指标的回归系数较小，说明政府干预水平对工业用地产出率的影响较弱。

城市基础设施、土地市场化程度这两个指标与城市工业用地产出率在1%的显著性水平下显著正相关，说明城市基础设施越完善、土地市场化程度越高，城市工业用地产出率越高。每平方千米道路面积这一指标越大，表明城市基础设施越完善，这会降低城市内企业的运输成本，使城市对资本的吸引力较强，有了更多资本的投入。而要素集聚增加，会推动工业用地产出率的提高。招拍挂的土地出让面积占土地出让总面积的比例越大，表明土地市场化程度越高，政府通过非市场手段低价或者协议出让工业用地的行为就越少。地方政府通过协议出让工业用地的很大一个目的是吸引投资，这一行为会很大程度地抑制政府通过出让工业用地对GDP、工业增加值和财政收入的拉动作用，这意味着可能这一部分项目的质量比较差。而且土地市场化程度越高，土地市场竞争越激烈，工业用地成本比较高，也会促使企业在拿到土地之后更加集约地利用土地，从而引起城市工业用地产出率的提高。

产业结构与城市工业用地产出率在 1% 的显著性水平上显著负相关，说明产业结构指数越大，城市工业用地产出率越低。产业结构指数越大，意味着城市第三产业所占比重越大，该城市产业逐渐向第三产业转移，城市经济的发展往依赖于第三产业的趋势演变，属于第二产业的工业的发展受到的重视可能会变小，社会资源优先投向工业产业的倾斜程度变小，可能会抑制城市工业用地的产出率。

（二）区域样本回归结果

表 9 – 13 进一步考察了城市工业用地产出率影响因素的区域差异性，见该表后四列：M2、M3、M4、M5。首先，在东部地区的回归结果中，除人力资本水平和政府干预水平两个指标对城市工业用地产出率影响不显著外，其余指标对工业用地产出率的影响情况与全国的回归结果在方向上相同。前者不显著的原因可能是东部地区本身经济比较发达，教育投入高，人才引进量大，人力资本流动性较大。表明人力资本指标对于工业用地产出率的提升作用已经不明显或者人力资本水平在东部城市间存在较大偏差。政府干预水平对城市工业用地产出率没有显著影响，可能的原因是东部地区市场化水平较高，地方政府参与经济活动的能力对城市工业用地产出率影响不显著。此外，经济发展速度对城市工业用地产出率的影响减弱，在 5% 的显著性水平下正相关，且回归系数小于全国城市样本回归系数。因为东部地区经济发展水平较高，保持较高的经济增长速度较困难，对城市工业用地产出率的提升作用减弱。

中部地区城市经济发展水平和土地市场化程度指标对城市工业用地产出率影响不显著，但回归系数为正，这表明 GDP 增长速度和土地市场化程度对中部地区城市工业用地产出率的提升作用并不明显。前者的原因是中部地区城市经济发展水平到此阶段后，通过提高 GDP 增长率来增加城市的竞争力所带来的对工业用地产出率的影响并不显著了。后者的原因是中部地区城市土地市场化水平已经处于相对比较高的水平，提高土地市场化水平对工业用地产出率没有明显影响了。人口规模指标与西部地区和东北地区城市工业用地产出率显著负相关，西部地区在 5% 水平下显著，东北地区在 1% 显著性水平下，人口规模对西部，尤其是东北地区城市工业用地产出率有明显的抑制作用。造成这一现象的原因是近年来工业企业向内陆城市迁移，农民工返乡就业，使城市常住人口规模增多。但此类企业多为劳动密集型企业，劳动力密度的回归系数比较大。此外，西部地区城市基础设施这一指标对城市工业用地产出率影响不显著，表明当前西部地区基础设施逐渐完善，投资逐渐趋于饱和，对城市工业用地产出率的提升作用已经不明显。

第五节 研究结论

提升城市工业用地利用效率是实现高质量与可持续发展的有效路径。本章通过测算城市工业用地单位面积上的规模以上工业总产值,全面评估 275 个样本城市工业用地产出率及其时空分布。首先,城市工业用地产出率随时间推移稳步增长。2006 年 50% 以上的产出率低于 20 亿元/平方千米,而 2016 年超过 90% 的工业用地产出率都在 20 亿元/平方千米以上。其次,工业用地产出率呈现"点、带"分布规律。通过分析样本城市 11 年平均工业用地产出率可以发现工业用地产出率较高的城市分布于东部沿海一带,可连成一条 S 形曲线。其他产出率较高的地区则呈现散点分布在中间区域。最后,区域差异显现。东部地区城市工业用地产出率最高,明显高于其他地区。中西部产出率稳步增长,而东北地区 2012 年出现拐点,呈现下降趋势,东北地区工业用地产出率最低,总体呈现倒 U 形分布。本章主要对城市工业用地产出率的影响因素进行了实证分析,建立了计量经济模型,对面板数据进行了单位根检验和协整检验,通过似然比检验和豪斯曼检验确定了模型形式,并采用广义最小二乘法进行了估计。模型回归结果表明,全国城市样本中,资本密度、劳动力密度、人力资本水平、城市面积规模、城市人口规模、城市经济发展、政府干预水平、城市基础设施、土地市场化程度等指标对城市工业用地产出率影响显著为正,产业结构对工业用地产出率影响显著为负;分区域回归结果中,大部分影响因素和全国城市样本的回归结果方向上大致相同,个别因素影响情况存在地域差异。

利用全国 275 个地级市 2006~2016 年共 11 年的统计面板数据,对 275 个样本城市工业用地产出率进行了计算,并结合 ArcGis10.2 软件在地图上表示出来,讨论了工业用地产出率的分布特征和区域差异。通过建立计量模型,对影响工业用地产出率的因素进行了实证研究,并将样本城市分为东部、中部、西部、东北四个区域进行讨论,结论如下。

首先,在 2006~2016 年,275 个样本城市工业用地产出率普遍逐年提高,东部地区城市平均工业用地产出率要高于其他地区,城市之间差距加大。从整体上来看,我国城市工业用地产出率都有了明显提高,分区域来看,各区域之间存在不小的差距,东部地区平均水平要远高于其他区域。从各区域内部差异来看,东部、西部城市内部工业用地产出率的差距在缩小,而中部、东北城市内部差距拉大了。结合这 11 年的平均工业用地产出率来看，我国工业用地产出率存在"点、带式"分布规律：工业用地产出率较高的城市大多分布于东部"边缘"地区，呈带状分布，部分工业用地产出率较高的城市散落在"中间"。

其次，要素集聚、人力资本水平、城市规模、政府竞争、产业结构对城市工业用地产出率有不同程度的影响。从全国样本来看，资本密度、劳动力密度、人力资本水平、城市面积规模、城市人口规模、经济发展速度、政府干预水平、基础设施、土地市场化程度等指标均在 1% 显著性水平下正向影响工业用地产出率，产业结构指数在 1% 显著性水平下对工业用地产出率有负向影响。分区域来看，人力资本水平和政府干预水平两个指标对东部城市工业用地产出率影响不显著，土地市场化程度指标对中部城市工业用地产出率影响不显著，人口规模指标对西部地区和东北地区城市工业用地产出率显著负向影响，城市基础设施这一指标对西部城市工业用地产出率影响不显著。说明大部分指标的回归结果和全国城市样本的回归结果在影响方向上大致相同，个别因素影响情况存在地域差异。

第十章　区位对城镇工业用地产出率的影响

第一节　长三角城市工业用地产出率现状分析

根据 2016 年 5 月 11 日国务院批准的《长江三角洲城市群发展规划》，上海、南京、无锡、常州、苏州、南通、盐城、扬州、镇江、泰州、杭州、宁波、嘉兴、湖州、绍兴、金华、舟山、台州、合肥、芜湖、马鞍山、铜陵、安庆、滁州、池州、宣城被划分为"长三角城市群"，涉及三省一市（江苏省、安徽省、浙江省和上海市）共 26 个市，面积约为 21.17 万平方千米，约占我国国土面积的 2.2%。该规划中指出，长三角城市群要建设成引领全国的世界级城市群，发展成现代服务业和先进制造业中心，建成有影响力的科技创新平台。

长三角城市群内 26 个城市经济发展水平普遍较高，是长江经济带的引领发展区，具有重要的战略地位。目前较少有文献对这一城市群内的工业用地产出率进行分析，且在本书第七章关于全国层面的城市较难引入区位变量来考察区位因素对城市工业用地产出率的影响情况，因此本章将利用长三角城市群 2006~2016 年的相关数据进行现状与实证分析。在前文工业用地产出率影响因素的基础上，引入区位变量，分析区位因素对长三角城市群工业用地产出率的影响情况，更全面地分析工业用地产出率的影响因素。本章将上海这一长三角地区的中心城市作为参照来引入区位变量进行分析，研究区位因素对长三角 25 个城市工业用地产出率的影响。

长三角城市群 2006 年与 2016 年工业用地产出率情况如图 10-1、图 10-2 所示。2006 年时，长三角地区城市工业用地产出率集中在 40 亿元/平方千米以下，工业用地产出率最高的是杭州市，最低的是滁州市，杭州市工业用地产出率是滁州市的 13 倍左右。横向对比来看，安徽的 8 个城市工业用地产出率偏低，产出率在 20 亿元/平方千米以下的城市都属于安徽省，江苏省的 9 个城市工业用地产出率相对比较均衡，浙江和江苏的城市工业用地产出率普遍高于安徽省。

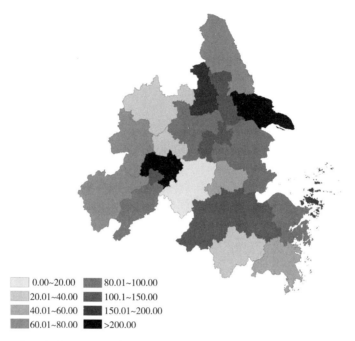

0.00~20.00	80.01~100.00
20.01~40.00	100.1~150.00
40.01~60.00	150.01~200.00
60.01~80.00	>200.00

图 10 - 1　长三角城市群 2006 年工业用地产出率分布情况（单位：亿元/平方千米）

资料来源：工业用地产出率基于《中国城市统计年鉴》中规模以上工业总产值数据和《中国城市建设统计年鉴》中工业用地面积数据计算得出。原始地图来源于国家基础地理信息系统数据库，本书审图号 GS（2021）5578 号。

　　由图 10 - 2 可以看到，经过十年的发展，2016 年时长三角地区城市工业用地产出率普遍有了明显的提高，长三角城市群内城市之间的工业用地产出率差距也更加明显。大部分城市工业用地产出率在 60 亿～150 亿元/平方千米之间，工业用地产出率最高的是芜湖市，最低的是宣城市，二者都位于安徽省，前者是后者的 16.3 倍，可见安徽省的几个城市工业用地利用水平不是很均衡，差距较大。除杭州、金华、湖州、马鞍山、宣城这几个城市工业用地产出率变化较不明显外，其余城市工业用地产出率都比 2006 年有不小的增幅。江苏省的 9 个城市工业用地产出率平均水平要高于浙江和安徽的城市，工业用地利用效率也更高。

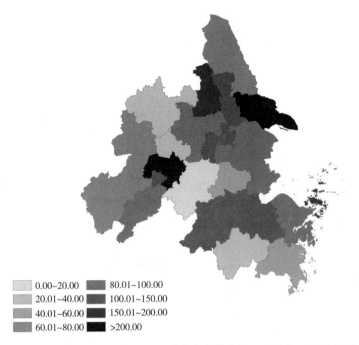

0.00~20.00	80.01~100.00
20.01~40.00	100.01~150.00
40.01~60.00	150.01~200.00
60.01~80.00	>200.00

图 10－2　长三角城市群 2016 年工业用地产出率分布情况（单位：亿元/平方千米）

资料来源：工业用地产出率基于《中国城市统计年鉴》中规模以上工业总产值数据和《中国城市建设统计年鉴》中工业用地面积数据计算得出。原始地图来源于国家基础地理信息系统数据库，本书审图号 GS（2021）5578 号。

第二节　区位因素对工业用地产出率的影响

一、模型设定

本章在第七章的实证研究基础之上，除城市面积规模（area）、城市人口规模（pop）、城市经济发展速度（rate）、政府干预水平（gover）、城市基础设施（road）、土地市场化程度（mi）、城市产业结构指数（isi）等指标外，引入区位变量 dsh_i。这里 dsh_i 表示 i 城市的区位条件，通过 i 城市到上海的地理距离来刻画（i 城市政府办公地到上海市政府办公地的公路距离，非直线距离，数据来源百度地图推荐路线的最短距离）；dsh_i 值越大，表明城市的区位条件越差，反之，则区位条件越良好。之所以选择上海市作为地理区位参照变量，一是因为上海市本就是长三角城市群的中心城市，二是由于上海市优越的经济发展条件，对周边城市尤其是长三角地区城市有着很强的经济辐射作用。

由于区位变量为非时变变量，不能继续使用面板数据的固定效应模型进行回归，因此本章将引入一组时间虚拟变量，研究期为 11 年。引入 $n-1$ 个年份虚拟变量，引入 10 个时间虚拟变量 y_i，当发生在 i 年时 y_i 为 1，否则为 0。本章用第七章中的计量模型，加入区位变量后的模型如式（10-1）所示：

$$\ln q_{it} = c_i + b_1 \ln k_{it} + b_2 \ln n_{it} + b_3 \ln h_{it} + b_4 \ln area_{it} + b_5 \ln pop_{it} + b_6 \ln rate_{it}$$
$$+ b_7 \ln gover_{it} + b_8 \ln road_{it} + b_9 \ln mi_{it} + b_{10} \ln isi_{it}$$
$$+ b_{11} \ln dsh_{it} + b_{12} y_i + \mu_t + \varepsilon_{it} \qquad (10-1)$$

其中 c_i 为 i 城市的常数项，μ_t 为不随时间变动的误差项，ε_{it} 为时变误差项。

二、实证结果

实证结果见表 10-1，所有模型的 F 值的显著性水平小于 0.01，拒绝系数等于 0 的假设，表明该方程是有效的。模型 9-6 为只进入区位变量和时间虚拟变量的回归结果，区位变量对长三角城市工业用地产出率在 1% 的显著性水平下呈负向影响，表明当城市距离上海越远，受到中心城市的辐射越小，城市工业用地产出率越低。但由于进入的变量较少，且大多为虚拟变量，解释力有限。

表 10-1　　　长三角地区城市工业用地产出率影响因素的回归结果

解释变量	模型 9-6	模型 9-7	模型 9-8
C	6.5897 *** (13.5801)	1.8820 ** (2.0508)	1.9545 * (1.7050)
lndsh	-0.5722 *** (-6.7407)	—	-0.0064 (-0.1058)
lnk	—	0.2731 *** (4.8287)	0.2708 *** (4.4450)
lnn	—	0.6557 *** (19.0278)	0.6549 *** (18.5916)
lnh	—	0.1995 *** (4.6531)	0.2006 *** (4.5420)
lnarea	—	-0.4646 *** (-5.2641)	-0.4659 *** (-5.2158)
lnpop	—	0.5393 *** (6.1483)	0.5406 *** (6.0870)

续表

解释变量	模型 9－6	模型 9－7	模型 9－8
lnrate	—	0.7100 (1.1563)	0.7130 (1.1578)
lngover	—	－0.3400 *** (－3.7353)	－0.3372 *** (－3.5464)
lnroad	—	－0.0757 (－1.0567)	－0.0769 (－1.0578)
lnmi	—	－0.5323 * (－1.7406)	－0.5342 * (－1.7404)
lnisi	—	－2.9655 *** (－3.7069)	－2.9706 *** (－3.6993)
y$_{2007}$	0.1494 (0.8383)	0.2423 ** (2.2806)	0.2426 ** (2.2784)
y$_{2008}$	0.1722 (0.9666)	0.4743 *** (3.1990)	0.4750 *** (3.1942)
y$_{2009}$	0.3253 * (1.8257)	0.6574 *** (4.2105)	0.6584 *** (4.2011)
y$_{2010}$	0.4102 ** (2.3020)	0.7455 *** (4.7191)	0.7467 *** (4.7060)
y$_{2011}$	0.4606 ** (2.5851)	0.7796 *** (4.7679)	0.7810 *** (4.7510)
y$_{2012}$	0.7158 *** (4.0173)	0.9497 *** (5.6633)	0.9515 *** (5.6343)
y$_{2013}$	0.7411 *** (4.1597)	0.9339 *** (5.5045)	0.9359 *** (5.4719)
y$_{2014}$	0.8954 *** (5.0256)	1.0373 *** (6.1490)	1.0399 *** (6.0894)
y$_{2015}$	0.9665 *** (5.4247)	1.1793 *** (6.6300)	1.1819 *** (6.5683)
y$_{2016}$	0.9876 *** (5.5430)	1.2473 *** (6.8359)	1.2503 *** (6.7599)
R^2	0.3182	0.8194	0.8194
A－R^2	0.2897	0.8052	0.8044
D－W	2.0141	2.0494	2.0480
F－statistic	11.1608 ***	57.6257 ***	54.6685 ***

注：括号内为标准误，*、**、***分别表示在10%、5%、1%水平下显著。
资料来源：EViews 软件输出结果，本书作者整理。

　　模型 9 - 7 为除区位变量外的回归结果，资本密度和劳动力密度均在 1% 水平上对工业用地产出率起显著正向影响，说明增加资本和劳动力投入能促进工业用地产出率的提高。资本密度的回归系数略大于劳动力密度，说明长三角区域资本集聚对工业用地产出率的影响更强一些。资本密度和劳动力密度的回归系数之和小于 1，意味着发展过程中存在集聚不经济。可能的原因有两个：一是资本和劳动的过度集聚，增加了集聚成本（土地租金、工资费用等）升高，产出率的下降；二是经济活动并未形成足够的集聚效应，产业规模偏低，难以获得显著的集聚效应。人力资本水平对工业用地产出率有正向影响，且在 1% 显著性水平下显著，这表明人力资本水平越高，越能提高工业用地产出率。城市面积规模在 1% 的显著性水平下对工业用地产出率起显著负向影响。城市人口规模对工业用地产出率有正向影响且在 1% 显著性水平下显著，说明现阶段长三角地区城市人口规模的扩张，即人口流入对工业用地产出率的提高仍有促进作用。经济发展速度对工业用地产出率的正向影响不显著。GDP 增长率并不能推动工业用地产出率的提升。政府干预水平在 1% 显著性水平下对工业用地产出率有显著负向影响，说明地方政府越强势，对经济的参与程度越高，越容易规划大的工业项目、工业园区，越容易造成土地粗放利用，越不利于提高工业用地产出率。城市基础设施对工业用地产出率有负向影响但不显著，利用基础设施提升工业用地产出率的作用不显著。土地市场化水平对工业用地产出率在 10% 显著性水平下有负向影响，土地价格相对较高会阻止新资本的进入。产业结构对工业用地产出率影响为负，且在 1% 显著性水平下显著。

　　模型 9 - 8 为加入所有变量的回归结果，模型的调整 R^2 为 0.8044，模型的拟合度情况良好。在模型 9 - 8 中，区位条件对城市工业用地产出率的影响为负且系数很小，但不显著。这说明在控制其他变量的影响下，长三角城市之间工业用地产出率受区位条件影响比较小，即区域中心城市的辐射力有限。长三角地区城市整体经济水平比较高，上海中心城市在带动工业用地生产率上的带动作用有限。其余变量（除常量）和模型 9 - 7 的回归系数正负向一致，并且显著性也一致。

第三节　小　结

　　本章以长三角城市群为例，分析区位条件对城市工业用地产出率的影响。2006～2016 年长三角城市群建成区规模不断扩张，城市工业用地面积逐年增加，城市年平均人口和工业行业从业人数也不断增加，固定资产投资额显著增加，城市资本存量也越来越多。这些现象表明长三角城市群城镇化进程比较快，经济集聚趋势也十分明显。通过 Arcgis10.2 将长三角城市群 2006 年和 2016 年的工业用地产出率在地图上表示出来，可以发现，经过十年的发展，长三角地区城市工业用地产出率普遍有了明显提高，而且城市群内部工业用地产出率出现了明显差异，分化比较严重。本章通过测量长三角城市群的各个城市相对上海市的地理距离来衡量各城市的区位条件，引入区位变量，dsh 值越小，表示距离上海越近，城市区位条件越好。对长三角城市群工业用地产出率的影响因素回归结果表明：资本密度、劳动力密度、人力资本水平、城市人口规模对工业用地产出率有显著正向影响，城市面积规模、政府干预水平、土地市场化程度、产业结构指数对工业用地产出率有显著负向影响，经济发展速度对工业用地产出率影响为正但不显著，城市基础设施、区位变量对长三角城市群工业用地产出率影响为负但不显著。

长三角地区土地、人口、资本等要素不断增长，工业用地产出率明显提高。长三角城市群经济发展速度较快，城市用地规模显著增长，工业经济的发展也带来了工业用地规模的扩张；工业从业人数明显增长；城市固定资产投资额显著增长，城市资本存量逐年增加；城市群内部工业用地产出率两极分化明显，城市之间差距加大。区位变量对工业用地产出率影响为负，但在总模型中没有显著影响。其他指标除经济发展速度、城市基础设施这两个指标对长三角城市群工业用地产出率没有显著影响外，其余指标对工业用地产出率均有显著正向或负向影响。推动长三角区域一体化发展是提升工业用地产出率、消除两极分化的有效手段和路径。城市群内应当明确城市自身定位，突破行政区划以及地理限制，加强城市与周边城市，尤其是中心城市之间的联系，强化自身的区位优势，积极参与区域的深度地域分工，通过一体化发展提升工业用地产出率。

第十一章 经济结构转换下工业用地配置策略引税效应评估

第一节 问题的提出

作为工业发展和经济集聚的空间载体，土地要素对支撑区域经济发展具有重要作用（邵朝对等，2016；Mo et al.，2018；Qu et al.，2018；Shu et al.，2018；赵鹏军、吕迪，2019）。2002年土地市场化改革推动土地公开出让，国有土地使用权"招拍挂"出让的范围扩大，2007年《招标拍卖挂牌出让国有建设用地使用权规定》进一步要求工业用地必须采用"招拍挂"方式出让。然而，土地市场化配置过程中地方政府对工业用地配置干预能力依然较强，并衍生出"土地财政"问题。在工业用地配置中，地方政府通过低价策略吸引企业入驻，期望获取长期性的税收并创造就业岗位。低价配置策略在创造我国经济发展奇迹的同时，也造成土地供给结构扭曲和资源错配，长期而言将不利于经济社会高质量发展（刘守英，2018；李勇刚，2019；赖敏，2019）。

地方政府在财政压力下，以土地为切入点，通过对工业用地与其他经营性用地采取差异化的配置策略，实现"以地生财"，推动地区城镇化的发展。一方面，通过市场价格出让商服和住宅用地获得出让收益，为城镇化的基础设施建设和公共服务提供资金支持，推动地区经济增长与城市建设（闫昊生等，2019；刘元春、陈金至，2020）。作为回报，城市基础设施改善与配套提升的成本会重新进入土地价格，价格上升加强了地方政府的土地融资能力（郑思齐等，2014）。另一方面，地方政府建立工业园区和低价出让工业用地，通过招商引资推动区域工业化与城镇化发展（杜雪君、黄忠华，2015）。雷潇雨和龚六堂（2014）认为降低工业企业地租，提高居民地租既能减少企业成本来吸引企业又能提高财政收入和支出，推动经济增长和城镇化发展。地方政府通过"土地财政"和"低价引税"两种策略驱动地方经济发展。

根据李学增等（2020）的测算，2017 年全国规模以上工业企业应交增值税占预算内财政收入的比例达到 15.5%，招商引资带动工业总产值稳步增长，工业用地规模持续扩大。2018 年，中国城市工业用地面积达到 11026.77 平方千米，占城市建设用地总面积的 19.66%，在各类生产用地中比重最高。土地出让对房地产市场、城镇化、工业化和经济增长产生重要影响（张娟锋、虞晓芬，2011；杜金华、陈治国，2017；徐升艳等，2018）。随着我国经济从高速发展向高质量发展转变，土地要素的经济重要性下降，工业增速放缓，"以地谋发展"模式的不可持续性开始显现。对于处在不同发展阶段的区域，工业用地的边际贡献和拉动作用存在差异性。关于政府出让土地的动机，一种观点是土地财政假说。分税制之后，地方政府面临财权、事权不匹配驱动地方政府经营土地，地方政府获得土地出让收入、土地相关税费和其他土地融资收入，以实现土地收益的最大化（周飞舟，2010；龚丽贞，2019）。工业用地低价策略吸引投资者，制造业发展又带动商住用地需求，提高出让价格，最终实现土地财政收益最大化（李学文、卢新海，2012；彭山桂等，2015；刘红芹等，2019）。另一种观点是土地引资假说，以 GDP 为代表的经济指标成为地方政绩考评依据。在土地供给结构上，可以发现工业用地的比例通常占 50% 左右，提高工业用地供给量，为招商引资提供资源（皮亚彬、李超，2020）。财政压力对于地方政府以地引资存在显著的负影响，经济增长业绩是地方招商引资的动力来源（杨继东、杨其静，2016；亓寿伟等，2020）。低价策略具有吸引投资的作用，资本流入会创造更多就业岗位，吸引移动生产要素，促进经济发展，获得晋升优势（张莉等，2011；王梅婷、张清勇，2017）。地方政府将土地视为招商引资、产业发展的重要资源，但是其真实效果需要检验。

"以地谋发展"模式是地方政府推动经济社会发展的重要模式，经营性土地的引税效应吸引了学者的讨论。引税效应通过两个渠道发挥作用。一个渠道是通过出让商住用地促进房地产业和建筑业发展，获得土地增值税、契税、房产税和营业税等收入；另一个渠道是通过出让工业用地吸引投资，促进工业化快速发展带来稳定的增值税（赵文哲、杨继东，2015）。陶然等（2007）实证检验了地方政府协议出让土地宗数对地方产生的总财政收入和各税种收入均有显著正影响。刘乃铭和金澎（2014）研究认为土地出让会产生较强的外溢效应，给地方政府带来税收。李学增等（2020）从工业用地角度证实了地方政府有"土地生税"的意图，不同城市工业用地面积对增值税均有显著正影响。程名望等（2019）研究发现工业用地出让可能带动税收收入的增加，而不同经济发展阶段对不同要素投入的需求明显不同，要素贡献率存在明显差异。另外，有学者指出工业用地短期内能带动增值税等税种收入增加，但长期来看工业用地对各项税收和预算收入的拉动作用显著地受到抑制（杨其静等，2014；刘红芹等，2019）。工业用地出让对地方政府税收收入的边际贡献还需进一步检验。地方政府通过实施差异化的土地配置策略实现土地收入的最大化。在依靠投资拉动地方经济发展的模式下，招商引资是地方政府发展经济和促进GDP增长的重要手段。地方政府官员晋升竞争转换为招商引资的竞争。由于地方政府对城市土地供给的控制权，土地是可掌控的重要资源。地方政府倾向于以压低工业用地价格、大量出让工业用地的方式招商引资，土地出让收益及税费收入是地方政府财政收入的重要组成部分。此外，在地方官员的晋升中，年龄是重要因素，研究发现53~55岁的地级市市委书记晋升概率下降，厅级干部晋升的年龄门槛为58岁（张莉等，2013；干春晖等，2015；Yu et al.，2016）。因此年龄介于53~58之间的地级市市委书记晋升压力较大。地方政府受财政压力和晋升压力的驱动，利用土地杠杆对区域引资生税产生影响。

通过文献梳理可以发现学者对工业用地配置的研究集中在土地财政（王岳龙和邹秀清，2016；陈淑云等，2017；汪冲，2019）、土地引资（张绍阳等，2018；亓寿伟等，2020）、政府干预（杨忍等，2018；周琳等，2019；谢贞发、朱恺容，2019）、经济增长（王媛、杨广亮，2016）等方面，而缺乏工业用地配置策略对税收影响的差异性研究。与已有的研究相比，本章重点探索两个问题：第一，尝试将政府土地配置行为与策略纳入分析框架，探究工业用地配置策略对地方税收的拉动效应；第二，从经济发展阶段性出发，将研究周期分为两阶段，分别检验工业用地配置策略对引税效应的差异性。

第二节　研究假设与理论模型

一、研究假说

工业用地出让的目的之一是以地引资，获取税收。地方政府通过设立工业园区和低价大量供给工业用地、税费减免与其他优惠政策吸引企业入驻，以便获得长期稳定的地方税收，引税路径如图11-1所示。随着经济发展阶段转变，产业结构转型升级使得地方经济发展对工业用地的需求减少，工业用地低价出让策略对地方政府税收的边际贡献降低。全国土地供应量在2013年之后逐年减少。由此，本书提出理论假说：工业用地出让对地方政府获得税收有拉动效应，但随着经济结构调整，工业用地配置策略的引税效应存在阶段性差异。

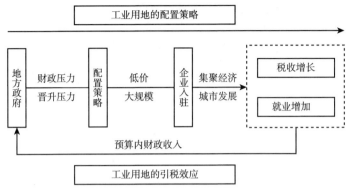

图 11 - 1　工业用地配置策略与引税路径

二、模型设定

根据相关研究假说，构建计量模型检验工业用地配置策略的引税效应，见式（11 - 1）。

$$\ln VAT_{it} = a_0 + a_1 \ln LandA_{it-1} + a_2 \ln LandP_{it-1} + a_3 \ln LandA_{it-1} \times \ln LandP_{it-1}$$

$$+ a_j \sum_{j=4}^{n} X_{it-1}^j + v_i + \mu_t + \varepsilon_{it} \tag{11 - 1}$$

其中，i 和 t 分别代表城市和时间，VAT 表示工业企业应交增值税额，$\ln LandA$ 表示城市工业用地出让面积，$\ln LandP$ 表示城市工业用地出让价格，反映地方政府的土地配置策略。$\ln LandA_{it-1} \times \ln LandP_{it-1}$ 为工业用地出让面积自然对数与出让价格自然对数（滞后一期）的交互项。该交互项系数表示在工业用地出让价格控制后，工业用地面积对工业企业应交增值税的影响。X_{it}^j 为其他控制变量，包括第二产业从业人员、人均 GDP、外商直接投资、固定资产投资、第二产业 GDP 占比、政府官员面临的财政压力和考核约束。α 表示工业用地出让对应交增值税的影响系数。此外，该模型还控制了 v_i 城市固定效应和 μ_t 时间固定效应，ε_{it} 为随机误差项。

三、变量选取

（1）被解释变量。被解释变量设定为工业企业应交增值税。由于地级市层面土地出让带来的各项税收收入难以从整体中分离出来，但能获得工业企业层面的应交增值税数据，因此，借鉴李学增等（2020）的做法，本章选取工业企业应交增值税测量工业用地配置策略的税收效应。

（2）解释变量。核心解释变量为地方政府工业用地配置策略，用土地出让两大指标来反映。工业用地出让面积用报告期内市、县级政府以招拍挂等方式出让工业用地的实际成交面积来反映；工业用地出让价格，用报告期内市、县级政府以招拍挂等方式出让工业用地成交总价除以成交面积，得到各地级市工业用地成交的单位价格来反映。

（3）控制变量。本章从城市规模、经济发展、政府动机和产业结构四个维度控制其他因素的影响。第二产业从业人员反映工业的就业规模，人均国内生产总值反映地区经济发展水平。当年外商直接投资使用金额是政府招商引资能力的重要体现，固定资产投资指标反映城市建设水平和投资环境。财政自给率通过预算内财政收入与预算内财政支出的占比来测量，反映地方政府面临的财政压力。财政自给率越高，地方政府所感知的财政压力越小。本章参考曹婧等（2019）的做法，构建虚拟变量，市委书记年龄介于 53～58 之间取 1，否则为 0。第二产业占 GDP 比重表征地区产业结构，第二产业产值占比越高，说明地区工业经济越发达，政府越倾向以地引资；当工业经济向服务经济转型时，第二产业占比越低，工业用地利用更集约高效。

第三节　数据来源和实证结果

一、数据收集与变量整理

本章收集整理了 2003～2018 年长三角地区 41 个地级市的面板数据，样本数据主要来源于中国指数据研究院 41 个城市工业用地交易数据，2003～2018 年的《中国国土资源统计年鉴》《中国城市统计年鉴》和各地级市统计年鉴。工业企业应交增值税、工业用地价格、外商直接投资和固定资产投资以 2003 年为基期，对 2004～2018 年的数据进行指数平减，消除通货膨胀因素的影响。此外，为消除异方差影响，对工业企业应交增值税、工业用地出让面积、工业用地出让价格、第二产业就业人数、人均 GDP、外商直接投资、固定资产投资对数化处理。表 11 - 1 呈现了变量的类别、符号、内涵与描述性统计分析。

表 11 - 1　变量类别、符号、内涵与描述性统计

类别	符号	名称	单位	变量内涵	均值	标准差	最小值	最大值
核心变量	VAT	工业企业应交增值税	万元	企业在报告期内应交纳的增值税额，以2003年为基期做CPI平减处理	994724.600	1211981	13446.580	7315798
	LandA	工业用地出让面积	万平方米	报告期内市、县政府以协议、招拍挂等方式出让工业用地的实际成交面积	467.986	440.426	0.510	2883.060
	LandP	工业用地出让价格	元/平方米	报告期内市、县人民政府以协议、招拍挂等方式出让工业用地的实际成交价格，以2003年为基期做CPI平减处理	258.871	182.780	26.319	1480.974
城市规模	Labor	第二产业从业人数	万人	从事第二产业劳动并取得劳动报酬或经营收入的人员	120.319	91.134	13.700	479.220
	PGDP	人均 GDP	元	地区生产总值/总人口	20764.080	11858.830	2611	52960.730
经济指标	FDI	外商直接投资	万元	当年实际使用外资金额，利用当年平均汇率换算为人民币，以2003年为基期做CPI平减处理	739532.500	1245040	281.418	8596248
	Investment	固定资产投资	亿元	以货币形式表现的在一定时期内建造和购置固定资产的工作量以及与此有关的费用（不含农户），以2003年为基期做CPI平减处理	1168.146	1123.344	36.366	5184.403
政府动机	FiscalSR	财政压力	%	财政自给率，即地方财政收入与地方财政支出的比值	65.252	23.465	19.407	122.531
	Stress	晋升压力	/	市委书记年龄为 53～58 岁取 1，否则为 0	0.448	0.498	0	1
产业结构	Secratio	第二产业占比	%	第二产业产值占 GDP 比重	49.007	8.415	23.235	74.735

资料来源：中国指数研究院数据库、《中国国土资源统计年鉴》《中国城市统计年鉴》和各地级市统计年鉴的数据。

二、实证结果

为分析地方政府工业用地配置策略对应交增值税的影响，本章基于 2003 ~ 2018 年长三角 41 个地级市工业用地交易数据，采用面板模型进行实证分析。为确保模型估计的一致性和有效性，对连续变量在 1% 水平上进行缩尾处理，对交互项进行中心化处理。先报告工业用地出让对税收的影响，再分阶段检验工业用地出让对税收的影响。

1. 全样本回归结果

由于土地出让后企业通常需要 1 ~ 2 年的建设期才能进行生产，通过测试，引入工业用地面积、工业用地价格及其交互项的滞后一期变量减小内生性问题，因此，各模型中控制变量也滞后一期，以保持数据的一致性。表 11 - 2 给出全样本（2003 ~ 2018 年）工业用地出让对工业应交增值税影响的回归结果。

表 11 - 2　　　　　　工业用地配置策略引税效应的全样本估计结果

变量	模型 11 - 1 混合 OLS	模型 11 - 2 双向固定效应	模型 11 - 3 D - K 标准差固定效应
l. lnLandA	0.069 * (0.027)	0.031 ** (0.014)	0.031 ** (0.012)
l. lnLandP	- 0.051 (0.088)	- 0.075 * (0.038)	- 0.075 * (0.040)
l. lnLandA × l. lnLandP	- 0.052 (0.044)	- 0.086 *** (0.018)	- 0.086 *** (0.020)
l. lnLabor	0.567 *** (0.095)	0.289 * (0.158)	0.289 *** (0.094)
l. lnPGDP	0.224 (0.234)	0.856 *** (0.141)	0.856 *** (0.201)
l. lnFDI	0.027 (0.052)	0.010 (0.032)	0.010 (0.016)
l. lnInvestment	0.432 *** (0.096)	0.077 (0.084)	0.077 (0.057)
l. FiscalSR	0.007 (0.005)	0.004 (0.002)	0.004 ** (0.002)

续表

变量	模型 11 - 1 混合 OLS	模型 11 - 2 双向固定效应	模型 11 - 3 D - K 标准差固定效应
l. Stress	- 0. 010 (0. 051)	- 0. 058 * (0. 029)	- 0. 058 ** (0. 027)
l. Secratio	0. 023 *** (0. 007)	- 0. 001 (0. 006)	- 0. 001 (0. 003)
_cons	3. 609 ** (1. 610)	2. 418 * (1. 404)	—
双向固定效应	否	是	是
N	612	612	612
R²	0. 900	0. 855	0. 855

注：模型 11 - 1、模型 11 - 2 括号内为异方差稳健标准误，模型 11 - 3 括号内为 Driscoll - Kraay 标准误，*、**、*** 分别表示在 10%、5%、1% 的水平上显著。

资料来源：EViews 软件输出结果，本书作者整理。

模型 11 - 1 采用混合 OLS 法进行估计，结果表明滞后一期工业用地面积的对工业企业应交增值税有正向影响，且在 5% 水平上显著。模型 11 - 2 采用固定效应模型并控制城市和时间固定效应，结果显示工业用地面积的增加能带动当期工业企业应交增值税的增加，滞后一期的工业用地价格与工业企业应交增值税表现为显著的负相关关系，系数为 - 0. 075。通过 F 检验的 P 值为 0. 0000，故拒绝原假设"所有 $ui = 0$"，表明固定效应模型 11 - 2 优于混合回归模型 11 - 1。

考虑到面板数据可能存在的异方差、截面相关等问题，为得到更稳健的估计结果，模型 11 - 3 进一步采用 Driscoll - Kraay 标准差进行估计（Driscoll 和 Kraay，1998）。除财政自给率显著性变化外，回归结果与模型 11 - 2 一致。工业用地面积对工业企业应交增值税具有显著正效应，且工业用地价格与被解释变量存在显著负效应。从工业用地面积和工业用地价格交互项的回归结果看，其系数为 - 0. 086，显著性水平为 1%。当工业用地价格取平均值 5. 369 时，工业用地面积每增加 1 个百分点，工业企业应交增值税减少 0. 431 ［（0. 031 - 5. 369）×0. 086 = - 0. 431］个百分点。而当工业用地成交均价取最小值 3. 270 时，工业用地出让面积每增加 1 个百分点，工业企业应交增值税仅减少 0. 250 个百分点。不同的工业用地价格水平显著影响了工业用地出让面积对工业企业应交增值税的带动作用。

在控制其他因素及城市和时间固定效应的影响后，工业用地出让面积对应交增值税有显著正影响，工业用地价格与工业企业应交增值税呈显著的负相关。交互项系数为负且显著，显示工业用地出让价格越高，工业用地出让面积增加对应交增值税的抑制作用越大。其他显著控制变量，如第二产业从业人员、人均 GDP、财政自给率对工业企业应交增值税有显著正向影响。

2. 分段回归结果

2010 年之后 GDP 增速放缓，2013 年开始经济增长平均维持在 7.1% 以下水平，经济发展阶段从高速增长阶段转向中高速发展，进入经济结构调整周期。党的十八届三中全会提出，从严控制城市建设用地供给，调节工业用地和居住用地比价。因此，本章将面板数据划分为 2003 ～ 2012 年和 2013 ～ 2018 年两个阶段，观察不同时期各变量间的作用关系。

在全样本的实证研究中，D - K 模型优于固定效应模型和混合效应模型。因此，分阶段回归中采用 D - K 标准差固定效应模型进行分析。表 11 - 3 报告了分阶段的回归结果，模型 11 - 4 报告了高速增长阶段工业用地配置策略的引税效应，模型 11 - 5 是经济结构转变阶段工业用地配置策略的引税效应。

表 11 - 3   工业用地配置策略引税效应的分阶段估计结果

变量	模型 11 - 4 2003 ～ 2012 年	模型 11 - 5 2013 ～ 2018 年
l. lnLandA	0. 020 *** (0. 007)	0. 033 ** (0. 014)
l. lnLandP	- 0. 054 * (0. 027)	- 0. 020 (0. 077)
l. lnLandA × l. lnLandP	- 0. 064 *** (0. 009)	- 0. 078 (0. 052)
l. lnLabor	0. 541 *** (0. 088)	- 0. 364 (0. 219)
l. lnPGDP	0. 701 *** (0. 150)	- 0. 551 *** (0. 203)
l. lnFDI	0. 019 (0. 020)	0. 056 (0. 038)
l. lnInvestment	0. 191 *** (0. 059)	0. 058 (0. 074)
l. FiscalSR	0. 002 (0. 002)	0. 008 * (0. 005)

续表

变量	模型 11 - 4 2003 ~ 2012 年	模型 11 - 5 2013 ~ 2018 年
l. Stress	0.012 (0.019)	- 0.098 ** (0.038)
l. Secratio	0.001 (0.003)	- 0.015 *** (0.005)
_cons	—	19.587 *** (2.929)
N	366	246
R^2	0.896	0.208

注：括号内为 Driscoll - Kraay 标准误，***、**、* 分别表示 1%、5%、10% 的显著性水平。
资料来源：EViews 软件输出结果，本书作者整理。

回归结果表明，2003 ~ 2012 年与工业用地配置策略相关的三个核心解释变量，工业用地面积、工业用地价格、工业用地面积和价格交互项（均滞后一期）的系数均显著。工业用地面积的估计系数为 0.020，对应交增值税有显著拉动作用。工业用地价格的估计系数为 - 0.054，说明工业用地价格每增长 10%，工业企业应交增值税将减少 0.537%。工业用地面积与价格的交互项也是导致应交增值税变化的因素。工业用地面积的偏回归系数 = 0.020 - 0.064 × 工业用地价格，这表明工业用地价格越低，工业用地面积对应交增值税的影响越大，即政府更倾向以出让工业用地吸引投资。为了吸引资本流入，地方政府倾向采取大量、低价出让工业用地的策略，经济快速发展阶段的实践表明工业用地低价配置策略能带来红利。地方政府通过招商引资带动地区工业增长，为地方带来长期稳定的税收。

2013 ~ 2018 年的回归结果表明工业用地面积是这段时期内影响工业企业应交增值税的主要积极因素，工业用地面积每增长 1%，应交增值税增长 0.033%，工业用地配置仍存在边际贡献。但是，工业用地价格及其与面积的交互项（滞后一期）的作用不明显，表明工业用地低价配置策略的引税效应不显著，效力减退。随着地区产业结构转型升级，低价供应工业用地吸引企业落户、产业集聚获得税收的传统模式已经难以适应当前发展环境。

三、稳健性检验

有学者采用土地出让宗地数作为衡量出让方式的指标，选取财政缺口的

GDP 占比，即预算内财政支出与收入的缺口占地区 GDP 的比例，反映该地方政府面临的财政压力（陶然等，2007；杨继东、杨其静，2016；张琳等，2018）。本章尝试在回归中用工业用地成交宗数（LandN）替换工业用地面积，用财政缺口的 GDP 占比（FiGDP）替换财政自给率。

采用 D - K 标准差固定效应模型分析，稳健性回归结果如表 11 - 4 所示。替换变量后的回归结果没有本质变化，无论是全样本回归结果还是分样本回归结果，工业用地宗地数对应交增值税同样有显著正影响。工业用地价格及其与工业用地宗数的交互项也对应交增值税具有显著负向影响，但其影响在 2013～2018 年期间并不显著。稳健性结果显示，上述结论仍然成立。

表 11 - 4　　　　　　　　面板数据模型的稳健性检验

变量	模型 11 - 6 全样本	模型 11 - 7 2003～2012 年	模型 11 - 8 2013～2018 年
l. lnLandN	0.000 ** (0.000)	0.000 ** (0.000)	0.000 (0.000)
l. lnLandP	- 0.099 *** (0.021)	- 0.153 *** (0.030)	- 0.040 (0.074)
l. lnLandN × l. lnLandP	- 0.001 *** (0.000)	- 0.001 *** (0.000)	- 0.000 (0.000)
l. lnLabor	0.287 *** (0.085)	0.496 *** (0.077)	- 0.369 * (0.205)
l. lnPGDP	0.831 *** (0.170)	0.638 *** (0.130)	- 0.444 *** (0.157)
l. lnFDI	0.005 (0.019)	0.002 (0.019)	0.067 (0.045)
l. lnInvestment	0.095 * (0.047)	0.237 *** (0.063)	0.079 (0.085)
l. FiGDP	0.012 (0.009)	0.022 *** (0.008)	- 0.011 ** (0.005)
l. Stress	- 0.053 ** (0.025)	- 0.003 (0.024)	- 0.090 ** (0.035)
l. Secratio	- 0.003 (0.004)	- 0.006 (0.003)	- 0.013 *** (0.003)
_cons	3.583 ** (1.641)	4.225 *** (1.075)	19.304 *** (2.464)
N	609	363	246
R^2	0.859	0.903	0.185

注：括号内为 Driscoll - Kraay 标准误，***、**、* 分别表示 1%、5%、10% 的显著性水平。
资料来源：EViews 软件输出结果，本书作者整理。

第四节 结论与讨论

本章利用 2003 ~ 2018 年长三角 41 个地级市的面板数据,对地方政府的工业用地配置策略的效果进行评估,检验不同阶段工业用地配置策略的引税效应,为调整工业用地政策提供理论支撑。理论与实证研究可以形成三点结论。第一,总体来看,工业用地配置策略是有效的,存在显著的引税效应。工业用地面积、工业用地价格、工业用地面积与价格的交互项对工业企业应交增值税都存在显著影响,工业用地供给对地方政府税收仍有边际贡献。第二,分阶段来看,这一配置策略的效应已经发生变化。在高速发展阶段(2003 ~ 2012 年),工业用地面积对工业企业应交增值税有显著正影响,工业用地价格、价格与面积的交互项对应交增值税具有显著负向影响,这表明此阶段地方政府采用低价大量配置工业用地的引资策略有效。第三,在经济结构调整阶段(2013 ~ 2018 年),工业用地价格对引税效应不明显。这一期间工业用地价格、价格与面积的交互项对应交增值税影响并不显著,引税效应开始衰退,新阶段工业用地配置政策需要优化。不同时期工业用地配置策略的引税效应见图 11 – 2。

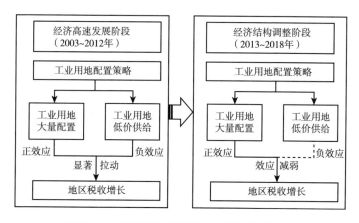

图 11 – 2 经济结构转变下工业用地引税效应

随着我国社会经济进入高质量发展阶段,工业用地配置政策需要依据新环境进行调整。首先,有必要引入更加市场化的配置方式,消除工业用地与住宅用地、商办用地的价格剪刀差,提升工业用地的利用效率。地方政府的土地配置策略客观上造成了土地结构失衡与价格扭曲,需要深化土地要素的市场化配置，约束地方政府在土地要素配置中的影响力。随着中央与地方政府着力打造良好的营商环境，城市之间的竞争重点已经由提供廉价资源转变为软件、硬件与营商环境的竞争。在土地资源日益稀缺的条件下，推动工业用地的市场化配置（如提升价格）不仅不会减少地方税收，而且可以提升土地的利用效率。

其次，推动不同用途土地供给结构配置的合理化。根据本书的统计，长三角地区 41 个城市工业用地出让面积占总出让面积的占比最高，每年都维持在 50% 以上。工业用地供给比例过高，挤占了住宅用地与其他用途土地的供给规模，由此带来住宅用地价格高涨和一系列的社会经济问题。因此，有必要调整各类用地的供给比例。从发达国家的经验数据来看，工业用地的占比通常维持在 20% 左右，适当降低工业用地的配置规模，可以缓解目前的土地配置结构冲突与矛盾。

最后，率先推动长三角城市群工业用地一体化配置。城市间招商引资的竞争日趋激烈和同质化，降低了土地的利用效率。邻近城市工业用地配置存在相互竞争和相互模仿的行为。城市群工业用地空间溢出效应，区域一体化配置是提升工业用地利用效率和推动高质量发展的重要抓手。当前，国家正全力推进长三角区域一体化发展，为长三角地区 41 个城市工业用地一体化配置提供难得机遇。借鉴国外东京 - 横滨 - 大阪、纽约 - 波士顿 - 华盛顿、芝加哥五大湖、伦敦 - 利物浦等城市群在土地与住房等要素上的协调利用机制，可以构建"长三角工业用地一体化配置平台"，在城市群内形成土地配置的协商机制，推动区域产业协同发展。

第五篇　地方债务风险与城镇化可持续发展政策

第十二章　城镇化中的土地财政与债务风险研究

第一节　城镇化进程与土地财政问题

一、土地政策演变

2000～2018年，中国城镇化率水平由37%增加到59.58%，发展速度令人惊叹。在未来，城镇化依然是推动国家经济社会发展的重要因素。在快速城镇化进程中，土地出让收益以及抵押贷款、债券融资提供了重要的资金来源，土地在城镇化中起了关键作用，表12-1对我国城镇化进程中重要土地政策的演变进行了梳理。

表12-1　　　　　　　　　　　城镇化进程中的土地政策演变

年份	政策	核心内容	目的
1988	区分土地所有权和使用权	允许土地使用权依照法律的规定转让	提供土地使用权，促进民营企业发展
1999	国土资源部通报地方土地储备制度办法与经验	转发《杭州市土地收购储备实施办法》和《青岛市人民政府关于建立土地储备制度的通知》	规范土地市场运作，推广土地储备制度经验
2002	招拍挂出让国有土地使用权规定	对以营利为目的的土地实行招拍挂方式出让	发挥市场在土地资源配置中的作用
2007	土地储备管理办法	市、县人民政府国土资源管理部门为实现调控土地市场、促进土地资源合理利用，依法取得土地，进行前期开发、储存，以备在市场上供应土地	完善土地储备制度，加强土地调控，规范市场运行，促进土地节约集约利用，提高建设用地保障能力
2013	中央一号文件提出全面开展农村土地确权登记颁证工作	每宗地的土地权属要经过土地登记申请、地籍调查、核属审核、登记注册、颁发土地证书等土地登记程序	构建完整的农村资产财产权益体系，盘活农村生产要素，解放农村生产力

续表

年份	政策	核心内容	目的
2014	关于农村土地征收、集体经营性建设用地入市、宅基地制度改革试点工作的意见	探索缩小土地征收范围；规范制定征收目录，健全矛盾纠纷调处机制，全面公开土地征收信息；完善对被征地农民合理、规范、多元保障机制	建立兼顾国家、集体、个人的土地增值收益分配机制，合理提高个人收益。完善土地租赁、转让、抵押二级市场
2017	实行"双限双竞"等土地出让规则	住建部和国土部提出结合本地实际和出让土地具体情况，灵活确定竞价方式	为促进土地市场合理发展，避免出让"地王"等土拍过热现象

资料来源：本书作者根据相关政策整理。

　　地方政府以土地为中心的城镇化发展模式备受关注。城市土地储备是地方政府及其委托机构将分散的土地通过征收、收回和收购等形式集中起来，对土地进行一级开发，根据土地出让计划在市场上进行投放。土地储备制度强化了地方政府对于土地供给的管制能力，并显著提高了土地出让价格。研究显示1999年土地财政收入占地方财政收入比例仅为9.19%，2018年土地财政收入占比提高到了66.49%，部分地区土地出让收入已经超过政府预算内收入，（马九杰，2019）。

　　土地储备制度建立的初衷是规范城镇化中土地征收、一级开放和出让过程。土地储备制度推动地方政府垄断一级市场，实现"一个口子进水，一个池子蓄水，一个龙头放水"。国有企业及其他企事业单位不得私自招商进行土地经营，而必须由土地储备机构进行统一收储。无论是存量土地还是增量土地都需要进入土地储备库，由土地储备机构根据城市建设需要与年度土地出让计划决定出让时机、结构和规模。土地储备制度在一定程度上防止了土地投机，使得土地出让更加规范。地方政府在土地出让的过程中对于土地供给量的管控，一定程度上推高了土地价格（冀县卿，2011），土地储备制度的实施结果与防止地价非理性增长的目标存在背离，虽然高地价会给政府带来土地财政收入，但不利于城镇化的可持续推进。

　　地方政府利用土地资源推动城镇化进程存在两方面的影响。一方面，房地产开发商以高价竞得土地，可以增加地方政府的土地出让收入，为基础设施与公共服务提供资金支持，加速城镇化进程；另一方面，高地价与高房价最终由消费者承担，形成"买房难，买房贵"的现象（孙秀林，2013）。在现有制度安排下，自上而下的政绩考核机制也促使地方官员通过出让土地来"引资生税"，实现职位晋升（范子英，2015），但地方政府追求土地收益最大化导致了土地财政问题日益严重。

二、分税制改革

1994 年，我国实行中央与地方政府的分税制改革，对中央和地方的财政收入进行划分，税种区分为地方税、中央税和中央地方共享税。地方税主要包括房产税、土地使用税、印花税、城市维护建设税等小税种，这对地方政府的财政税收产生影响。2003 年，分税制改革进一步提高了中央地方共享税上交比例。财政压力导致地方政府需要开辟新的收入来源。

土地财政有助于地方政府应对地方财政的缺口。虽然土地财政收入的增加会显著改善地方的财政状况，但也存在一定风险。地方政府过度依赖土地财政，一定程度上预支了未来的土地收益，这不利于生态和区域经济可持续发展。此外，过度依赖土地财政也将承担市场波动的风险。房地产市场价格波动对土地市场的供给及需求产生影响，带来土地出让收入的波动，土地财政的不可持续性和风险性日益凸显。

三、土地财政的影响

土地资源是城市扩张的基本物质条件，土地市场在城市发展中起着至关重要的作用。中国土地制度改革的基本逻辑是促进土地要素成为经济发展的杠杆，地方政府可以运用土地收益为城市基础设施融资，也可以利用低价土地作为招商引资的筹码。在土地市场化配置方式下，通过公开招标、拍卖与挂牌三种方式出让土地，被认为是市场化程度较高的方式；而协议出让则是市场化程度较低的方式。政府可以通过出让方式来筛选开发商。因此，土地出让中，招拍挂出让比例被视为土地市场化程度的测量指标。更具竞争力的土地市场可以产生更高的地价和更多的土地财政收入。2002 年，国土资源部要求以营利为目的进行开发的用地（包括商业、旅游业、娱乐和商品住房）必须通过招拍挂的方式进行出让。由于制造业和其他工业生产有向土地成本较低的区域转移的趋势，地方政府面临着吸引投资的激烈竞争。"底线竞争"是地方政府吸引工业投资的普遍策略（Su et al., 2012）。2006 年，国务院就要求工业开发的用地需要通过招投标的形式进行出让，同时设定了最低土地出让标准。

土地市场改革的重要标志是将土地储备制度及招拍挂出让方式以法律法规的形式确立下来，土地成为地方政府重要资源与优质融资抵押物。通过招拍挂出让土地所产生的收益在中央与地方政府之间分配，约90%的收益由地方政府支配使用，10%左右的收益上缴中央政府。随着地方政府经历财政压力，住宅用地销售大幅上升的证据支持了地方官员利用土地融资刺激经济发展的假设（Dong，2016）。虽然这些行为会存在一定风险，但土地财政收入增加带给地方财政的效益是显著的，地方政府同样会存在囤积行为，地方政府进行土地囤积的行为也受其他因素影响。由于市场环境不完善，政府在土地市场中扮演多重角色。杨峰（2009）表示地方政府可出让的土地是有限的，开发商对未来土地升值的预期加剧了土地市场投资过热。

分税制明确了中央政府与地方政府的税收与事权的范围，形成了中央与地方政府的单享税和共享税。增值税改革之前，中央地方共享税增值税2016年5月之前中央拥有75%、地方拥有25%，2016年5月"营改增"政策实施之后中央拥有50%、地方拥有50%；企业所得税与个税，中央拥有60%、地方拥有40%。分税制财政改革实行后，中央政府的财务状况显著改善，盈余增加；而地方政府负债不断上升，土地收入已经成为地方政府财政收入的主要来源。有的地方政府在基础设施方面的总投资中只有10%来自财政预算；剩余的90%由土地出让收入或土地抵押贷款提供。在此背景下，地方政府需要找到相应的资金来源来支撑快速城镇化所需的基础建设资金。

城镇土地储备制度目的是"完善土地储备制度，加强土地调控，规范土地市场运行，促进土地节约集约利用，提高建设用地保障能力"。地方政府成为城镇建设用地"唯一供给者"，土地出让收益成为地方政府推动基础设施建设与城市开发的资金来源，而追求土地收益最大化是地方政府的现实目标，土地财政依赖程度影响地方政府土地开发与囤积行为。土地出让价格越高，地方政府倾向于囤积更多的待出让土地；而当资本市场利率上升时，政府和土地开发商储备土地会减少。从理论上来看，土地收入是地方政府的重要收入来源，若地方政府追求利益最大化，必然就会存在土地投机，这一推论还缺乏实证研究的支持。

四、新预算法的影响

随着我国的城镇化人口增加，需要提供更多的公共基础设施和公共服务。基础设施的建设周期较长且资金需求量巨大，仅依靠财税收入无法满足资金需求，适当举债可以缓解地方政府的财政压力，支撑经济的快速发展，但是当地方政府举债不规范且伴随庞大的隐性债务，会导致地方政府债务风险增加。我国地方债务管理制度落后于实践，需要依据变化的情况推动地方债的管理政策，推动地方政府融资更加合法化和规范化。

1995 年的预算法禁止地方政府发债，规定地方政府预算按照量入为出、收支平衡的原则编制，不列赤字。但地方政府财政缺口明显扩大，为弥补财政不足，地方政府通过地方融资平台进行融资，造成大量"隐性债务"（辜胜阻，2015）。在此背景下原预算法已经无法满足发展的需求，新预算法历经四次审议，跨越十年，于 2015 年开始实行。相比而言，新预算法在健全全口径透明预算，建立跨年度预算平衡机制，完善转移支付制度，硬化预算支出约束等方面取得重大突破（贾康，2014）。其中，在地方债问题上也提出相应限制性规定，以此来完善地方债管理。规定主要包括五大方面：一是限制发债主体为经过国务院批准的省级政府；二是限制用途，债务融资不能用于经常性支出，仅能用于公益性资本支出；三是限制规模，发债的规模需由国务院报人大或者全国人大常委会批准，省级政府在国务院下达的限额内进行举债；四是限制方式，债务融资仅能采取发行地方债务的形式，不得采用其他方式筹措；五是控制风险，新预算法明确举借债务需要制定明确的偿还计划且有稳定的偿债来源，同时建立债务风险评估和预警机制、责任追究制度等。依据新预算法，国务院出台了《关于加强地方政府性债务管理的意见》，旨在加强管理防范地方债风险。

新预算法为地方政府发债树立了"开明渠，堵阴沟，建防火墙"的政策思路。辜胜阻（2015）指出，新预算法明确了债务资金流向是公益性资本支出，有利于地方政府根据资金的性质实行不同的管理办法，规避一定偿债风险。不同的资金用途会对偿付方式及能力产生影响，例如没有收益的公益性项目主要通过地方政府发行一般责任债券进行融资，而该种债券依赖财政收入进行偿还，因而对该类债券需要执行最严格的监管标准，防止出现债务偿付风险。除新预算法规定外，地方政府及其所属部门不得以任何方式举债融资，规范政府融资行为，减少隐性债务。新预算法中规定发债规模需报地方人民代表大会批准，完善政府债务信息动态披露机制，这些措施可以使地方政府发债更加公开透明。竹志奇等（2018）等人研究认为新预算法的实施对于增强地方政府债券的市场化程度有一定作用，通过"开前门、堵后门"的形式禁止地方政府进行任何形式的债务担保，硬化地方政府的预算约束，从而推动地方政府债券市场化。新法案有利于发挥市场定价作用，促进政府提高资本效率，降低地方政府债务风险。

第二节　地方政府土地经营与土地出让收益

一、土地经营问题

土地囤积是将可开发的土地闲置起来，等待价格变化，获取利益。依据土地管理法，所谓的"闲置土地"指土地使用权所有者持有土地两年以上未开发。土地囤积也包括土地持有者储备土地，减少土地投放，造成供不应求的现象，土地囤积的主体是开发商与地方政府。在土地储备制度建立前，开发商的土地囤积行为较为盛行，地方政府在经营土地的理念下同样会囤积土地。近年来，随着城镇化推进和土地一级市场建立，土地的商品价值逐渐得到社会的认可，土地囤积问题日益凸显。土地市场的快速发展使得土地市价远高于收储时的成本，溢价空间会给土地持有者带来获利机会，这是土地囤积形成的原因。陈志刚（2010）等人表示我国经济快速发展和土地资产快速升值，加之土地管理制度、政绩考核、监督执法等方面的漏洞，使得土地违法行为屡禁不止。黄燕（2007）等研究表明对地方政府而言，土地囤积行为是其行使经营管制权的结果之一。管制权是指地方政府以效率和公平为目的，以不完全竞争、外部性、信息不对称等市场缺陷为管制对象，凭借行政权力做出并直接执行干预市场配置机制和改变企业与消费者供需决策的一般规则和特殊行为。在我国现行制度条件下，地方政府的管制行为存在主观偏好，存在自身谋取经济利益的动机。因此，地方政府的经营管制实行在土地出让领域时，容易出现土地投机行为。

二、土地出让收益

（一）开发商的土地囤积

在房地产市场繁荣时期，开发商会采取积极的土地储备策略和土地竞买行动，这是造成土地市场中"面粉比面包贵"的原因。杨峰（2009）研究发现由于房地产开发周期长，市场信息不确定，开发商在供求平衡关系上存在滞后现象，开发商的土地囤积被视为一种博弈策略。楼江（2007）表示造成土地闲置既有开发商的原因也有地方政府的原因。一方面开发商会为获得土地增值空间进行土地囤积，另一方面地方政府行为由于不能按期履约导致土地未能进入开发环节，客观上造成土地闲置。2007 年，土地储备制度建立后，土地供给得以规范化，出让合同中对土地开发的时间节点做了约定，开发商的土地囤积行为受到限制。开发商对增值预期和政府出让规模的减少使得土地市场供不应求，进而推动地价上涨和开发商的拿地行为。

也有学者认为开发商土地持有规模有利于其实现上市融资。开发商大规模囤地带来了两方面的危害。一方面，开发商土地囤积造成了土地资源浪费，制约了土地的集约、节约利用；另一方面，由于开发商的土地款大部分来自银行贷款或上市融资，一旦房地产市场出现震荡或者价格大幅下降，会影响资本市场的稳定，并对整体经济产生影响。鲍海君等（2014）表示，引导房地产市场合理发展，既要管理开发商等主体的市场行为，同时还要约束地方政府作为土地督察的监管行为，构建两者之间互动的土地利用管制机制。针对开发商购置土地后的闲置现象，政府出台相关政策加以控制，包括 2006 年开始实行的国家土地督察制度和 2008 年出台的《国务院关于促进节约集约用地的通知》，加之土地储备制度的建立，开发商需要为相关用地交付相当于土地价款 20% 的闲置成本。随着土地出让金和相关融资利息的不断上升，开发商土地购置成本和持有成本越来越高，导致开发商倾向于加快开发周期，使开发商囤地行为减少。

（二）地方政府的土地经营

1992 年，财政部出台了《城镇国土资源使用权有偿收入管理暂行规定》，允许地方政府出让土地使用权，并且就土地出让收入的分配进行了规定：人民币收入的，按地方政府占 95%、中央占 5% 进行分配；外汇收入，中央与地方四六分成。至此，地方政府开始"经营城市"，进而引发相关问题。张立彦（2007）表示地方政府在土地出让的过程中以土地收益最大化及招商引资为双元目标取向。黄燕（2007）研究指出地方政府作为经营城市的主体，其未来行为很有可能致力于经营管制，即地方政府放大、用足、用活管制权利，为自身谋取经济利益。

地方政府集土地管理者和经营者于一体，成为土地一级市场的唯一供给者。首先，作为土地管理者，地方政府拥有土地利用规划的编制权、修改权和土地征用权。自 2004 年始，土地协议批租转为实行招拍挂出让。作为土地市场的经营者，地方政府通过征用、拆迁、收购等形式扩大土地储备规模。地方政府在双元目标取向和经营管制的情况下容易出现制度困局。首先，会造成对土地财政的过度依赖，不利于地方财政可持续运行；其次，利益驱动机制下的土地出让不利于土地资源的合理配置；最后，囤地行为使得市场供求关系失衡，引发房价居高不下等民生问题。

三、地方政府债务风险问题

地方债是地方政府对个人或者团体举借的公共债务，属于基本的信用关系。我国审计署对地方政府债务定义是由地方政府、企事业单位、国有融资平台等所承担、担保及其负有责任的贷款总和（邵雪亚，2014）。政府债最早出现在西方国家，1715 年英国政府率先发行了公债，随后美国和日本等国家也开始通过发债来筹措资金。随着全球经济发展迅速，政府债务越来越多地用于基础设施等建设。20 世纪 90 年代至今，我国地方债务发展规模日渐庞大，地方债务的种类繁多，本章对其进行了归纳整理，见表 12 - 2。

表 12 - 2　　　　　　　　　　　地方政府债务的划分

地方政府债务	显性债务	按资金来源划分	一般债券
			专项债券（普通专项债、财政部专项债和发改委专项债）
		按资金用途划分	新增债券
			置换债券
		城投债	
	隐性债务	PPP、各类基金、政府购买服务	

资料来源：本书作者根据邵雪亚（2014）等文献整理。

（一）按表现形式分类

2011 年我国部分省市开始试点地方政府债券，为地方政府债务融资改革开启了通道。当前存在两种地方债务：一是以地方政府作为借债主体与还债主体的显性债务；二是以地方政府负责的融资平台、地方国企作为借债与还债的主体，地方政府有连带责任的隐性债务。其中隐性债务包含内容丰富，形式复杂，其举债途径主要包括 PPP、各类发展基金、特色小镇、融资租赁等，资金来源主要包括金融机构表内外贷款、保理、票据、资管计划等。隐性债务主要集中于县市级地方政府，究其原因主要是县市级地方政府不被允许发行地方债，因而通过隐性债务的形式进行融资。

（二）按偿债资金来源分类

根据资金来源可将显性债务分为一般债券和专项债券。一般债券与专项债券的区别在于偿债的渠道，一般债券指由以一般公共预算收入进行还本付息，而专项债券是以特定项目的政府性基金和专项收入进行偿债。当前专项债的规模日渐庞大，主要包含三类：普通专项债券、财政部专项债券和发改委专项债券。财政部专项债始于 2014 年，包括土地储备专项债、棚户区改造专项债、轨道交通专项债、高等教育专项债、乡村振兴专项债等。国家发改委专项债始于 2015 年，包含城市地下管廊建设专项债、配电网建设改造专项债等。

（三）按募集资金用途分类

根据资金用途可将显性债务分为新增债券和置换债券。2015 年我国正式启动债券置换的工作，以应对大量到期债券，由此将显性债务划分为新增和置换债券。新增债券是指用于新项目的投资的债券，而置换债券主要是指以新债换旧债的形式置换存量债券。

根据以上分类可以发现，地方债所包含的债务种类繁多，其中城投债的偿债来源是地方土地出让收入，与土地开发、储备与出让的关系紧密。本章以城投债为例，考察地方政府的财务风险，选取城投债作为地方政府债务发行规模的代理变量进行实证分析。

（四）债务风险内涵及影响因素

超过政府资产价值而无法承担和偿付债务对社会及经济产生的影响被界定为地方政府债务风险，地方政府债务风险与地方政府财政收入之间关系密切。地方财政收入是偿债的保障，当难以维持时表明地方政府债务风险的出现。但也有学者表示不仅仅是地方财政收入会影响债务偿付及风险，当地方政府所拥有的公共资源价值不足以偿还债务时，也可能带来相应的债务风险。

邵雪亚（2014）研究表示地方政府债务风险的成因可从财政体制、政治体制和经济体制这三个方面进行归纳和解释。首先，从财政体制来看，分税制出台后地方政府事权与财权的矛盾加剧，地方政府财政压力增加。新预算法及转移支付制度的实行使得地方政府可以依法进行举债，进一步加大地方政府举债的可能性。其次，为实现 GDP 增长，地方政府采用拉动型经济增长模式带来财政缺口增大，为应对缺口，发债成了可行选项。最后，从经济体制来看，土地财政对地区发展的影响越来越大，该模式为地方政府提供了债务融资保障。土地融资主要包括地方政府通过融资平台，以土地使用权进行抵押或者担保获取外部融资，而地方政府作为土地实际拥有人和控制者，促使地方政府进行债务融资。

从理论上看，地方政府债务风险增加的原因有三个。一是"公共池"问题，地方政府债务引起的问题将由其他的地方政府来共同承担，助长了个别地方政府超过自身偿还能力进行借债；二是软预算约束问题，中央政府往往会成为地方债务的最后兜底人；三是地方政府之间的竞争也使地方政府债务规模不断扩大。

（五）债务风险评价方法

债务危机是债务风险失控的结果，历史上时有发生，例如20世纪70年代的美洲债务危机、20世纪80年代末的日本地产泡沫危机、90年代的东南亚金融危机、2008年美国次贷危机引发的全球金融危机。学者们将债务危机的原因归咎于财政赤字，但实际上财政赤字的规模并不是衡量地方政府债务风险的最可靠方式。财政资金的利用效率和财政收入的可持续性是影响地方政府债务风险的重要因素。

与西方国家相比，我国地方政府的债务融资具有其特殊性。一方面，2011年前地方政府不具备发债的法律权利，大量融资都是通过隐性方式进行；另一方面，预算外资金尤其是土地出让收入在债务融资中扮演重要的角色。国内地方政府对土地财政的依赖使得土地出让金的收入影响到政府财政收入的利用效率及可持续性。许涤龙（2007）将地方政府财政风险指标化具体化，根据我国财政风险的特征增加了国家财政财务依存度、国债偿债率、国债负担率等指标。何扬（2012）通过实证研究土地出让金额与地方政府债务风险之间的关系。有研究采用债务负担率和综合负担率两个指标计算财政风险指标，用来衡量财政风险。其中，债务负担率为地方政府债务占GDP比重，可以反映债务风险程度，债务负担率越高，债务风险越大。借鉴其关于财政风险的衡量标准，本章将债务风险单独分列出来，考察地方政府债务所带来的风险程度。亓寿伟等（2016）将地方政府风险划分为债务风险和非债务风险，其中非债务风险主要指非基于债务原因而造成的财政风险，包括承担政府职能和应对突发情况所引起的财政风险。本章对地方政府的债务风险进行量化，从而构建债务风险指标，见式（12-1）：

$$Risk1 = debt\,(1 + g^d)^t / gdp\,(1 + g^g)^t \qquad (12-1)$$

其中，Risk1表示地方政府的债务规模风险系数，debt为各地区每年城投债的总额，gdp为地区每年的生产总值，g^d表示地方城投债增长速度，g^g表示名义gdp增长速度，t为观测年份。

政府财政收入可以反映未来预期的偿付能力，本章将发债金额与地方财政收入之比作为地方债务负担水平的指标，见式（12 - 2）：

$$Risk2 = debt\,(1 + g^d)^t / revenue\,(1 + g^r)^t \qquad (12 - 2)$$

其中，Risk2 表示地方政府债务负担风险系数，debt 为各地区每年城投债的总额，revenue 为各地区每年的财政收入，g^d 表示地方城投债增长速度，g^r 表示地方财政收入 revenue 增长速度，t 为观测年份。本章运用上述两个风险指标，即债务规模风险和债务负担风险进行实证分析。相较而言，债务规模风险是债务规模的反映，但更适合用于不同地区之间的比较，而债务负担风险更侧重于对地区未来偿债能力和负担情况的分析。

四、土地融资机制研究

（一）土地抵押贷款

银行和地方政府的合作可以追溯到 20 世纪 90 年代后期兴起的"打捆贷款"，其特点是政府承诺、财政兜底、市场化运作，是地方融资平台的初始融资模式。地方融资平台从商业银行获得贷款，有的靠土地抵押，有的靠平台公司之间的互相担保或者地方政府提供担保。一般的做法是，在土地储备中由国土资源管理部门根据规划确定储备土地的供应规模、用途和时机等，向土地储备中心发放土地使用权证，以此作为向银行申请土地抵押贷款的凭证。土地储备中心还可以对储备土地的收益权设立质押，向政府控股的地方国有企业公司进行贷款担保，地方融资平台贷款与还款流程见图 12 - 1。

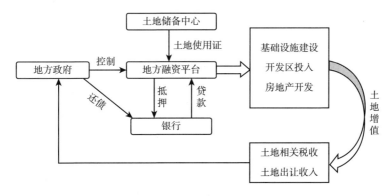

图 12 - 1　地方融资平台土地抵押贷款及还款流程

资料来源：何杨，满燕云. 地方政府债务融资的风险控制——基于土地财政视角的分析［J］. 财贸经济，2012（5）：45 - 50.

　　土地抵押贷款为地方融资平台公司运营、基础设施建设投入、各种开发园区前期建设等发挥了重要作用。贷款的偿还除了依靠项目本身产生的收益，更主要是希望通过开发区招商引资，带动当地工业、商业的发展，以及土地相关税收增加。土地抵押贷款的偿还所依赖的主要是土地增值收益和出让收入。

（二）土地担保发债

　　土地资产及其收益是地方融资平台（地方国有企业）发行城投债的重要担保。就资金获取渠道而言，土地担保与土地抵押都是以土地作为资本进行融资，而担保多以地方政府与券商合作发行城投债的形式进行。在城投债的公告中可以发现，有的直接以地方政府的土地或者资产担保，有的则由投融资平台公司之间互相担保，还有的则是由为平台提供贷款的银行进行担保，担保发债流程见图 12 - 2。相对于银行贷款，城投债的债权人更加广泛，土地担保的变现更加困难。现实中，地方融资平台的发债成本通常高于企业债券的融资成本。2008 年，地方投融资平台发行债券的平均票面利率为 6.19%，同期所有企业债券的平均票面利率为 5.95%；2009 年，地方投融资平台发行债券的平均票面利率为 5.88%，同期企业债券的平均票面利率为 5.70%；2010 年，地方投融资平台发行债券的平均票面利率为 5.72%，同期所有企业债券的平均票面利率为 5.63%。2010 年下半年出现了地方融资平台违约事件，2011 年城投债的票面利率进一步上升，并且市场购买的意愿下降甚至出现抛售。

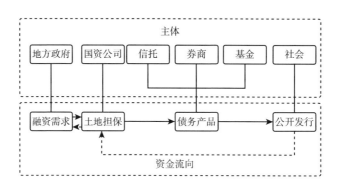

图 12 - 2　地方政府土地担保发债流程

　　已发行城投债的 29 个省及直辖市中，呈现出显著的地域差异。发债数量超过 20 只或者融资金额超过 200 亿元的省份，包括上北京市、上海市、重庆市、浙江省、安徽省、江苏省和湖南省，最多的江苏省各级政府的投融资企业共发行 56 只债券，融资 789 亿元。在这些发债的地方融资平台中，市级、县级融资平台呈现增多的势头。2007 年以前发债主体主要是省级投融资平台，2007 年以来市县级融资平台开始增加。2008 年市级融资平台共发债 14 只，仅 1 个县级融资平台成功发债，县市级融资平台债券占当年融资平台债券数量的 45.5%。

第三节　土地财政与地方融资平台

地方政府土地囤积规模主要受地方财政压力、土地价格、土地市场自由度和政府干预程度的影响，研究这些因素与地方政府土地囤积之间的相关性十分必要，本节根据所收集的数据对这些影响因素进行描述性统计分析。

一、土地财政与地方财政收入

本节将全国 31 个省份分为东部、中部、西部三个地区，对收集的数据进行统计分析。就土地财政收入的整体变动趋势而言，东部地区受经济水平影响，交通、经济和城市开发等方面较中部和西部更有优势。分析城镇化速度和土地价格上涨幅度，可以发现东部地区的土地出让收入高于中部和西部地区。2008 年后三个地区的土地财政收入都出现明显的上升，尤其是东部地区，其土地财政收益快速增加，呈逐年上涨的趋势，主要归因于经济发展和城镇化的推动，见表 12-3。

表 12-3　　2004~2015 年各地区土地财政依赖情况　　单位:%

年份	东部	中部	西部	平均
2004	59.78	44.22	48.31	50.77
2005	41.41	34.78	37.58	37.92
2006	46.47	37.78	42.65	42.30
2007	53.87	44.66	51.89	50.14
2008	37.84	20.02	30.09	29.31
2009	61.75	38.04	37.14	45.64
2010	74.94	60.04	51.84	62.27
2011	64.83	61.79	49.80	58.81

续表

年份	东部	中部	西部	平均
2012	44.64	48.75	46.68	46.69
2013	65.23	65.74	55.92	62.30
2014	46.21	49.06	39.02	44.76
2015	37.78	36.05	24.55	32.80

资料来源：2004～2015 年《中国国土资源统计年鉴》和《中国统计年鉴》统计数据。

从 2004～2015 年各地区土地财政收入占比情况中可以发现，各地区的土地财政占地方政府财政收入的比重较大。除了 2008 年，其他年份全国平均土地财政收入占地方财政收入的比例均高于 30%。土地财政收入是地方政府的主要财政来源，这在一定程度上证实地方政府存在土地财政依赖的现象。东部地区地方政府土地财政依赖更为明显，历年土地财政依赖程度均高于 30%。2004～2011 年，东部地区地方土地财政依赖高于中西部地区，然而 2012 年数值出现转变，中部地区土地财政依赖程度超东部地区，成为对土地财政依赖程度最高的地区。

二、政府干预与土地市场

如表 12－4 所示，2004～2008 年 31 个省份协议出让占所有出让类型的比例逐年下降，东部、中部、西部三大地区分别由 2004 年的 71.96%、64.22%、56.89% 回落至 2014 年的 10.1%、7.84% 和 15.32%。同期全国平均值在 11% 左右。以东部地区为例，协议出让的比例逐年下降，尤其是在 2007 年和 2008 年出现了陡降。该变动趋势的出现主要受招拍挂制度和政策的影响，可见地方政府对土地出让的干预在逐渐减弱进而鼓励市场在土地市场上发挥作用。随着土地储备制度建立及土地制度的不断完善，政府直接干预土地出让的权限缩减。

表 12－4　　　　　2004～2015 年各地区土地市场政府干预情况　　　　单位:%

年份	东部	中部	西部	平均
2004	71.96	64.22	56.89	64.36
2005	64.95	57.85	59.51	60.77
2006	69.54	61.07	63.82	64.81

续表

年份	东部	中部	西部	平均
2007	52.99	46.84	44.57	48.13
2008	18.10	15.32	23.78	19.07
2009	15.32	37.11	62.29	38.24
2010	10.65	11.75	14.84	12.41
2011	6.36	8.04	17.68	10.69
2012	12.34	9.11	19.49	13.64
2013	9.70	6.62	14.96	10.43
2014	10.10	7.84	15.32	11.08
2015	9.64	8.91	11.23	9.92

资料来源：2004~2015年《中国国土资源统计年鉴》有关统计数据。

以划拨土地面积与出让土地面积之比来衡量各地区的土地市场自由度。从表12-5中可以发现，划拨与出让面积之比逐年上升，东部和西部地区2014年划拨的土地面积超过了出让面积，尤其是西部地区甚至达到了198.67%。究其原因，虽然随着市场经济的发展和深化，我国越来越倾向于通过市场的方式来供给土地资源，但是为了保障社会福利和建设基础设施，我国对于纯公共产品用地应当通过划拨的方式供给，而对准公共产品和非公共产品用地则以市场方式供给。近年来，随着城镇化的推进，大量基础设施建设和福利保障设施得以落实。尤其是中部和西部地区，大型基础设施配套相较东部地区起步较晚，因此这两个地区划拨土地面积占出让土地面积的比例不断上涨。

表12-5　　　　　2004~2015年各地区土地市场自由度情况　　　单位:%

年份	东部	中部	西部	平均
2004	34.07	41.04	86.13	53.75
2005	36.56	40.07	52.41	43.02
2006	32.16	28.19	33.13	31.16
2007	40.26	27.31	48.41	38.66
2008	38.51	37.96	58.03	44.83
2009	42.3	75.6	81.68	66.53
2010	33.14	56.94	116.41	68.83

续表

年份	东部	中部	西部	平均
2011	64.51	105.46	106.19	92.05
2012	95.26	119.02	119.9	111.39
2013	65.33	107.04	171.87	114.75
2014	89.81	127.65	198.67	138.71
2015	173.91	144.15	256.1	191.38

资料来源：2004~2015 年《中国国土资源统计年鉴》相关数据。

三、土地价格与土地囤积

2010 年，中部及西部土地闲置面积增幅有所下降，而东部地区土地闲置面积甚至开始减少。东部和中部地区的平均闲置面积较相近，而西部地区平均闲置面积则小于东中部地区的平均值。

东部地区受地形和土地资源限制，闲置土地总量也有限。相比之下，中部地区的地质条件提供了可供开发的大量土地，中部地区土地闲置量逐年上升。分析 2004~2015 年东部、中部和西部住宅用地出让价格变动趋势，可以发现三个地区地价总体都呈上升态势。其表现为东部地区地价波动幅度明显，而中部及西部地区历年地价涨幅较平稳；东部地区平均地价水平达到中部和西部地区的三倍多；中部和西部地区的住宅用地价格平均地价所差无几，同时地价的变动趋势也很相似。2012 年三大地区都出现了住宅用地价格较大幅度下降的情况，主要原因是 2012 年前后正处于土地市场调整期，房地产企业面临以往年度信托产品集中到期的兑付高峰，在一定程度上影响了房地产企业的拿地积极性。

四、地方政府债务及其风险描述

审计署 2013 年第 32 号审计公告显示，截至 2013 年 6 月底，全国政府性债务总额为 30.27 万亿元，较 2010 年和 2012 年年末分别增长 73.27% 和 9.02%，其中全口径地方政府性债务合计 17.89 万亿元，分别增长 66.93% 和 12.62%。地方融资平台的融资方式主要有三种：银行项目贷款、发行城投债、资本市场融资（例如融资租赁、信托私募等）。除城投债数外，其他两类融资方式数据在地级市层面还难以获得。现有文献关于城投债的研究数据来源主要是银保监会和 Wind 数据库，本节结合 Wind 统计口径和毛捷（2019）对城投债归类进行数据梳理。

（一）融资平台发展进程

1998 年亚洲金融危机之后，在分税制和预算法的双重压力之下，地方政府在推动基础设施建设上面临资金匮乏。在此背景下，地方政府通过土地资产划拨的形式成立融资平台公司，通过该平台来获取商业银行的项目信贷，缓解资金压力。2008 年世界金融危机之后，地方融资平台的作用更加凸显。中央政府出台相关政策以鼓励支持其发展，银监会发布《关于进一步加强信贷结构调整促进国民经济平稳较快发展的指导意见》，文件通过增加地方财政贴息、完善信贷奖励补给机制的方式鼓励地方政府设立合规的融资平台，支持有条件的地方政府组建融资平台，发行企业债、中期票据等融资工具。2009年开始，地方融资平台快速发展，地方政府举债规模扩大。而地方融资平台的融资方式也不再局限于银行贷款，还包括项目收益债、专项建设基金、非标金融资产、互联网融资等，使得地方政府债务种类日益复杂，规模越来越大。

随着地方融资平台发展，风险问题逐渐暴露。2010 年监管部门开始对地方融资平台进行管控，先后发布国发 19 号文和银监 10 号文件。地方政府发债机制发生调整，由代发代还到自发代还，最后自发自还。2014 年，中央政府开始对地方政府债务进行甄别，同年 9 月国务院发布《加强地方政府性债务管理的意见》，明确将政企债务进行分离切割，并开始在全国范围内开始整治地方债务问题。2015 年，新预算法明确地方政府需通过省级政府发行地方债是唯一合法的融资渠道。地方政府为满足融资需求，开始利用 PPP 项目或基金等方式变相举债。2014 ~ 2015 年，国家发改委和财政部相继推出专项债券，2015 年，开始国家正式启动地方政府债券置换工作。2017 年，在供给侧改革背景下，非标融资面临严格监管，PPP 和地方建设基金开始全名清查。但是在经济下行压力之下，国务院和银保监会发布文件，提出金融机构要满足融资平台的合理融资需求。

（二）城投债现状分析

如图 12－3 所示，2011 之前全国年发行地方债的数量在 30 只以下，年发债金额均低于 450 亿元。2008 年后地方债发行额度均呈现稳定增长，但增长幅度不大。2012 年随着制度环境的宽松，全国地方债的发行数量和总金额都呈现大幅上涨，2014 年全国地方债发行总额超过万亿。2014～2018 年，全国地方债发行数量及金额在 2015 年和 2017 年出现两次回落，但地方债总额仍维持在万亿水平。总体来看，我国地方债快速增长始于 2012 年，且此后几年来持续发展，2016 年、2018 年地方债发行总额甚至达到两万亿元，规模庞大。若将地方政府其他隐性债务考虑在内，地方债务水平已经达到较高水平，地方政府的债务风险问题开始显现。

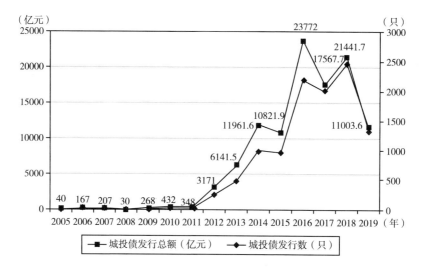

图 12 - 3　2005～2019 年我国城投债发行规模与数量

资料来源：Wind 数据库。

2005 年东部地区开始发行城投债，发行城投债时间最早。与全国城投债发行情况相似，2012 年之前东部地区城投债发行总数和金额均呈现稳定水平。2012 年之后城投债发行总数及金额呈现大幅快速上涨，2018 年城投债发行总额达到 3792 亿元。和全国城投债发行情况相似，东部地区城投债发行总额于 2015 年和 2017 年出现回落。比较而言，东部地区城投债发行数和总额高于同期中西部地区。东部地区发行城投债总额是中西部地区发行总额之和，见图 12 -4。

2012 年之前，中部地区共发行地方债总数 9 只，发债总额为 112 亿元，城投债还未得到普遍发行，见图 12 - 5。2012 年之后地方债发行规模逐渐增长，但中部地区地方债发行规模及增长幅度均不及东部和西部地区，尤其与西部地区呈现出明显的反差。

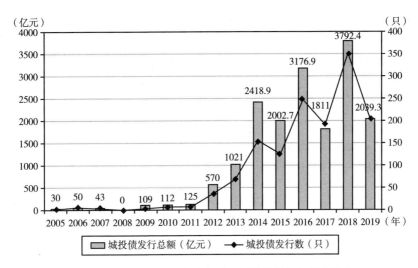

图 12 - 4　2005~2019 年东部地区城投债发行规模与数量

资料来源：Wind 数据库。

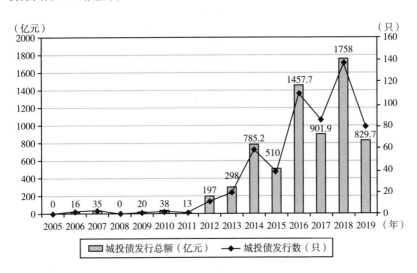

图 12 - 5　2005~2019 年中部地区城投债发行规模与数量

资料来源：Wind 数据库。

西部地区在 2012 年之前发行地方债数量与中部地区持平，仅有 9 只，发行总额为 149 亿元，见图 12 - 6。2012 年之后地方债增长速度迅猛，西部地区地方债规模与东部地区相当。地方融资平台承担着替地方政府融资的职责，不仅可以发行债券，还可以从银行获得贷款、从金融机构获得非标融资等。从2005 年开始，地方融资平台发行主体也分布于省级、地级市、县级政府。分析 Wind 的城投债数据，可以发现以下特点。（1）地市级是城投债的发行主体。截至 2019 年 3 月，11002 家地方融资平台中仅 2264 家属于省级信用平台（包括省会、单列市级别），占比不到 20%。而地级市信用平台占比约为 56%，另有超过 20% 为县级信用平台。（2）发达省份的城投债发行数量多。浙江省以 1490 家融资平台高居首位，四川省次之，为 780 家，江苏省、广东省分别以 750 家和 710 家排在第三和第四。（3）融资形式复杂。当前融资平台可以通过第三方担保抵押、"债贷组合"、成立融资担保基金等方式进行债务融资增信，为地方政府进行基础设施和公用设施建设提供资金。

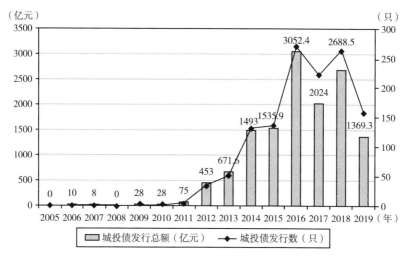

图 12－6　2005～2019 年西部地区城投债发行规模与数量

资料来源：Wind 数据库。

（三）城投债的风险分布

债务负担水平以当年城投债发行总额与地方财政收入之比进行衡量。由于地方财政收入是偿还城投债的主要方式，因此该指标可以反映地方债务负担风险，数值越高则表明地方债务负担水平过高，可能存在偿付风险。为更好地反映地方债务风险在空间和时间上的变化，本章根据曹婧等（2019）新口径数据对 2006～2015 年地级市债务负担情况进行处理。依据政策调整时间、债务规模发展特征和数据可获得性，选取 2008 年、2009 年、2010 年、2011 年和 2015 年五个截面地级市债务负担风险的分布情况进行对比。

根据图 12－7 和图 12－8 的对比发现，政策调整之后地级市发债的概率明显提高，尤其是中部地区，开始发行城投债的地级市显著增加。与此同时，东北和长江三角洲地区的债务负担攀升的情况与政策实施及地方财政收入有关。

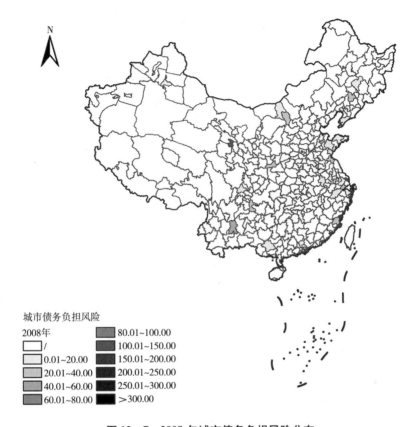

图 12 – 7　2008 年城市债务负担风险分布

资料来源：城市债务负担风险基于从 Wind 数据库下载整理所得的城投债数据和《中国城市统计年鉴》中的地方财政收入数据计算得出。原始地图来源于国家基础地理信息系统数据库，本书审图号 GS（2021）5578 号。

　　2010 年银监会开始出台政策控制地方融资平台的贷款规模，2011 年财政部发布《2011 年地方政府自行发债试点办法》，明确开始试点上海、浙江、广东、深圳四省市的地方政府自行发债。对比图 12 – 9、图 12 – 10 和图 12 – 11 可知，2011 年地级市债务负担水平激增，东中部地区尤为明显，整体发债的概率增加，发债规模上升。究其原因，城投债主要服务于为城市发展和基础设施建设，而东中部地区的融资需求较西部地区会更强烈，偿债能力较好，因而发债概率较高。

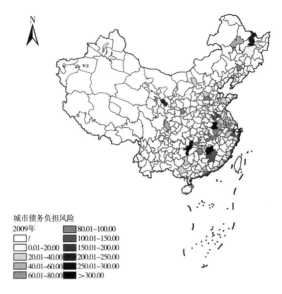

图 12 – 8　2009 年城市债务负担风险分布

资料来源：城市债务负担风险基于从 Wind 数据库下载整理所得的城投债数据和《中国城市统计年鉴》中的地方财政收入数据计算得出。原始地图来源于国家基础地理信息系统数据库，本书审图号 GS（2021）5578 号。

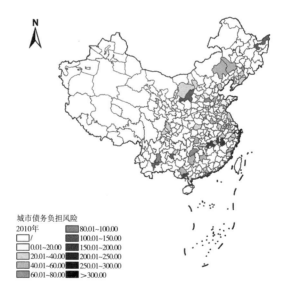

图 12 – 9　2010 年城市债务负担风险分布

资料来源：城市债务负担风险基于 Wind 数据库下载整理所得的城投债数据和《中国城市统计年鉴》中的地方财政收入数据计算得出。原始地图来源于国家基础地理信息系统数据库，本书审图号 GS（2021）5578 号。

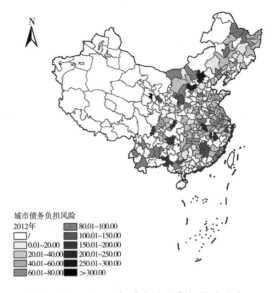

图 12 - 10　2012 年城市债务负担风险分布

资料来源：城市债务负担风险基于 Wind 数据库下载整理所得的城投债数据和《中国城市统计年鉴》中的地方财政收入数据计算得出。原始地图来源于国家基础地理信息系统数据库，本书审图号 GS（2021）5578 号。

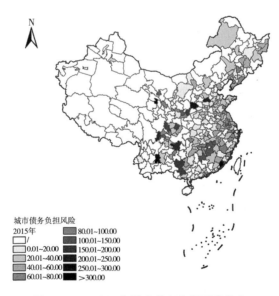

图 12 - 11　2015 年城市债务负担风险分布

资料来源：城市债务负担风险基于从 Wind 数据库下载整理所得的城投债数据和《中国城市统计年鉴》中的地方财政收入数据计算得出。原始地图来源于国家基础地理信息系统数据库，本书审图号 GS（2021）5578 号。

第四节　地方债务风险的实证分析

在城镇化建设过程中，大规模基础设施投资对应着快速增长的公共品需求。与发达国家不同，在新预算法实施前，我国地方政府不得发行地方政府债券（除法律和国务院另有规定外），中国人民银行制定的《中华人民共和国贷款通则》严格限制了地方政府直接向商业银行贷款，《中华人民共和国担保法》也规定国家机关不得作为保证人，严格法规和条例使得地方政府融资渠道受限，地方政府通过融资平台变相筹资。刘守英和蒋省三（2005）表示新一轮的城镇扩张主要由银行资金投放支撑，而银行贷款又是以土地抵押的。国务院发展研究中心分析发现，我国地方市 1999 ~ 2003 年的基础设施投资金额为 233.27 亿元，其中土地出让金 33.27 亿元，占总投资的 14.30%，而土地融资达到 170 亿元，占 72.88%。地方政府进行土地抵押融资的载体主要是土地储备中心、地方国有企业和开发区建设平台，其还款能力取决于政府对经营性用地的运营收入，也取决于当地政府的财政收入，背后真正的保障是政府信用。本章从地方政府土地出让行为、官员激励机制两个方面对地方政府债务影响进行理论分析说明。

城乡二元土地结构赋予地方政府垄断供应土地的权力和空间（范剑勇和莫家伟，2014）。严格耕地保护制度和建设用地配额制度造成了城镇建设用地的稀缺和短缺，地方政府在土地市场上的供给规模、结构和时机具有重要影响。土地储备制度是地方政府土地收益最大化的重要工具。随着土地储备制度的建立，土地的市场价值得到进一步显化，涨价为地方政府带来经营性用地的土地级差收益。负责土地储备的机构不仅有政府领导牵头、由国土部门直接负责的土地储备中心，政府控股的投资公司和园区管委会。土地储备中心根据审批建设用地指标进行土地储备、开发和出让，出让的规模和时机主要由地方政府调节。通过招拍挂的方式出让收储的土地，使得经营性用地得以集中市场化供应，为地方政府带来土地出让收入。部分地级市土地财政收入已经接近当年政府预算内财政收入，是地方政府的重要收入来源。

从理论上讲，土地出让收入对地方城投债的发行规模产生影响。一是土地出让收入与债务融资均是地方政府市政基础设施建设的重要资金来源，当土地出让收入增加时，地方政府会减少债务融资的需求，进而降低城投债的发行量；二是当土地出让收入增加时，地方政府会高估未来预期的偿债能力，因而会增加城投债的发行量。本书认为"以地融资"所产生的正反效应均需要考虑实际地区发展的情况和地方政府特征，上述观点需要进行实证验证。

一、研究假设、数据与变量

根据文献梳理和理论分析，地方政府在城镇化中存在"以地融资"行为，通过发行城投债来支持城市开发与基础设施建设。城市可被视为一个提供公共品的组织，当该组织的负债率达到一定程度会给本身带来威胁（张莉等，2018）。本章以城投债为例，结合土地出让行为与考核约束对地方政府债务风险的影响进行研究。

研究假设 12-1：土地出让收入与城投债发行规模正相关。受城投债受土地出让收入影响，土地出让收入较高的城市可以偿债的收入高于土地出让收入低的城市，因此，高土地收入的城市更倾向于扩大城投债规模，相应的债务负担风险也越高。

研究假设 12-2：土地财政依赖对债务负担风险的影响为正。东部、中部地区土地财政依赖显著，而对土地财政依赖较高的地区其土地价格预期较好，发债规模增加。

以全国 281 个地级市作为研究对象，对 2006~2015 年政府土地出让行为和城投债数据等进行分析。城投债数据来自 Wind 数据库，经由本书作者整理，地级市土地出让收入、出让规模来自《中国国土资源统计年鉴（2007~2016）》，地级市 GDP、建成区面积、财政收入和总人口来自《中国城市统计年鉴（2007~2016）》。

（一）被解释变量

城投债规模及风险作为被解释变量，Wind 数据库对地方融资平台的数据进行重新整理构建新名单，2006~2017 年共 2419 家融资平台及其城投债数据，共计 13926 支城投债（含集合债券）。本章选取 2006~2015 年的城投债数据进行分析，其中城投债发行额单位为亿元，债务规模风险率单位为百分比，用四个变量来量化城投债变量：（1）发债概率（debt），设置 0-1 虚拟变量，若发行城投债则取值为 1，否则为 0；（2）发债金额（debt1），进行加 1 取对数处理，若没有发债则为 0；（3）债务规模风险（risk1），发债金额占人均 GDP 的比重衡量规模风险；（4）债务负担风险（risk2），发债金额占地级市财政收入比重衡量负担风险情况。

(二) 解释变量

土地出让收入 (landprice), 以土地出让收入占 GDP 比重来衡量不同地级市土地收入的影响, 数据来源于《国土资源统计年鉴》《中国城市统计年鉴》, 为解决内生性问题, 采用滞后一期变量进行模型。土地出让规模 (landarea) 是反映政府土地出让行为的另一种表现形式, 为减少城市间差异的影响, 本章以土地出让规模占城市建成区面积进行衡量。土地财政依赖 (dependence) 在一定程度上会影响地方政府发债规模, 以土地出让收入占地方财政收入进行衡量。

(三) 控制变量

财政自给率 (auto1): 表示地方财政压力情况会对地区发行城投债规模产生影响, 数据来源《中国城市统计年鉴》, 计算公式如下:

$$财政自给率(auto1) = \frac{地方财政收入}{地方财政支出} \qquad (12-3)$$

预算内财政缺口 (auto2): 该变量是地方财政压力的另外一种形式, 数据来源于《中国城市统计年鉴》, 计算公式如下:

$$财政缺口(auto2) = \frac{地方财政支出 - 地方财政收入}{地方财政收入} \qquad (12-4)$$

人均 GDP (pcgdp) 变量反映地区的经济发展水平, 对城投债发行规模产生影响, 需要加以控制。人口密度 (popden) 以地级市总人口占总面积的比例衡量, 反映人口的规模, 考察其对城投债发行规模的影响。在以下实证分析中, 所有以货币名义计量的变量均利用居民消费者价格指数 (以 2006 年为基期) 换算为实际价值, 消除物价变动影响。各变量的描述性统计见表 12 - 6, 其中 pcgdp 和 popden 已对数化处理。

表 12 - 6　　　　　　　　　　　变量描述性分析

变量	样本数	均值	标准差	最小值	最大值	中位值
debt	2830	0.380	0.486	0.000	1.000	0.000
debt1	2830	1.155	1.612	0.000	6.656	0.000
risk1	2806	3.521	9.005	0.000	124.000	0.000
risk2	2825	17.660	42.260	0.000	678.100	0.000
landprice	2782	0.041	0.035	0.000	0.425	0.032
landarea	2830	0.008	0.013	0.000	0.171	0.004

续表

变量	样本数	均值	标准差	最小值	最大值	中位值
dependence	2825	1.803	3.136	0.006	64.660	1.100
stress	2830	0.322	0.467	0.000	1.000	0.000
auto1	2804	0.485	0.231	0.054	1.541	0.450
auto2	2804	1.759	1.907	-0.351	17.400	1.220
lnrealgdppc	2806	10.070	0.669	7.926	12.850	10.050
lnpopden	2807	5.711	0.912	1.548	7.882	5.840

资料来源：EViews 软件输出结果，本书作者整理。

二、分析模型

通过 F 检验来选择混合效应和固定效应模型。F 检验的原假设支持混合效应模型，备择假设支持固定效应模型。检验结果见表 12-7，表中四个模型的 F 检验的 P 值均为 0.000，可以在 1% 的显著性水平下拒绝原假设，因此选择固定效应模型。

表 12-7　　　　　　　　混合效应模型和固定效应模型的 F 检验

模型	模型 12-1	模型 12-2	模型 12-3	模型 12-4
	debt	debt1	risk1	risk2
F statistics	2.650	5.650	6.680	3.210
P-value	0.000	0.000	0.000	0.000

资料来源：EViews 软件输出结果，本书作者整理。

采用豪斯曼检验在随机效应模型和固定效应模型之间进行选择。豪斯曼检验的原假设为随机效应模型，备择模型是固定效应模型。若卡方统计值大于 10% 的临界值，则拒绝原假设，而接受备择假设，即应采用固定效应模型；反之，则应采用随机效应模型。豪斯曼检验的结果见表 12-8，模型 12-1、模型 12-2 和模型 12-3 的豪斯曼检验的 P 值均小于 0.01，可以在 1% 的显著性水平下拒绝原假设，而模型 12-4 的豪斯曼检验的 P 值小于 0.05，故在 5% 的显著性水平下拒绝原假设，四个模型的检验结果均表明应采用面板固定效应模型进行估计。

表 12 - 8　　　　　　　　　随机效应和固定效应选择的豪斯曼检验

模型	模型 12 - 1	模型 12 - 2	模型 12 - 3	模型 12 - 4
	debt	debt1	risk1	risk2
卡方统计量	32. 130	58. 990	49. 310	27. 730
P - value	0. 009	0. 000	0. 000	0. 034

资料来源：EViews 软件输出结果，本书作者整理。

本章以全国 281 个地级市为研究对象，收集 2006～2015 年的城投债、土地出让和官员特征等数据进行双重固定效应分析。首先检验土地出让收入（langprice）、土地出让规模（landarea）、土地财政压力（dependence）和官员晋升（stress）对地级市城投债发行规模的影响，随后考虑变量与官员晋升（stress）交互项对城投债发行的影响，实证分析模型如下：

$$y_{it} = \beta_0 + \beta_1 \times landprice_{i,t-1} + \beta_2 \times landarea_{i,t-1}$$
$$+ \beta_3 \times dependence_{i,t-1} + \beta \times x_{it} + u_i + u_t + \varepsilon_{it} \qquad (12-5)$$
$$y_{it} = \beta_0 + \beta_1 \times landprice_{i,t-1} \times stress_{it} + \beta_2 \times landarea_{i,t-1} \times stress_{i,t}$$
$$+ \beta_3 \times dependence_{i,t-1} \times stress_{it} + \beta \times x_{it} + u_i + u_t + \varepsilon_{it} \qquad (12-6)$$

式（12-5）表示单独检验关键变量对城投债发行规模影响的模型，式（12-6）是检验关键变量与官员晋升压力两两交互作用对城投债发行规模的计量模型。其中，y_{it} 表示地级市 i 在 t 年的城投债发行的表现形式：债务发行概率（debt）、债务金额（debt1）、债务规模风险（risk1）和债务负担风险（risk2）。$landprice_{i,t-1}$ 为地级市 i 在 t - 1 年的土地出让收入，$landarea_{i,t-1}$ 为地级市 i 在 t - 1 年的土地出让规模，$dependence_{i,t-1}$ 为地级市 i 在 t - 1 年的土地财政依赖，$stress_{it}$ 为地级市 i 在 t 年的市委书记年龄特征的虚拟变量。x_{it} 是一组可能影响城市地方债发行规模的控制变量，包括财政自给率、财政缺口、人均GDP 和人口密度。u_i 表示城市的固定效应，u_t 代表时间效应，ε_{it} 表示随机误差项。模型检验通过豪斯曼检验，实证结果报告固定效应的估计系数。

三、实证结果

（一）对发债概率的影响

以地级市发债的概率（debt）作为被解释变量，实证结果如表 12 - 9 所示，可以发现土地出让收入（landprice）对地级市城投债发行概率的影响在

1%的显著性水平下为正（系数值为1.595），表明当上一期地级市土地出让收入增加会促使地方政府更倾向于发行城投债。同时，土地财政依赖（dependence）对地方政府城投债的发行概率影响为正且显著（系数值为0.019），表明土地财政依赖越严重的地级市越倾向于发行地方债。而土地出让规模（landarea）对地级市发行城投债的概率影响为正，未通过统计显著性检验。市委书记的晋升压力（stress）在模型12-1及全变量的模型12-4中显著为正（系数值为0.03），表明地级市官员的晋升压力在一定程度上会影响政府发债的概率。

同时根据表12-9中模型结果，财政自给率、预算内财政缺口对发债概率的影响均为负，但均未通过统计显著性检验，人均GDP对发债概率的影响为正且通过了统计显著性检验，表明随着人均GDP的提高，发债概率也将不断提高。

表12-9　　　　　　　　对发债概率影响的模型回归结果

变量	模型12-1	模型12-2	模型12-3	模型12-4
L. landprice	1.595 *** (3.17)	—	—	1.503 ** (2.26)
L. landarea	—	2.352 (1.05)	—	-0.046 (-0.02)
L. dependence	—	—	0.019 * (1.95)	0.003 (0.23)
Stress	0.030 * (1.66)	0.028 (1.54)	0.028 (1.54)	0.030 * (1.65)
auto1	-0.064 (-0.31)	0.007 (0.03)	0.044 (0.21)	-0.059 (-0.29)
auto2	-0.022 (-0.78)	-0.019 (-0.70)	-0.019 (-0.68)	-0.021 (-0.77)
lnrealgdppc	0.169 ** (2.36)	0.169 ** (2.36)	0.166 ** (2.33)	0.168 ** (2.34)
lnpopden	0.072 (0.26)	0.088 (0.31)	0.094 (0.33)	0.071 (0.25)
Constant	-1.910 (-1.14)	-2.013 (-1.19)	-2.052 (-1.22)	-1.908 (-1.13)
省份效应	Yes	Yes	Yes	Yes

续表

变量	模型 12 - 1	模型 12 - 2	模型 12 - 3	模型 12 - 4
年份效应	Yes	Yes	Yes	Yes
N	2481	2515	2513	2480
adj. R^2	0.458	0.452	0.453	0.457
F	65.225	66.403	66.817	57.003

注：***、** 和 * 分别表示在 1%、5% 和 10% 的显著性水平下通过显著性检验，括号内为 t 值。
资料来源：EViews 软件输出结果，本书作者整理。

（二）对发债金额的影响

以地级市发债金额（debt1）作为被解释变量，表 12 - 10 结果显示土地出让收入（landprice）在 5% 的显著性水平下通过统计显著性检验，对发债金额的影响为正（系数值为 2.858），表明上期土地出让金越高则当期地级市会倾向于发行更大规模的城投债，即上年 landprice 上涨 1 单位可能引起当年城投债发行额增加 2.858 亿元。在控制其他变量的情况下，土地出让收入对地级市城投债发行金额的影响系数变大，在 5% 的显著性水平下，影响系数值达到 4.19。

表 12 - 10　　　　　对发债金额影响的模型回归结果

变量	模型 12 - 1	模型 12 - 2	模型 12 - 3	模型 12 - 4
L. landprice	2.858 ** (2.13)	—	—	4.190 ** (2.36)
L. landarea	—	-3.337 (-0.56)	—	-7.844 (-1.21)
L. dependence	—	—	0.016 (0.62)	-0.022 (-0.62)
Stress	0.192 *** (3.92)	0.186 *** (3.83)	0.187 *** (3.84)	0.193 *** (3.95)
auto1	0.296 (0.54)	0.481 (0.89)	0.483 (0.89)	0.316 (0.57)
auto2	-0.036 (-0.49)	-0.024 (-0.33)	-0.026 (-0.35)	-0.032 (-0.43)
lnrealgdppc	0.256 (1.34)	0.249 (1.31)	0.247 (1.29)	0.267 (1.39)

续表

变量	模型 12 – 1	模型 12 – 2	模型 12 – 3	模型 12 – 4
lnpopden	0.161 (0.22)	0.272 (0.36)	0.211 (0.28)	0.221 (0.30)
Constant	– 3.304 (– 0.74)	– 3.871 (– 0.86)	– 3.544 (– 0.79)	– 3.729 (– 0.83)
省份效应	Yes	Yes	Yes	Yes
年份效应	Yes	Yes	Yes	Yes
N	2481	2515	2513	2480
adj. R^2	0.614	0.609	0.609	0.614
F	92.328	94.067	94.315	80.892

注：***、** 分别表示在 1% 和 5% 的显著性水平下通过显著性检验，括号内为 t 值。
资料来源：EViews 软件输出结果，本书作者整理。

（三）对债务规模风险的影响

城投债规模风险（risk1）较发债金额（debt2）而言，能够避免不同城市之间产值差异所带来的影响，更能反映地级市的规模风险。表 12 – 11 的回归结果显示，当将关键解释变量单独考虑时，仅土地出让规模（landarea）在10% 的显著性水平下显著为负（系数为 – 35.31），表明当上一期土地出让规模增加时地级市倾向于降低发债规模。观察模型 12 – 4 的结果可以发现，土地出让收入（landprice）在 5% 的显著性水平下显著为正（系数为 13.68），表明当上一期土地出让收入增加会使得地级市城投债规模增加，导致规模风险上升。

表 12 – 11　　　　　　　　对发债规模风险影响的模型回归结果

变量	模型 12 – 1	模型 12 – 2	模型 12 – 3	模型 12 – 4
L. landprice	5.321 (1.26)	—	—	13.680 ** (2.46)
L. landarea	—	– 35.318 * (– 1.89)	—	– 43.306 ** (– 2.13)
L. dependence	—	—	– 0.030 (– 0.37)	– 0.152 (– 1.38)
Stress	0.763 *** (4.99)	0.755 *** (4.95)	0.758 *** (4.96)	0.773 *** (5.06)

续表

变量	模型12－1	模型12－2	模型12－3	模型12－4
auto1	0.456 (0.27)	0.839 (0.49)	0.594 (0.35)	0.514 (0.30)
auto2	－0.175 (－0.76)	－0.149 (－0.65)	－0.159 (－0.69)	－0.152 (－0.66)
lnrealgdppc	－0.189 (－0.32)	－0.196 (－0.33)	－0.204 (－0.34)	－0.124 (－0.21)
lnpopden	1.401 (0.60)	1.968 (0.84)	1.611 (0.69)	1.739 (0.74)
Constant	－5.889 (－0.42)	－8.880 (－0.63)	－6.807 (－0.48)	－8.288 (－0.59)
省份效应	Yes	Yes	Yes	Yes
年份效应	Yes	Yes	Yes	Yes
N	2481	2515	2513	2480
adj. R^2	0.595	0.590	0.590	0.596
F	68.670	69.413	69.201	60.682

注：＊＊＊、＊＊和＊分别表示在1%、5%和10%的显著性水平下通过显著性检验，括号内为t值。
资料来源：EViews软件输出结果，本书作者整理。

（四）对债务负担风险的影响

地级市债务负担风险（risk2）以城市发行城投债金额与地方财政收入之比来表示，该系数越大表明债务负担越大，相应风险越高。通过表12－12的回归结果可以发现，土地出让收入（landprice）在10%的显著性水平下对债务负担风险影响显著为正（系数为44.575），表明对地级市而言，上一期土地出让收入增加会引起负担风险上升。当土地财政收入增加时，地方政府对未来偿还债务持乐观态度，从而增加债务规模，愿意承担更大的风险。同时，地方政府土地财政依赖在1%的显著性水平下显著，表明地级市政府依赖土地资源，对偿债信心和发债的倾向加强，进而使得债务负担风险上升。

表12－12   对债务负担风险的模型回归结果

变量	模型12－1	模型12－2	模型12－3	模型12－4
L. landprice	44.575＊ (1.67)	—	—	－1.034 (－0.03)
L. landarea	—	－40.948 (－0.35)	—	－127.973 (－0.99)

续表

变量	模型 12-1	模型 12-2	模型 12-3	模型 12-4
L. dependence	—	—	1.474 *** (2.79)	1.772 ** (2.54)
Stress	2.631 *** (2.72)	2.666 *** (2.74)	2.592 *** (2.67)	2.581 *** (2.67)
auto1	-21.782 ** (-2.02)	-20.387 * (-1.88)	-19.136 * (-1.77)	-18.637 * (-1.71)
auto2	-1.931 (-1.32)	-2.080 (-1.42)	-2.047 (-1.39)	-1.915 (-1.31)
lnrealgdppc	14.384 *** (3.79)	13.809 *** (3.64)	13.218 *** (3.48)	14.106 *** (3.72)
lnpopden	12.186 (0.82)	14.857 (1.00)	14.228 (0.96)	12.904 (0.87)
_cons	-195.331 ** (-2.20)	-203.738 ** (-2.27)	-197.324 ** (-2.21)	-198.655 ** (-2.23)
省份效应	Yes	Yes	Yes	Yes
年份效应	Yes	Yes	Yes	Yes
N	2480	2513	2512	2479
adj. R^2	0.377	0.369	0.371	0.378
F	48.898	48.691	49.396	43.303

注：***、**和*分别表示在1%、5%和10%的显著性水平下通过显著性检验，括号内为 t 值。
资料来源：EViews 软件输出结果，本书作者整理。

（五）交互项检验

为进一步考察市委书记年龄虚拟变量在土地出让收入（landprice）、土地出让规模（landarea）和土地财政依赖（dependence）对发债金额（debt1）、债务规模风险（risk1）和债务负担风险（risk2）的影响中是否具有调节作用，在原有模型的基础上构建官员晋升压力（stress）变量与三个关键解释变量的交互项 llandprice × d_age、llandarea × d_age 和 ldependence × d_age，纳入模型中进行估计。

1. 交互项对发债金额的影响

表 12-13 为增加交互项后对城投债发行规模的影响实证结果，可以发现土地出让金与官员晋升压力之间的交互项（landprice × stress）在 5% 的显著性水平下显著为正（系数为 3.718），表明对于土地出让收入高的地区，晋升压力加强了城投债发行规模的正向影响。土地出让收入对城投债发行规模的影响

为正，而晋升压力的影响进一步加强正向调节。

表 12 – 13 交互项对发债金额影响的模型回归结果

变量	模型 12 – 1	模型 12 – 2	模型 12 – 3	模型 12 – 4
llandprice	1.679 (1.18)	—	—	2.681 (1.43)
llandarea	—	– 5.726 (– 0.91)	—	– 8.870 (– 1.29)
ldependence	—	—	0.017 (0.61)	– 0.004 (– 0.12)
llandprice × stress	3.718 ** (2.19)	—	—	4.344 ** (2.19)
llandarea × stress	—	6.192 (1.04)	—	3.379 (0.54)
Ldependence × stress	—	—	– 0.002 (– 0.06)	– 0.045 (– 1.11)
Stress	0.042 (0.50)	0.139 ** (2.09)	0.191 ** (2.58)	0.063 (0.69)
auto1	0.250 (0.46)	0.480 (0.88)	0.483 (0.89)	0.251 (0.46)
auto2	– 0.039 (– 0.53)	– 0.025 (– 0.34)	– 0.026 (– 0.35)	– 0.038 (– 0.52)
lnrealgdppc	0.279 (1.46)	0.253 (1.33)	0.247 (1.29)	0.295 (1.54)
lnpopden	0.167 (0.22)	0.270 (0.36)	0.210 (0.28)	0.215 (0.29)
_cons	– 3.486 (– 0.78)	– 3.886 (– 0.86)	– 3.544 (– 0.79)	– 3.886 (– 0.86)
省份效应	Yes	Yes	Yes	Yes
年份效应	Yes	Yes	Yes	Yes
N	2481	2515	2513	2480
adj. R^2	0.614	0.609	0.609	0.614
F	86.638	87.873	87.991	68.539

注：** 表示在 5% 的显著性水平下通过显著性检验，括号内为 t 值。
资料来源：EViews 软件输出结果，本书作者整理。

2. 交互项对债务规模风险的影响

以债务规模风险（risk1）为被解释变量，考虑关键变量和官员晋升压力之间的交互项影响的实证结果如表 12 - 14 所示，均通过显著性检验。回归结果表明，土地出让收入与官员晋升压力之间的交互项（landprice × stress）在 1% 的显著性水平下显著为正（系数为 25.153）。土地出让规模对债务规模风险影响为负，而土地出让规模与官员晋升的交互项（landarea × stress）对债务规模风险的影响在 1% 的显著性水平下显著为正（系数为 63.244）。土地财政依赖与官员晋升压力的交互项（dependence × stress）的估计系数为负且在 5% 的显著性水平下通过显著性检验。

表 12 - 14　　　　交互项对债务规模风险影响的模型回归结果

变量	模型 12 - 1	模型 12 - 2	模型 12 - 3	模型 12 - 4
llandprice	- 2.571 (- 0.58)	—	—	4.547 (0.78)
llandarea	—	- 59.721 *** (- 3.03)	—	- 58.310 *** (- 2.72)
ldependence	—	—	- 0.035 (- 0.39)	- 0.045 (- 0.39)
llandprice × stress	25.153 *** (4.75)	—	—	26.950 *** (4.37)
llandarea × stress	—	63.244 *** (3.41)	—	41.957 ** (2.14)
Ldependence × stress	—	—	0.023 (0.21)	- 0.272 ** (- 2.18)
Stress	- 0.249 (- 0.95)	0.273 (1.31)	0.721 *** (3.11)	- 0.204 (- 0.72)
auto1	0.150 (0.09)	0.821 (0.48)	0.601 (0.35)	0.108 (0.06)
auto2	- 0.193 (- 0.84)	- 0.158 (- 0.69)	- 0.158 (- 0.68)	- 0.197 (- 0.86)
lnrealgdppc	- 0.032 (- 0.05)	- 0.154 (- 0.26)	- 0.206 (- 0.34)	0.063 (0.11)
lnpopden	1.437 (0.62)	1.956 (0.84)	1.613 (0.69)	1.697 (0.73)

续表

变量	模型 12-1	模型 12-2	模型 12-3	模型 12-4
_cons	-7.114 (-0.51)	-9.034 (-0.64)	-6.806 (-0.48)	-9.312 (-0.67)
年份效应	Yes	Yes	Yes	Yes
N	2481	2515	2513	2480
adj. R²	0.599	0.592	0.590	0.601
F	66.220	65.885	64.561	53.383

注：***、** 分别表示在1%和5%的显著性水平下通过显著性检验，括号内为 t 值。
资料来源：EViews 软件输出结果，本书作者整理。

3. 交互项对债务负担风险的影响

以债务负担风险为被解释变量进行实证研究，实证检验结果见表 12-15。从回归结果可知，关键解释变量与官员晋升之间的交互项对债务负担风险的影响较小，其中土地出让收入（landprice）及土地出让规模（landarea）两者与官员晋升的交互项未通过显著性检验，仅土地财政依赖（dependence）和官员晋升之间的交互项通过 1% 的显著性水平检验（系数为 2.008），表明在土地财政依赖明显的地级市，官员晋升压力对债务负担风险的正向影响更为突出，起正向调节作用。

表 12-15　　　　交互项对债务负担风险影响的模型回归结果

变量	模型 12-1	模型 12-2	模型 12-3	模型 12-4
llandprice	28.191 (1.00)	—	—	-3.682 (-0.10)
llandarea	—	-69.931 (-0.56)	—	-145.669 (-1.07)
ldependence	—	—	0.895 (1.61)	1.225* (1.68)
llandprice × stress	49.236 (1.46)	—	—	5.855 (0.15)
llandarea × stress	—	79.954 (0.68)	—	29.037 (0.23)
Ldependence × stress	—	—	2.008*** (2.91)	1.964** (2.48)

续表

变量	模型 12 - 1	模型 12 - 2	模型 12 - 3	模型 12 - 4
Stess	0. 649 (0. 39)	2. 054 (1. 55)	- 0. 617 (- 0. 42)	- 0. 975 (- 0. 54)
auto1	- 22. 387 ** (- 2. 07)	- 20. 430 * (- 1. 88)	- 18. 634 * (- 1. 73)	- 17. 998 * (- 1. 66)
auto2	- 1. 970 (- 1. 35)	- 2. 093 (- 1. 43)	- 1. 918 (- 1. 31)	- 1. 790 (- 1. 22)
lnrealgdppc	14. 692 *** (3. 87)	13. 858 *** (3. 65)	13. 188 *** (3. 48)	14. 143 *** (3. 73)
lnpopden	12. 272 (0. 83)	14. 832 (0. 99)	14. 495 (0. 98)	13. 484 (0. 91)
_cons	- 197. 799 ** (- 2. 22)	- 203. 838 ** (- 2. 27)	- 197. 926 ** (- 2. 22)	- 201. 594 ** (- 2. 26)
省份效应	Yes	Yes	Yes	Yes
年份效应	Yes	Yes	Yes	Yes
N	2480	2513	2512	2479
adj. R^2	0. 377	0. 369	0. 374	0. 380
F	45. 796	45. 463	46. 840	37. 033

注：***、** 和 * 分别表示在1%、5%和10%的显著性水平下通过显著性检验，括号内为 t 值。
资料来源：EViews 软件输出结果，本书作者整理。

综合上述结果，土地出让收入、土地财政依赖会对发债概率、发债规模风险和负担风险均产生正向影响。针对地方政府"以地融资"的行为，从土地的角度需要明晰土地产权和促进土地市场化配置，使得土地价值更加明确和透明；从融资平台的角度可以进行统一债务管理，降低债务风险。此外，交互项的实证结果表明官员晋升压力对关键解释变量的影响有正向调节作用。土地出让收入与债务融资均是地方政府基础设施建设的重要资金来源，当土地出让收入增加时，地方政府会减少债务融资的需求。在官员晋升压力较大的地区，会增加城投债的发行规模。

第十三章　地方隐性债务对城市扩张的驱动机制研究

第一节　引　言

地方政府通过行政区划调整，规划设计新城、新区、开发区、工业园区、副城等多种形式推动城市建成区面积快速增加，城市边界外移。我国城市建成区面积从 2006 年的 33659.80 平方千米扩张至 2018 年的 58455.66 平方千米，年均增长率为 4.71%，见图 13-1。有学者指出我国城镇化进程面临着要素失衡的问题，城市土地面积增速持续高于人口增速，存在城镇土地过度开发的风险（江曼琦、席强敏，2015；Chen et al.，2016；吴一凡等，2018；冀云阳等，2019）。从我国城区人口增长与面积增长的对比来看，2007~2016 年我国 285 个地级市建成区面积的平均增速为 5.47%，而人口增速为 2.55%，建成区增速显著快于人口增速，2017 年与 2018 年两者增长趋于接近，如图 13-1 所示。城市空间的扩张过程带来了土地粗放利用，资产闲置与房地产价格泡沫等问题（况伟大、王湘君，2019；毛文峰、陆军，2020；张路，2020）。

2015 年实施的新预算法规定，地方政府只能在国务院确定的限额内进行举债。地方政府需要筹集资金来支撑城市开发、市政公用设施建设和公共服务配套，以满足新增人口的公共服务需求。快速增长的公共服务成本和基础设施建设开支给地方政府财政带来巨大压力，而通过隐性债务支撑城市扩张成为选项（Milan and Creutzig，2016；曹婧等，2019；徐红、汪峰，2019）。城投债又称"准市政债"，是地方政府为筹集城市开发与基础设施建设资金，利用地方投融资平台（地方国有企业）公开发行的企业债券与中期票据等。尽管城投债是企业债券，但其资金主要用于城市开发建设与基础设施投资，城投债是隐性的地方政府债务（沈红波等，2018）。

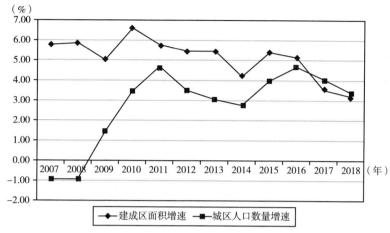

图 13 - 1　2007～2018 年全国 285 个城市建成区增速和人口增速

注：本书作者对所选的 285 个地级市的建成区面积和城区人口数量进行整理计算，其中城区人口数量为城区人口和城区暂住人口两者的数量之和，建成区增速和人口增速均为同比增长速度，计算公式为：（本年度 - 上一年度）÷上一年度×100%。

资料来源：2007～2018 年《中国城市建设统计年鉴》。

地方政府利用地方融资平台，通过银行贷款、融资租赁、债券、票据等方式举债，服务于城市开发与建设等业务，最后责任人都是地方政府。以 Wind 数据库的数据为基础，本书作者整理了 2007～2018 年我国 285 个地级市的城投债数据，可以发现我国城投债只数和发行规模稳定增长，变动趋势如图 13 - 2 所示。

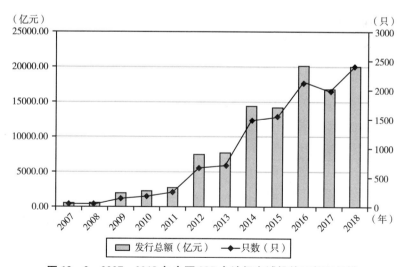

图 13 - 2　2007～2018 年全国 285 个地级市城投债只数和规模

资料来源：Wind 数据库。剔除了各地级市城投公司在上海、深圳上市的企业债（避免债券的重复），计算得出 285 个地级市 2007～2018 年每年发行的城投债只数与发债规模。

2018 年 285 个地级市新发行城投债 2416 只，发行总额高达 20023.87 亿元。2007～2018 年，285 个地级市的地方融资平台累计发行城投债 11589 只，累计发债金额高达 108685.26 亿元。伴随着城投债规模的增加，各省（自治区）的建成区面积不断增长，见表 13-1。党的十九大报告提出了新发展理念，要实现更高质量、更有效率、更加公平、更可持续的经济增长。对地方政府隐性债务驱动城市空间扩张的机理进行研究，具有重要的现实意义。

表 13-1　　　　　　　2007～2018 年全国各省份建成区面积与城投债统计

省份	2007 年		2008 年		2009 年		2010 年		2011 年		2012 年	
	建成区面积（平方千米）	发债规模（亿元）	建成区面积（平方千米）	发债规模（亿元）	建成区面积（平方千米）	发债规模（亿元）	建成区面积（平方千米）	发债规模（亿元）	建成区面积（平方千米）	发债规模（亿元）	建成区面积（平方千米）	发债规模（亿元）
河北	1058.63	18.00	1101.89	0.00	1138.26	25.00	1172.50	30.00	1217.44	92.50	1257.39	133.00
山西	620.35	0.00	630.51	0.00	657.92	20.00	690.52	20.00	769.44	53.50	821.32	148.00
内蒙古	673.77	8.00	666.16	15.00	734.64	19.00	790.74	75.00	824.16	54.00	873.70	148.50
辽宁	1548.86	6.00	1588.11	6.00	1636.51	37.00	1815.26	110.00	1857.92	103.00	1896.29	291.90
吉林	695.04	0.00	761.72	10.00	786.24	12.00	826.37	10.00	849.65	53.00	873.57	61.00
黑龙江	1215.50	0.00	1212.86	0.00	1250.85	44.00	1332.55	10.00	1368.83	54.00	1405.14	159.50
江苏	1895.51	154.50	2057.84	178.00	2174.20	484.00	2345.59	514.50	2551.72	514.00	2756.84	1438.90
浙江	1261.71	102.00	1328.35	104.00	1394.75	303.00	1461.03	135.00	1537.92	266.40	1597.38	635.50
安徽	1076.05	28.00	1178.19	36.00	1235.12	185.00	1338.28	163.00	1437.88	127.00	1526.28	424.00
福建	617.13	49.00	657.12	30.00	688.92	50.30	816.46	61.00	866.00	106.80	918.83	390.90
江西	635.69	15.00	646.85	12.00	668.73	57.00	732.50	80.00	789.57	111.00	833.09	239.00
山东	1976.70	15.00	2118.49	0.00	2216.30	71.00	2360.84	29.00	2493.94	97.00	2692.79	260.00
河南	1359.76	20.00	1425.79	0.00	1461.41	29.00	1545.67	29.00	1611.87	76.00	1707.37	277.00
湖北	780.05	21.00	1037.85	0.00	1054.62	44.00	1132.48	55.00	1197.53	62.50	1245.74	347.00
湖南	866.70	8.00	945.20	0.00	973.61	96.80	1040.40	177.00	1109.98	117.60	1151.32	388.00
广东	3561.66	38.50	3692.13	57.00	3946.37	180.00	4107.46	212.00	4292.79	283.00	4448.80	420.10
广西	738.64	10.00	762.99	0.00	798.52	32.50	851.64	76.00	916.96	65.00	980.54	262.10
海南	111.42	0.00	111.41	0.00	119.62	0.00	119.87	0.00	131.29	15.00	157.39	0.00
四川	1086.15	2.50	1138.95	25.50	1246.15	72.00	1340.68	185.00	1471.07	143.60	1576.06	396.50

续表

省份	2007 年		2008 年		2009 年		2010 年		2011 年		2012 年	
	建成区面积（平方千米）	发债规模（亿元）	建成区面积（平方千米）	发债规模（亿元）	建成区面积（平方千米）	发债规模（亿元）	建成区面积（平方千米）	发债规模（亿元）	建成区面积（平方千米）	发债规模（亿元）	建成区面积（平方千米）	发债规模（亿元）
贵州	283.68	0.00	293.50	0.00	339.00	0.00	337.50	43.00	360.40	20.00	420.85	177.00
云南	399.40	0.00	435.08	30.00	460.63	8.00	480.83	96.00	519.92	37.00	567.64	163.50
西藏	58.80	0.00	59.00	0.00	59.30	0.00	62.88	0.00	62.88	0.00	93.60	0.00
陕西	603.32	13.00	609.22	40.00	633.60	38.50	704.28	74.00	752.30	122.00	806.80	257.00
甘肃	495.25	9.00	520.23	0.00	542.96	123.00	571.15	8.00	587.73	108.00	613.35	147.00
青海	64.92	0.00	64.92	10.00	65.57	8.00	66.77	6.00	75.00	24.00	75.00	173.00
宁夏	268.72	8.00	287.19	0.00	294.77	0.00	315.08	15.00	332.93	15.00	355.67	0.00
新疆	352.37	0.00	399.12	0.00	442.36	0.00	446.41	25.00	483.58	17.50	480.91	125.10

省份	2013 年		2014 年		2015 年		2016 年		2017 年		2018 年	
	建成区面积（平方千米）	发债规模（亿元）	建成区面积（平方千米）	发债规模（亿元）	建成区面积（平方千米）	发债规模（亿元）	建成区面积（平方千米）	发债规模（亿元）	建成区面积（平方千米）	发债规模（亿元）	建成区面积（平方千米）	发债规模（亿元）
河北	1281.66	127.00	1356.77	412.00	1447.54	176.50	1551.09	247.50	1588.96	220.00	1593.86	212.90
山西	843.42	136.50	892.63	196.45	911.64	137.00	946.41	253.00	956.57	202.00	958.15	325.81
内蒙古	947.13	113.00	933.17	189.00	971.17	115.00	977.80	103.00	996.47	152.82	1000.32	92.00
辽宁	1932.17	268.50	1961.43	539.50	1998.96	419.40	2371.49	376.50	2212.92	97.20	2236.57	58.00
吉林	905.16	57.70	938.88	87.00	988.63	269.90	1009.46	260.80	1021.17	237.50	1044.03	397.10
黑龙江	1429.33	100.00	1449.93	135.90	1439.91	129.90	1483.17	161.00	1482.86	127.10	1487.14	104.90
江苏	2906.32	1581.50	3026.26	3036.90	3223.49	3117.30	3334.56	5075.90	3442.75	4529.64	3522.95	5266.02
浙江	1712.90	452.50	1767.30	1015.00	1872.72	928.61	1949.86	1547.70	2098.28	1383.46	2132.39	2034.90
安徽	1606.91	288.40	1663.97	685.50	1752.96	478.45	1824.59	961.00	1858.11	927.30	1906.16	828.77
福建	964.68	389.00	1014.84	565.00	1103.06	1037.00	1144.79	1046.50	1209.00	608.50	1273.34	765.50
江西	898.10	340.50	967.88	426.50	1053.22	463.80	1108.75	750.20	1185.24	422.10	1262.40	961.70
山东	2920.63	296.20	3147.11	982.60	3312.49	772.00	3517.83	933.70	3652.55	656.80	3831.85	1012.00
河南	1753.08	303.50	1822.25	503.20	1933.25	357.50	1954.50	731.60	2063.98	694.60	2161.11	715.00
湖北	1346.23	426.70	1404.33	672.50	1501.32	462.50	1547.99	829.60	1628.58	862.40	1769.03	1044.70

续表

省份	2013 年		2014 年		2015 年		2016 年		2017 年		2018 年	
	建成区面积（平方千米）	发债规模（亿元）	建成区面积（平方千米）	发债规模（亿元）	建成区面积（平方千米）	发债规模（亿元）	建成区面积（平方千米）	发债规模（亿元）	建成区面积（平方千米）	发债规模（亿元）	建成区面积（平方千米）	发债规模（亿元）
湖南	1183.32	520.60	1220.84	685.30	1254.39	859.90	1290.61	1578.70	1362.08	1181.85	1390.89	941.75
广东	4601.59	510.00	4741.06	926.50	5047.03	904.80	5209.33	1091.50	5307.04	917.20	5429.85	1122.20
广西	1046.24	212.00	1083.64	469.00	1133.11	512.50	1184.94	668.70	1278.08	487.50	1326.68	586.00
海南	186.00	25.00	189.38	54.00	220.88	0.00	196.38	0.00	192.22	0.00	234.53	0.00
四川	1709.12	456.50	1840.47	727.30	1900.42	982.80	2213.26	1097.80	2392.78	1078.18	2530.25	1146.60
贵州	515.90	107.00	527.36	294.00	580.16	430.50	620.49	839.10	721.26	372.98	740.73	257.54
云南	629.21	217.50	640.60	522.50	661.36	657.90	712.27	608.50	724.33	648.75	736.54	915.40
西藏	93.49	0.00	91.34	0.00	90.72	9.00	82.82	0.00	83.40	10.00	87.19	30.00
陕西	858.01	367.00	889.70	544.00	995.06	455.00	1046.06	609.40	1176.22	604.00	1233.34	809.88
甘肃	655.88	204.00	723.09	180.00	776.87	233.50	809.73	155.50	804.82	111.60	811.88	195.00
青海	85.00	92.00	90.00	172.00	90.00	72.00	92.00	15.00	94.00	38.80	96.00	15.00
宁夏	376.49	10.00	396.12	33.00	407.40	40.00	393.99	23.90	403.67	25.00	417.80	47.50
新疆	512.02	107.00	542.67	136.00	562.36	157.90	570.97	155.50	587.93	204.10	608.24	137.70

注：本表根据所选取的 285 个地级市 2007～2018 年建成区面积和每年发行的城投债规模整理计算，再分省份进行汇总求和。

资料来源：《中国城市建设统计年鉴》和 Wind 数据库的相关数据。

本章利用 2007～2018 年全国 285 个地级市面板数据，采用固定效应模型评估隐性债务规模、融资平台数量和质量对城市空间外扩的影响，从两个方面进行探索性研究。首先，从地方隐性债务新角度探索城市空间扩张的机理，为管理与防范地方政府隐性债务风险提供依据。其次，评估地方融资平台数量和质量在城市扩张中的作用，将地方融资平台的特征变量纳入计量模型，分析地方融资平台数量和质量对于城市空间扩张的影响。

第二节　理论分析与研究假设

一、地方政府隐性债务与风险

从历史数据看，一方面，土地出让收入、土地与房产税收与土地抵押融借款构成了城市建设的资金来源（Wang et al.，2018；杜金华、陈治国，2018；Xu，2019）；另一方面，由地方融资平台发行的债券与票据所形成的城投债也是重要资金来源。地方政府融资平台债务包含城投债、各类票据，与政府和社会资本合作（PPP）项目的债务、棚改债务、政府购买服务项目的债务，构成了地方政府的隐性债务（刘海申，2020）。

对于地方政府隐性债务，尚未形成明确的统一口径。从举债主体看，形成了以融资平台为主、社会资本为辅的格局，地方政府隐性债务的主要载体是从事城市建设的地方国有企业，如"城投公司"（吉富星，2018）。在以土地财政拉动基础设施建设的模式中，土地是地方政府的获利资源以及融资杠杆，地方融资平台将土地作为抵押品协助地方政府进行贷款和举债。城投债在为地方政府筹集资金推动城市扩张的同时，也形成了庞大的隐性债务。参考张莉等（2018）、曹婧等（2019）对城投债的界定，本书将隐性债务界定为地方融资平台公司发行的债券，包括企业债、公司债、定向工具、中期票据、短期融资券、资产支持证券、项目收益票据等。

随着地方融资平台债务规模的快速增长，债务违约带来的财政风险和金融风险不断积聚（牛霖琳等，2016；王永钦等，2016）。由于地方融资平台所筹集的资金主要用于市政建设与公用事业，建设周期长且盈利能力有限，地方融资平台依赖未来土地出让收入偿还债务。房地产市场价格波动会影响土地出让收入，不仅会威胁到地方政府的收入，还会严重削弱隐性债务的偿还能力。2019年，城投债出现违约事件，私募城投债"呼和经开PPN001"延期兑付事件引起市场关注，其发行人为呼和浩特经济技术开发区投资开发集团有限责任公司（呼和浩特经济技术开发区财政审计局100%控股）。尽管经过地方政府财政支持，发债主体偿还了部分违约资金，剩余未兑付的签署了延期协议，但城投债务风险显现。若土地市场不确定性增加而导致土地贬值，不仅地方融资平台不能偿还银行贷款，还会产生系统性的金融风险（Pan et al.，2017；刘守英等，2020）。综上所述，地方隐性债务的作用具有双面性，一方面，地方隐性债务在城市开发、市政公用设施和公共设施建设发挥重要作用，支撑了城市空间的快速扩张，改变了城市面貌；另一方面，债务规模持续增长带来的系统性风险也与日俱增，不利于地方经济持续健康的发展，危及社会经济系统的稳定，更违背了高质量、高效率和可持续发展的理念。

二、城投债对城市空间外扩的影响

城市空间外扩现已成为城市地理和城市规划学者们普遍关注的问题。国内外学者们对于城市空间外扩测度指标、动力机制等做了大量研究。学者们选取了城市建成区面积对城市空间外扩指标进行衡量（刘颜，2019；童陆亿，2020）。城市建成区是指城区（县城）内实际已成片开发建设、市政公用设施和公共设施基本具备的区域。

关于城市扩张的驱动力，学者研究表明社会经济因素、人口因素、城市交通发展是城市空间外扩的重要驱动因素（Shu et al.，2018；Li et al.，2018；Zhang et al.，2018；洪世键、曾瑜琦，2016；李晓燕等，2018；耿甜伟等，2019）。社会经济发展对城市空间扩张具有主导作用，人口增长促使地方政府加快城市空间扩张以满足新增人口对居住和生活空间的需求。城市交通状况能够增加空间可达性，降低居民的通勤成本，从而促进居住空间的外移。

城乡收入差距驱动农村人口向城市迁移，导致城市建成区面积增加，并将城市边界外推。邓保彪等（2019）的研究也表明经济发展对城市的空间扩张具有影响。高收入人群倾向于更低密度的住宅区和宽松的居住环境，都市外围的高档居住区会成为他们的选择，从而进一步带动城市扩张（顾乃华、陈秀英，2015；叶林等，2016）。此外，有学者选取土地出让收入作为土地财政的代理变量，研究结果表明，在我国独特的财政制度和土地管理体制下，土地财政成为推动城市空间扩张的显著因素（刘瑞超等，2018）。一方面，地方政府可以利用土地出让，将农村集体土地征用为城市建设用地，导致建成区面积不断增加；另一方面，地方政府通过土地出让收入为基础设施建设提供资金支持（刘颜，2019；Gao，2019）。在出让土地收入之外，以土地为抵押物的贷款与发债融资也不断增加，地方融资平台以土地作为抵押品发行城投债，所筹资金多用于市政公用设施和公共设施建设。但是，城投债的发行规模对城市空间扩张的影响仍需检验，在此，提出假设 13 – 1。

假设 13 – 1：城投债的发行规模对城市空间扩张产生正向影响。

作为城投债发行主体的地方融资平台，其数量和质量均会影响发债行为。当期具有发行城投债的企业数量越多，发行债券的机会越大，对城市空间扩张影响更显著。依据联合信用发布的《城投公司信用评级方法的比较与研究》报告，信用评级机构会结合区域经济环境、政府经济实力、地方政府债务、地方政府的支持力度、城投公司自身信用等对地方融资平台进行主体信用评级。主体信用的评级分为 AAA、AA +、AA、AA –、A +。其中 AAA 级为最高信用等级，表示企业偿还债务的能力极强，基本不受不利经济环境的影响，违约风险极低。AA 级表示偿还债务的能力很强，受不利经济环境的影响不大，违约风险很低。A 级表示偿还债务能力较强，较易受不利经济环境的影响，违约风险较低。每一个等级可用" + "" - "进行微调，表示略高或略低于本等级。地方融资平台的信用评级越高，偿还债务的能力就越强，违约风险相对较小，也将倾向于发行更多的城投债，从而影响城市空间扩张。基于以上分析，提出假设 13 - 2。

假设 13 - 2：地方融资平台数量与质量对城市空间扩张产生正向影响。

学者研究表明城市群空间扩张存在一定的差异性，不同城市群在扩张速度上存在较大差异（张景奇等，2019）。从全国来看，东部地区高于中部、西部、东北，整体城市群快速扩张的中心由东向西移动（欧阳晓、朱翔，2020）。不同区域城投债发行规模存在显著差异，虽然东部地区所属省份少，然而 2007～2018 年东部地区每年新发行城投债的总额远高于中部、西部地区，是中部、西部地区发行总额之和。此外，不同区域经济发展水平、人口规模、城镇化水平和融资环境等也存在较大的差异，城市基础设施建设对于城投债的依赖性存在一定的差别。基于以上分析，提出假设 13 - 3。

假设 13 - 3：城投债对城市空间扩张的影响存在区域异质性。

第三节　模型设定、变量整理及数据描述

一、模型设定

首先，通过 F 检验选择随机效应模型。面板数据模型包括混合效应模型、随机效应模型和固定效应模型三种，通过 F 检验对混合效应模型和随机效应模型进行选择，检验结果 F 统计量为 102.41，P 值为 0.000，拒绝原假设，选取随机效应模型。其次，通过豪斯曼检验选择固定效应模型。利用豪斯曼检验对固定效应模型和随机效应模型进行选择，检验结果显示 χ^2 为 255.32，P 值为 0.000，选取固定效应模型对面板数据进行分析。计量模型设定形式如下：

$$\text{Area}_{it} = \beta_0 + \beta_1 \text{Scale}_{i,t-1} + \beta_2 \text{Quantity}_{i,t-1} + \beta_3 \text{Quality}_{i,t-1} + \sum \beta_4 x_{it}$$
$$+ u_i + u_t + \varepsilon_{it} \tag{13 - 1}$$

其中，Area_{it} 表示城市 i 在 t 年的建成区面积。由于城市开发、市政公用设施和

公共设施的建造存在周期性，城投债资金需要一定时间才能发挥作用，本书采用滞后一期的变量作为解释变量。$Scale_{i,t}$表示城市 i 在 t－1 年新发行城投债的规模，若未发行城投债则记为 0。$Quantity_{i,t-1}$表示城市 i 在 t－1 年发行城投债的公司数量，$Quality_{i,t-1}$表示城市 i 在 t－1 年发行城投债的公司质量。x_{it}是一组影响城市空间扩张的控制变量，选取社会经济因素、人口因素、城市交通发展的相关指标作为控制变量。u_i表示城市的固定效应，u_t代表时间效应。ε_{it}表示随机误差项。

二、变 量 选 择

通过数据分析，剔除掉了西藏自治区、青海省和海南省中数据严重缺失的地级市，本章筛选 285 个地级市作为研究对象，收集整理 2007 ～ 2018 年城市空间扩张和城投债的相关数据，进行实证研究。

（一）被解释变量

城市建成区面积（Area）指城区（县城）内实际已成片开发建设、市政公用设施和公共设施基本具备的区域。在城市空间扩张过程中，更多地表现为城市建成区面积的增加。数据来源于《中国城市建设统计年鉴》，模型中用城市建成区面积来衡量城市空间扩张，单位为平方千米。

（二）解释变量

选取城投债的发债规模、发债企业数量和质量变量作为核心解释变量。（1）发债规模（Scale）：表示城市 i 在 t－1 年发行城投债规模，若城市 i 在 t－1 年未发行城投债则该值为 0，单位为亿元。（2）发债企业数量（Quantity）：表示城市 i 在 t－1 年发行城投债的地方融资平台数量，若城市 i 在 t－1 年未发行城投债则该值为 0，单位为个数。（3）发债企业质量（Quality）：从地方融资平台的主体级别来看，我国城投债的发行主体信用评级主要集中在 AA 级及以上，本章将城市 i 在 t－1 年发债地方融资平台信用评级为AA＋及以上的比例评估发债企业的质量。基于 Wind 数据库中各省（自治区）的城投债数据，结合城投债的发行年份，剔除各地级市城投公司在上海、深圳上市的企业债，手动整理得出 2007 ～ 2018 年各地级市城投债发行规模与支数。

(三) 控制变量

为避免因遗漏变量而造成的估计偏误，在计量模型中加入了社会经济因素、人口因素和城市交通发展作为控制变量。本部分采用人均GDP、外商投资、第二产业和第三产业占比评估社会经济因素对城市扩张的影响。(1) 人均GDP (PCGDP)：随着人均GDP的增加，城市区域收入水平也相对提高，人口从农村向城市流动，为满足日益增长城市人口的生活空间和公共服务需求，城市空间会相应扩张。从《中国城市统计年鉴》和各省市统计年鉴获取人均GDP数据，单位为元。(2) 外商直接投资 (Invest)：从《中国城市统计年鉴》获取各地级市当年实际使用的外资金额作为外商投资，单位为万美元。(3) 城市产业结构 (Structure)：采用第二、第三产业占GDP的比重表示产业结构，数据来源于《中国城市统计年鉴》和各省市统计年鉴。

根据李 (Li, 2018) 等的研究，人口因素是引发城市快速扩张的重要因素，城市扩张与交通基础设施的改善相关，优化道路网络和提高交通可达性会有效地引导城市扩张的方向和速度。实证研究从人口数量和密度两个维度评估人口对城市空间扩张的影响进行衡量：(1) 人口数量 (People)：为了与建成区面积的定义相对应，采用城区人口数量进行衡量。城区人口数量为城区人口和城区暂住人口两者的数量之和。其中城区人口和城区暂住人口数据来源于《中国城市建设统计年鉴》，单位为万人。(2) 人口密度 (Popden)：表示城区内的人口疏密程度，计算公式为(城区人口 + 城区暂住人口)/城区面积。该指标数据来源于《中国城市建设统计年鉴》，单位为人/平方千米。

此外，城市轨道交通 (轻轨、地铁和高铁) 已是各个城市最重要的交通项目，对城市扩张的影响日益重要。本章以轨道交通建设和城市道路面积作为城市交通发展指标，对城市空间扩张的影响进行衡量。(1) 轨道交通 (Rail)：若城市i在t年已有地铁、轻轨、磁浮等轨道交通，则该变量赋值1，否则为0。该指标原始数据来源于《中国城市建设统计年鉴》。(2) 城市道路面积 (Road)：指道路面积和与道路相通的广场、桥梁、隧道的面积。该指标数据来源于《中国城市建设统计年鉴》，单位为万平方米。各变量的描述性统计如表13-2所示，其中人均GDP、外商投资、人口数量、人口密度和城市道路面积做对数化处理。

表13-2　变量选取和描述性统计

变量类别	变量测量	符号	单位	样本量	均值	标准差	最小值	最大值
城市空间外扩	建成区面积：城区（县城）内实际已成片开发建设、市政公用设施和公共设施基本具备的区域，用来衡量城市空间扩张	Area	平方千米	3420	115.911	136.686	6.570	1300.010
地方隐性债务	发债规模：城市i在t-1年发行城投债规模，若城市i在t-1年未发行城投债则为0	LScale	亿元	3135	28.281	80.243	0.000	904.300
	发债企业数量：城市i在t-1年发行城投债的地方融资平台数量，若城市i在t-1年未发行城投债则该值为0	LQuantity	个	3135	1.520	3.422	0.000	41.000
	发债企业质量：城市i在t-1年发行城投债地方融资平台信用评级为AA+及以上的比例	LQuality	%	3135	15.891	32.115	0.000	100.000
社会经济因素	人均GDP（取对数）：各地级市的人均地区生产总值，衡量经济发展状况	lnPCGDP	元	3420	10.423	0.675	8.131	12.456
	外商投资（加1后取对数）：各地级市当年实际使用的外资金额作为外商投资	lnInvest	万美元	3420	9.244	2.969	0.000	14.152
	产业结构：第二、第三产业占总GDP的比重	Structure	%	3420	86.851	8.221	39.010	99.970
城市人口因素	人口数量（取对数）：城区人口数量+城市人口数量	lnPeople	万人	3420	4.205	0.849	1.609	7.196
	人口密度（取对数）：（城区人口+城市人口）/城区面积	lnPopden	人/平方千米	3420	8.000	0.742	5.513	9.908
区域交通因素	轨道交通：设置虚拟变量，城市i在t年已有地铁、轻轨、磁浮等轨道交通，则该变量赋值1，否则为0	Rail	虚拟变量	3420	0.051	0.220	0.000	1.000
	城市道路面积（取对数）：道路面积和与道路相通的广场、桥梁、隧道的面积	lnRoad	万平方米	3420	6.863	0.966	3.296	9.839

资料来源：本书作者根据《中国城市建设统计年鉴》与Wind数据库的数据整理。建成区面积、人口数量、人口密度、轨道交通和城市道路面积等数据均来源于《中国城市建设统计年鉴》。城投债相关原始数据来源于Wind数据库，本书作者手工整理计算得出各地级市2006~2018年每年发债规模、发债企业数量和发债企业质量。人均GDP、外商投资和产业结构相关数据来源于《中国城市统计年鉴》和各省市统计年鉴。

第四节　实证结果

一、全样本回归结果

在回归分析之前，先对变量进行了共线性检验，结果表明 VIF 均小于 10，不存在多重共线性。全样本回归分析模型结果如表 13 – 3 所示。由表 13 – 3 的结果可知，纳入所有解释变量和控制变量的模型的 R^2 为 62.25%，模型具有较好的解释力。对比模型 13 – 1 和模型 13 – 4 的结果，地方政府城投债的发债规模（LScale）对城市建成区面积（Area）存在显著的正向影响（系数为0.192）。该结果表明前一期城投债的发行将推动城市市政公用设施和公共设施建设，推动当期城市建成区面积增加。

表 13 – 3　　　　　　　285 个地级市面板数据回归结果

变量	模型 13 – 1	模型 13 – 2	模型 13 – 3	模型 13 – 4
LScale	0.222 *** (29.959)	—	—	0.192 *** (13.922)
LQuantity	—	4.855 *** (25.845)	—	0.859 ** (2.534)
LQuality	—	—	0.054 *** (2.822)	0.044 *** (2.666)
lnPCGDP	13.302 *** (7.201)	12.102 *** (6.295)	21.774 *** (10.374)	12.189 *** (6.525)
Structure	– 0.799 *** (– 3.864)	– 0.847 *** (– 3.967)	– 1.370 *** (– 5.805)	– 0.760 *** (– 3.677)
lnInvest	– 0.038 (– 0.137)	– 0.079 (– 0.279)	– 0.084 (– 0.267)	– 0.046 (– 0.168)
lnPeople	49.379 *** (14.851)	47.650 *** (13.813)	62.075 *** (16.432)	48.539 *** (14.551)
lnPopden	– 3.426 *** (– 3.186)	– 3.526 *** (– 3.177)	– 4.433 *** (– 3.600)	– 3.390 *** (– 3.159)
Rail	42.915 *** (14.116)	50.157 *** (16.233)	76.452 *** (23.628)	42.627 *** (14.045)

续表

变量	模型 13 – 1	模型 13 – 2	模型 13 – 3	模型 13 – 4
lnRoad	11. 896 *** (8. 554)	11. 983 *** (8. 347)	13. 458 *** (8. 451)	11. 728 *** (8. 446)
_cons	− 222. 467 *** (− 13. 174)	− 199. 305 *** (− 11. 246)	− 313. 827 *** (− 16. 471)	− 210. 877 *** (− 12. 255)
城市效应	Yes	Yes	Yes	Yes
年份效应	No	No	No	No
N	3135	3135	3135	3135
R^2	0. 6207	0. 5959	0. 5023	0. 6225
F	581. 32	523. 84	358. 53	468. 37

注：*** 、** 分别表示在 1% 和 5% 的显著性水平下通过显著性检验，括号内为 t 值。
资料来源：EViews 软件输出结果，本书作者整理。

对比模型 13 – 2 和模型 13 – 4 的结果来看，发债企业数量（LQuantity）对城市建成区面积的影响为正且在 5% 的水平下通过显著性检验（系数为 0.859）。前一期具有发债资格的地方融资平台数量越多，城市建成区扩张越快。地方融资平台筹集到的资金将推动城市空间扩张。同样，从模型 13 – 3 和模型 13 – 4 的结果来看，发债企业质量（LQuality）对城市建成区面积影响为正且在 1% 水平下通过显著性检验（系数为 0.044）。地方融资平台的信用评级越高，偿还债务的能力越强，受经济环境的影响相对就越小。信用评级高的地方融资平台有能力发行更多的城投债，推进城市基础设施建设，使建成区面积不断增大。

此外，从模型 13 – 1 到模型 13 – 4 的结果可以发现人均 GDP 的估计系数显著为正，表明城市经济发展水平的提高显著推动城市空间扩张。经济水平的提高会带来城市扩张。人口因素中，人口数量的系数显著为正，表明城市人口数量的增加显著推动城市空间扩张。城市交通因素中，轨道交通建设和城市道路面积的系数均显著为正，表明有轨道交通的城市向外扩张的能力更强。发达的交通基础设施将会提高城市的可达性、降低通勤成本，城市空间将会沿着交通线路扩张。

二、分区域回归结果

不同区域城市发展水平、人口规模和融资环境等存在较大的差异，不同区域城投债发行总额和城市空间扩张速度存在差异，为了考察城投债的发行规模和发债企业数量、质量对城市空间扩张影响是否存在异质性，本章进一步将样本分为东部、中部、西部地区进行分析，分区域模型回归结果如表 13 - 4 所示。

表 13 - 4　　　　　　　东部与中部、西部区域的回归结果

变量	模型 13 - 5 东部地区	模型 13 - 6 中部、西部地区
LScale	0. 177 *** (7. 449)	0. 193 *** (11. 259)
LQuantity	− 0. 542 (− 0. 975)	3. 154 *** (6. 951)
LQuality	0. 043 (1. 308)	0. 005 (0. 319)
lnPCGDP	18. 970 *** (3. 826)	9. 245 *** (5. 594)
Structure	− 2. 415 *** (− 3. 141)	− 0. 353 ** (− 2. 082)
lnInvest	− 0. 254 (− 0. 242)	0. 100 (0. 449)
lnPeople	50. 830 *** (7. 425)	38. 891 *** (11. 860)
lnPopden	2. 878 (0. 899)	− 3. 686 *** (− 4. 059)
Rail	45. 585 *** (8. 976)	28. 909 *** (7. 632)
lnRoad	35. 642 *** (8. 794)	5. 695 *** (4. 799)
_cons	− 344. 554 *** (− 5. 952)	− 147. 035 *** (− 10. 089)
城市效应	Yes	Yes
年份效应	No	No
N	1067	2068
R^2	0. 6107	0. 6973
F	150. 59	430. 86

注：*** 、** 分别表示在1%和5%的显著性水平下通过显著性检验，括号内为 t 值。东部、中部和西部地区的划分是基于国家统计局对三大经济区域的划分方法，其中东部地区包括北京、天津、河北、辽宁、上海、江苏、浙江、福建、山东、广东和海南；中部地区包括山西、吉林、黑龙江、安徽、江西、河南、湖北和湖南；西部地区包括内蒙古、广西、重庆、四川、贵州、云南、西藏、陕西、甘肃、青海、宁夏和新疆。

资料来源：EViews 软件输出结果，本书作者整理。

从模型 13 - 5 和模型 13 - 6 的回归结果来看，不同区域城投债的发债规模系数均显著为正，表明上一期的发债规模越大，越能推动建成区面积的增加，区域间的差异性不显著。中西部地区发债企业数量显著为正，表明上一期的发债企业数量的增加，将间接推动城市空间扩张。但东部地区发债企业数量的系数为负且未通过显著性检验，表明前一年发债企业数量对该区域建成区面积的影响不显著。东部地区和中西部地区发债企业对城市建成区面积均无显著影响。东部地区人均 GDP、人口数量、轨道交通建设和城市道路面积对建成区面积的影响远远大于中西部地区。

三、稳健性检验

考虑到模型中可能会出现的内生性问题，本部分采用 GMM 估计进行稳健性检验。选取发债规模、发债企业数量和发债企业质量的当期和滞后二期数据作为工具变量进行处理，估计结果如表 13 - 5 所示。由 R^2 值可知，模型的拟合度较好。从模型 13 - 7 到模型 13 - 9 的结果来看，发债规模、发债企业数量和发债企业质量的系数为正且在 1% 的水平下通过显著性检验。模型中核心解释变量的系数正负和显著性均未发生较大的变化，与固定效应模型估计结果基本一致，表明模型估计结果具有较高的稳定性。

表 13 - 5　　　　　　　　　　　　稳健性检验结果

变量	模型 13 - 7	模型 13 - 8	模型 13 - 9	模型 13 - 10
LScale	0. 233 *** (4. 714)	—	—	0. 397 ** (2. 547)
LQuantity	—	3. 937 *** (3. 702)	—	- 5. 436 * (- 1. 695)
LQuality	—	—	0. 786 *** (6. 698)	0. 660 *** (5. 028)
lnPCGDP	9. 058 *** (3. 363)	9. 155 *** (3. 222)	9. 634 *** (3. 173)	7. 890 ** (2. 532)
Structure	- 0. 380 ** (- 2. 358)	- 0. 371 ** (- 2. 265)	- 0. 604 *** (- 3. 492)	- 0. 522 *** (- 3. 145)
lnInvest	- 3. 909 *** (- 9. 731)	- 3. 986 *** (- 9. 956)	- 4. 060 *** (- 9. 221)	- 3. 825 *** (- 9. 226)
lnPeople	93. 758 *** (24. 779)	94. 603 *** (25. 203)	89. 188 *** (23. 171)	87. 342 *** (23. 906)

续表

变量	模型 13 - 7	模型 13 - 8	模型 13 - 9	模型 13 - 10
lnPopden	- 3.541 *** (- 2.846)	- 3.340 *** (- 2.687)	- 5.230 *** (- 3.678)	- 5.595 *** (- 4.069)
Rail	177.608 *** (10.260)	188.707 *** (11.237)	196.271 *** (12.289)	168.896 *** (9.814)
lnRoad	14.332 *** (5.259)	14.197 *** (5.164)	12.106 *** (4.641)	12.229 *** (4.802)
_cons	- 389.653 *** (- 15.524)	- 395.263 *** (- 14.759)	- 333.665 *** (- 11.381)	- 314.312 *** (- 10.741)
N	2850	2850	2850	2850
R^2	0.7927	0.7905	0.7802	0.7872
$AdjR^2$	0.7921	0.7899	0.7795	0.7864
F	279.38	295.20	264.02	251.93

注：*** 、** 和 * 分别表示在 1% 、5% 和 10% 的显著性水平下通过显著性检验，括号内为 t 值。
资料来源：EViews 软件输出结果，本书作者整理。

第五节　结论与建议

我国城镇化进程中出现了土地城镇化速度大于人口城镇化速度的现象，城市空间存在非理性扩张问题，造成土地资源的低效利用与房地产的价格泡沫。本章利用 2007 ~ 2018 年全国 285 个地级市城投债数据，以地方政府是否存在借债建城问题为出发点，将固定效应模型将城投债的发行规模和地方融资平台的特征纳入模型，检验了城投债的发行规模、发债的地方融资平台数量和质量对城市空间外扩的影响。

（1）通过隐性债务，地方政府"借债造城"，推动了我国建成区面积的快速扩张。研究发现，各地级市通过发起成立地方融资平台，通过发行城投债为城市市政设施和公共设施建设融资，使得城市建成区面积不断增加，推动城市空间扩张。（2）地方融资平台的数量与质量也影响城市空间的外扩。地方融资平台的数量和质量会影响其发债能力，从而间接推动城市空间扩张。发债企业数量的影响存在区域异质性，中西部发债企业数量对于城市空间扩张产生正向显著影响，东部地区则无显著影响。但随着城投债规模的不断增加，地方政府"借债建城"存在一定的财政风险和金融风险，不利于经济健康稳定可持续发展。

　　基于研究结论，本章提出规范地方隐性债务与预防城市过度扩张的政策建议。（1）应拓宽和规范地方政府融资渠道，改变当前城市建设过度依赖土地融资的现状，约束地方政府的"借债造城"行为。对于大型市政基础设施和公共设施的建设项目，可以采用政府和社会资本合作（Public-Private-Partnership，PPP）模式，鼓励私营企业、民营资本与政府合作，参与城市开发、市政公用设施建设和公共服务配套建设，减轻地方政府的财政负担。此外，还应完善土地开发政策，结合地区经济发展水平和人口规模等相关因素，合理规划不同用途土地的比例，避免城市内土地供给结构失衡。（2）加强地方隐性债务的监督管理，加大对违规举债的惩罚力度，严格控制债务规模。结合地方政府现有的隐性债务规模、使用效率、经济实力和综合财力等情况建立起地方债务风险监测指标体系，设置风险警戒线，各地区将债务水平控制在警戒线以下。从监管层面而言，对于地方政府隐性债务，需要形成常态化的审计与监督机制，纳入地方人大监督范围，推动隐性债务显性化。对违法违规融资的问责力度和处罚力度，实行债务终身问责制，完善地方政府的政绩评价体系，改进和优化地方的考核方式和晋升机制。（3）应明确界定地方融资平台与地方政府的责权利边界，控制发债地方融资平台的数量和质量，降低地方隐性债务的违约风险。对此应加强对地方融资平台发债期限、成本、偿债资金来源和效益等方面的审核、评估和监测。推进地方融资平台公司市场化转型，隔离政府信用与公司信用，从而切断地方政府对融资平台公司的资产延伸和风险联保，明确地方政府对其债务负有的偿还、担保和救助责任等。

第十四章　城镇化可持续政策研究

2018 年，中国城镇化率达到 59.58%，城镇化率增速放缓，进入城镇化的中后期阶段。在此背景下，既有的城镇化要素供给政策、发展战略与推进模式需要调整，以适应新的社会经济发展形势。在政策研究中，本书团队一是对浙江舟山普陀区的东港新城发展历程做了跟踪调查；二是对浙江下沙经济开发区（下沙新城）做了跟踪调研；三是走访国内的一些知名开发区，包括天津泰达开区、江苏苏州工业园区、上海张江园区，系统地分析了这些新区在城镇化中发端、起源、建设过程、发展阶段，以及这些城镇化地区新城建设的政策与路径。在梳理既往研究成果和实地调研的基础上，本章从推动城镇化要素协同发展与城镇化高质量发展的视角出发，研究城镇化的可持续发展政策。

第一节　调整要素投放策略，推动城镇化协同发展

一、适应城镇化的新形势，推动要素供给侧改革

随着城镇化的加速推进，人口、土地和公共品成为城镇化中受关注的焦点，空间资源的不足交织着土地空置与浪费，要素间失衡问题显现。新阶段不同城市的城镇化发展水平及协调度表现出明显差别。改革开放以来，地方政府通过所掌握的土地工具，采取"主动战略"，实现了城镇空间的快速拓展，"主动战略"的优势得到展示，城镇化率提升，基础设施升级与居住条件改善。然而，需要看到的是，"主动战略"的效果逐渐减弱，资产与空间闲置的风险上升。第二、第三产业及人口难以及时跟进，这表明通过预期性的土地开发来集聚人口的战略需要做出调整。如果持续采用"主动战略"，人口密度将持续偏离最优密度线，资本与房地产闲置风险将进一步增加。因此，实现由主动战略向土地与人口协同发展的战略转变是适应新形势推动以人为核心新型城

镇化的战略性决策,城镇化的驱动机制与要素协调路径如图 14-1 所示。

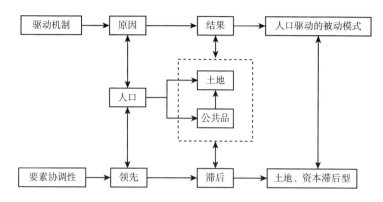

图 14-1 城镇化的驱动机制及要素协调路径

    土地供给不仅是"主动战略"中最重要的工具,也是扭转目前局面的主要抓手。随着城镇化中土地的过度供给,需要依据人口密度指标调整土地供应规模。地方政府需要转变土地供给思路,即由原来的依据预期人口(地方政府通常对城镇人口规模增长过于乐观)制定土地供给政策,调整为依据实际人口变化制定土地供给计划。对于人口密度已严重偏离最优密度线的城市,减少直至冻结土地供给,促进人口与土地比例调整。协同战略推进的关键要素是人,需要调整现有的流动人口管理政策,推进"两栖人口"向产业人口转变。人口政策可以从两个角度切入,从城镇视角来看,为实现公共服务(教育、医疗、就业、住房、社保)的平等化,推动新旧市民权利的平等化;从农村视角来看,为允许农民自由处置农村资产(宅基地与住房),通过培育农村资产市场,实现农村不动产的有效流动,提升农民市民化能力。

    人口从农村迁移到城镇是我国城镇化进程中典型的现象。全国城乡流动人口规模巨大,大量流动人口依旧呈现出向东部沿海城市和中心发达城市聚集的显著特性,为人口流入地提供了丰富的劳动力,为区域经济持续稳定增长提供了动力。流动人口总量的下降直接影响城市人口增加,制约了城镇化进程的推进。为了进一步发展以人为核心的新型城镇化,我国仍应积极推进人口城镇化,增强城镇化的根本动力。当前的户籍制度造成了城市与农村居民之间的户口权利差异,在住房、就业、教育、医疗和社会保障等方面存在不平等性。城乡之间的"户籍墙"造成流动人口的现实身份与制度身份无法统一,不利于新型城镇化的健康发展。同时,与户籍相挂钩的城市公共服务、社会福利和城市资源存在显著的"城市偏向",让经济发达的中心城市以及主城区肩负起过多的城市功能，不利于人口向郊区和卫星城的扩散。因此，改革户籍制度，完善社会保障体系，是新阶段进一步推进以人为核心的新型城镇化的必经之路。

城镇化新阶段仍是以人口要素为主导，带动土地要素和资本要素跟进的被动模式。随着城镇化的加速推进，人口、土地和公共品成为城镇化中关注的焦点。新阶段的城镇化需要对要素供给侧进行改革，推动以人口要素驱动、土地要素和资本要素跟进的城镇化；土地城镇化和公共品投资明显滞后于人口城镇化，且协调水平沿着时间的轨迹呈先上升后下降的趋势，而土地城镇化的滞后成为后期协调水平下降的主要原因；从空间差异来看，不同城市的城镇化发展水平及协调度表现出明显差别，应当根据各城市要素的协调度水平，制定差异化的要素供给政策。

二、深化城乡户籍制度改革，推进人口城镇化

完善社会保障体系，将农民工纳入城市社保体系，实现农民工在就业、教育、医疗、住房、养老、工伤等各个方面的无差别待遇。提高农民工社会保障参保率，引导外来务工人员参加医疗保险、失业保险和养老保险，让进城农民拥有最基本的保险与保障。建立并完善相关教育制度，解决好进城农民子女入学问题，使其能够享受同城镇居民同等的教育资源，包括在城市参加中考、高考的权利与机制。完善城镇住房保障体系，将在城镇稳定就业的常住农村人口纳入其中，包括提供公共租赁住房及鼓励建设农民工宿舍楼等。建立健全最低生活保障制度，让农民工在面临短暂失业的困境时仍能维持基本生活，降低进城农民的失业风险。

新阶段必须继续深化户籍制度改革。深化户籍制度改革，让满足条件的外来人员享受到和城市居民平等的社会福利和公共服务，能够为农村剩余劳动力向城市转移扫除阻力，推动劳动力要素在城乡间的合理流动。户籍制度改革须进行长远规划和布局。第一，户籍制度改革的对象并非不分条件的整片区域的农业户籍人口，而是那些在城市部门有稳定收入和住所的外来人员。目前，一半以上的农民工由"80后""90后"组成，他们在城镇扎根并且很难再回到农村，因此必须积极推进农民工市民化，促进其居住地和生活方式的转变，减少城市低收入群体和贫民窟的出现，提高城镇化质量。第二，户籍制度改革的核心工作，不是单纯地取消城乡二元户籍制度，而是逐步解除户籍制度背后所承担的社会福利与公共服务，例如医疗保险、子女入学等，从而减少城乡户籍间的利益差别。第三，户籍制度改革的执行力量，不仅仅是地方政府或部门，

更需要中央统筹协调不同地区、不同部门的利益冲突，做好总规划和总设计，创建全国范围内的公共服务支出与管理流转机制。

此外，需要进一步完善社会保障体系。为了让农民工真正融入城镇，解除后顾之忧，必须解决进城农民的就业等一系列社会保障问题。完善社会保障体系，将农民工纳入城市社保体系，实现农民工在就业、教育、医疗、住房、养老、工伤等各个方面的无差别待遇。积极响应"十四五"规划，重点提高农民工社会保障参保率，杜绝进城农民"回流"现象的发生。

在过去的城镇化进程中，我国的户籍制度改革有所迟滞，全国不少地区纷纷进行了户籍制度改革的探索，普遍采取了"条件准入"式改革。这种人口调控手段对希望成为本地市民的外来人口采取了"逆向梯度筛选"，比较典型的有两种。一是"就地市民化"，以重庆和成都为代表城市。这种措施同农地制度改革相结合，实行"以宅基地换住房，以承包地换保障"的政策。二是"积分入户制"，以广东省为代表。该模式下，流动人口须以劳动贡献兑换入户积分，相当于规定了外来人口的落户门槛。这一类传统的户籍制度改革带有行政主义色彩，而并未真正重视流动人口的迁移意愿和市民权利，一是极易引发"半城市化"和"人口回流"并存的问题；二是导致人口与经济空间分布不一致，束缚了地区的经济转型及产业结构优化升级。

除了"逆向梯度筛选"模式，2010 年开始，上海、深圳、成都等多座城市面对日益膨胀的城市人口规模进行了积极探索，纷纷开始推行居住证制度。居住证制度致力于将社会福利和基本公共服务的供给对象从户籍人口扩展到常住人口，推动城镇化发展，但在执行过程中仍需要进一步健全和完善。一是全国尚未建立统一的居住证制度，各地居住证的申领、服务功能等存在较大差别，建议在全国范围内制定统一的居住证制度。二是居住证申领条件较为严格，部分地区虽然制定了居住证制度，但将申请对象限制为高级人才，要求具备较高学历和纳税条件。建议适当降低居住证申领门槛，例如将居住证申领对象扩展至在城市有稳定工作和收入并且具备某些专业技术能力的外来人员。三是居住证制度大大增加了地方政府的公共服务压力，为教育、医疗等一系列社会福利和公共资源的供给带来挑战，因此有必要增加公共资本的投入力度，以保障取得居住证的外来人员享受平等权益。

三、完善城乡土地管理政策，促进土地集约利用

首先，清理城镇闲置土地，优化城镇布局，提高土地利用率。严格规范处

置城镇闲置与未用的土地，对于批而未供、供而未用的土地必须进行清理，或收回或延期开发或限期完善，将其转变为有效土地供应。通过推进旧城改造等方式对城市内部存量土地进行"二次开发利用"，挖掘城镇内部潜力，为城镇化提供土地支持。加强监督力度，推动城镇建设用地的有效供给，杜绝城镇闲置土地的增加。而对于各类低效利用的城镇建设用地，则需改善其结构和布局，提高存量土地利用效率。在产业布局规划过程中，对不同类别的产业用地采取不同的布局结构。第一，优化产业布局，积极引导除独立工矿用地外的产业用地向城镇园区集中，盘活低效利用的工业用地，改变粗放利用的局面。第二，根据级差地租理论合理配置城镇入地资源，将旧城区、城中村、利用粗放的工厂和企事业单位土地进行改造升级，积极引导用地效率较高的第三产业向城镇中心服务区集中。第三，适当提高建筑密度，向地下、空中开发拓展，提高城镇存量土地的利用效率。特别是要放开对城镇中心区域容积率的过度管制，更充分地开发利用城镇建设用地。第四，优化城镇建设用地的空间布局和结构，合理控制住宅用地和工业用地规模，扩大公共基础设施的用地比例。

其次，推动农村集体建设用地的流转，推行农村土地制度改革，建立农村集体经营性建设用地入市制度，打破政府对土地一级市场实行垄断的局面，为城镇化进程增加建设用地供给。第一，针对农村集体经营性建设用地权利不完整，不能同等入市、同权同价和交易规则亟待健全等问题，完善农村集体经营性建设用地产权制度，赋予农村集体经营性建设用地出让、租赁、抵押、入股权利。第二，城镇建设用地资源不足的同时农村人均宅基地面积却在逐年增加，因此应尽快制定并完善农村宅基地处置规范，包括有偿退出机制及补偿机制，特别要注意保护农民的基本权益，避免农民权益受到损害。同时，也要赋予宅基地清晰的产权，培养农村宅地基市场，促进城乡人口的流动。第三，认真落实农村土地、地上附着物的确权颁证工作，明晰界定农村土地的产权边界，鼓励农民积极开展农村土地的集中经营与收益分配。

最后，完善耕地占补平衡和城乡建设用地增减挂钩政策，实现建设用地总量不增加、耕地面积不减少、质量不降低，城乡用地布局更合理的目标。土地作为有限资源不能做到无限制地供给，为了坚守耕地红线，同时又要保证城镇化发展的用地需求，耕地占补平衡和城乡建设用地增减挂钩政策应运而生。自2006年试点以来，大部分地区充分运用耕地占补平衡和城乡建设用地增减挂钩政策，既保证了农地面积不再减少，又提高了存量土地的利用效率。与此同时，耕地占补平衡和城乡建设用地增减挂钩政策也暴露出一些问题，需在后续工作中做到：第一，在严守 18 亿亩的耕地红线的基础上，合理规划整体空间布局，坚决抵制擅自开展增减挂钩试点或扩大试点范围的行为，保证城乡建设用地增减挂钩向正确方向有序推进；第二，建立严格的检查监督机制，严防项目建设或新建住房私自占用耕地现象，完善占用农田的审批机制，及时补划因不得已占用的耕地数量，以此保证农村耕地的面积和质量；第三，推进新型城镇化，切实保障农民的基本利益，建立并完善土地收益分配机制，让主要收益流向农民。

第二节　调整产业用地政策，推动产业结构调整与效率提升

一、通过要素的质量提升与结构调整推动产业升级

第一，加强高端产业的扶持力度，转变城镇化模式。要在城镇化的过程中维持经济又好又快的发展，需要改变传统的发展理念和思路，发展现代生产性服务业与高新技术产业。高端产业的核心竞争力体现技术进步和创新的水平上。新型城镇化模式主要是各种优质要素在空间上聚集的过程，而优质要素的聚集可以提高要素集聚的外部经济性和创新效率，推动地区产业发展。因此，吸引高素质人才、优化土地与资本要素利用效率，是推动城镇化模式从传统数量型向高质量发展转变的落脚点和抓手。第二，完善劳动力市场，提高劳动力素质。单纯的劳动力数量的投入对产业结构及产业增长的拉动作用减弱，尤其是人口红利渐消的情况下，提高劳动者素质是产业优化升级必要条件。人力结构调整与产业优化相辅相成，人才结构优化促进产业优化，产业优化又能够带动人才聚集。政府应加大劳动力教育和培训的投资力度，建立完善的职业技能培训体系，系统性地提高劳动力素质。第三，尊重市场规律，转变政府职能。城镇化依赖廉价劳动力、资本和大量土地投入。如果劳动力的结构红利已消失，政府依靠土地投入来拉动经济发展。虽然在短期内这种做法依然有效，但是会导致产业结构进一步失衡，限制生产率的增长。挖掘经济发展的潜能，实现生产要素优化配置，需要遵循市场规律，发挥市场的决定性作用。明确政府的参与资源配置的边界，由管制者向服务者与监督者转变。发挥市场配置的灵敏性与高效性，通过要素的再配置转变三次产业间要素扭曲，降低政府对土地财政的依赖程度。合理控制土地的出让的数量以及质量，调整土地出让结构，缓减房地产市场供需间的矛盾。

此外，推动区域一体化发展是提升工业用地产出率、消除两极分化的有效手段和路径。城市群内应当明确城市自身定位，突破行政区划以及地理限制，加强城市与周边城市，尤其是中心城市之间的联系，强化自身的区位优势，积极参与到区域的深度地域分工，通过一体化发展提升工业用地产出率。

二、推动工业用地利用效率提升，推动城镇化模式转型

城市工业用地产出率和影响因素存在区域差异，不同地区应当采取差异化的措施，从两个方面考虑提升城市工业用地产出率。

首先，提高城镇化水平以带动要素集聚，缩小区域差异。通过制定相应的人才引进政策，鼓励过剩的高素质人才转向其他城市发展，提高其他地区人力资本水平。不同地区应制定不同的优惠政策，发挥自身优势吸引投资，缩小城镇化水平差距，推动地区工业发展，提高工业用地产出率。

其次，放慢扩张速度，重点盘活现有工业用地，形成政策支持体系。尽管适当扩大城市用地规模能促进产出率提升，但是鉴于工业用地产出率的区域差异及其不平衡性，应鼓励各城市集约用地，盘活存量建设用地，促使企业向园区集中和规模化发展。

针对工业用地使用权流动率低、无政策出口的问题，应当明确工业用地的二级市场政策支持体系，简化工业用途转换审批流程，形成工业用地产权交易与增值收益分配政策，推动工业用地合理流动。此外，进一步完善土地市场配套资源的功能，通过制度规范市场，避免公权力过度干预土地资源配置。市场化出让方式是配置土地资源的关键，地方政府应当避免过度压低工业用地出让价格、定向招投标等手段来招商引资，发挥市场在土地资源配置中的基础性作用，提高土地市场的市场化程度，促进城市工业用地产出率的提高。有筛选、有针对性地进行基础设施投入，避免基础设施的重复投入。依据产业发展方向，加强相应教育、环境、人才等公共配套服务的投入，有助于提升该地区的工业用地产出率。推动城市群的一体化发展，主动突破行政区划以及地理位置上的限制，加强城市与周边城市，尤其是中心城市之间的联系，通过工业用地利用效率的提升推动城镇化模式转型。

三、优化产业供地政策，推动产业结构升级

面对国家建设用地供应指标随着产业结构的调整出现的向中部、西部地区

倾斜的现状，应进一步优化产业布局，调整供地政策。东部沿海城市和中心发达城市聚集了大量的人口和资本要素，城市土地开发强度过大，其用地结构和比例易出现失衡，影响了城市生活质量的提高。新型城镇化不是单纯的依赖扩大城市建设用地指标而发展的土地城镇化，而是要求人口、资本、土地等城市发展要素相协调的城镇化。发展程度存在显著差异的城市应制定差异化的供地政策。对于东部沿海城市和中心发达城市，在建设用地供给时应根据城市产业结构适当减少工矿仓储用地的供应，并相应增加保障性住房等民生用地的供给。而对于卫星城和中小城镇，则应依据创新产业政策进行产业布局调整，间接吸引人口要素和资本要素集聚，促进城镇化发展。

以浙江省为例，调整产业布局、提高中心城市的辐射带动能力，促进城市间协调发展显得尤为重要。首先，引导资源向浙西南城市倾斜，积极开展地区间产业互动。浙江省的城镇化发展空间差异明显，无论是协调度，还是各个要素的城镇化发展水平都呈现出明显的地域分化，即浙东北地区的城市普遍要优于浙西南地区，浙西南地区的丽水市尤为落后。为改变城镇化建设非均衡发展的局面，防止杭州、宁波这样的大城市过度扩张而出现拥挤、资源浪费的同时小城市却被边缘化、发展滞后，政府应积极引导资源向浙西南城市倾斜，开展地区间产业互动，促进整个区域全面协调发展。第一，政府应肩负起协调区域协同发展的重任，引导资源向浙西南地区倾斜。利用财政政策，给予浙西南城市更多税收优惠，加大浙西南地区对资本的吸引力。第二，根据浙西南城市的地理位置特殊性和资源优势，发展特色产业，拉动城市经济发展、推动城镇化进程。第三，加强区域间产业互动与合作，通过产业迁移或区域间特色产业互动，打破一些产业的地区垄断，从而提高浙西南城市群的竞争能力，缩小城市间的发展差距。

此外，培养浙西南地区的"增长极"，辐射周边城市城镇化发展。人口城镇化、土地城镇化和公共品投资发展领先的杭州市和宁波市均位于浙东北地区，而浙西南地区缺少这样的中心城市发挥辐射带动作用，拉动区域城镇化协调发展，因此需要培养出具有较强集聚辐射能力的"增长极"，建设能够带动区域发展的核心城市。温州市作为浙江几个中心城市之一，可作为"增长极"的重点培育对象。第一，利用核心城市的辐射带动作用，改变以往的同质化竞争模式，引领周边城市向更高水平的城镇化发展，为此，政府应加快推进温州市的产业升级，推动传统服务业和制造业向高端化、专业化积极转变，切实形成城镇化发展高地。第二，积极引进国内外高素质人才，在充分吸收就业、促进自身增长的同时加强温州市在城镇化发展过程中的中心城市影响力和辐射作用。

第三节　重视土地财政问题，防范地方债务风险

土地及其带来的收益是推动我国城镇化进程的重要驱动因素，随着城镇化的发展，"以地生财"模式面临的风险增加。结合前述实证结果，土地出让收入、土地财政依赖会对发债概率、发债规模风险和负担风险均产生正向影响。针对地方政府"以地融资"的行为，需要明晰土地产权和促进土地市场化配置，使得土地价值更加明确和透明，避免出现以地举债时地价被高估和信息不对称现象。

从融资平台的角度看，可以进行统一债务管理、降低债务风险。虽然土地出让收入与债务融资均是市政基础设施建设的重要资金来源，但当土地出让收入增加时，地方政府偿债能力提升，地方政府债务融资的需求会增加。土地财政收入及"以地融资"均是地方政府围绕土地价值快速增加财政收入的主要渠道。"以地融资"虽能为政府建设提供资金支持，但是作为一种负债，过高的偿债压力会对城市到来巨大的成本和风险，当融资平台还款发生困难时，债务风险会集中指向平台的担保方即地方政府。不断扩大的债务规模一方面反映出地方政府确实存在强烈的融资需求，另一方面需要建立风险评估和风险预警机制，规范土地抵押贷款的价值评估和相关流程，防范政府财政风险和银行金融风险。

土地财政的本质是通过出售土地未来的增值为城市公共服务筹资，虽然在一定程度上为城市建设和发展提供资本，但同样暴露了土地供给策略所存在的问题。我国公共财政和土地制度中存在缺陷，使得地方政府过度放大和使用土地价值，从而在土地出让行为策略中存在不合理性。为避免问题的深化，应调整当前的财税制度，打破地方政府对土地一级市场的垄断。《中华人民共和国土地管理法》新增规定，对土地利用总体规划确定为工业、商业等经营性用途，并依法登记的集体经营性建设用地，允许土地所有权人通过出让、出租等方式交由单位或个人使用。该规定表明农村集体经营性土地可以实现入市流转，对当前土地垄断供应格局会产生一定冲击，是应对"土地财政"的良好尝试。

第十五章　结论与展望

本书围绕中国城镇化过程中的要素投入、发展战略与模式转型问题，形成了五篇共十五章内容，探索了新型城镇化所面临的理论与现实问题。首先，从要素互动关系的视角评估了长三角城市城镇化发展战略及其成效，对城镇化核心要素间的协调度进行评价，提出了推动要素协调发展的政策建议。其次，围绕城镇化中要素投入对产业发展的影响，利用浙江省的数据从产业规模与结构两个视角评估了要素投入的影响，提出要素供给侧改革的建议。再次，围绕城镇化中产业用地低效利用的问题，设计了土地利用效率的评估指标，考察全国城市工业用的地利用效率及其影响因素，形成了工业用地利用效率提升的建议，推动城镇化高质量发展。最后，围绕城镇化中的地方隐性债务问题，系统地评估了地方债务的风险及其作用，提出了针对地方隐性债务的政策建议。在理论分析、实证分析、案例研究与政策研究的基础上，本章将归纳全书的结论与创新点。

第一节　研究结论与学术价值

（1）依靠土地要素的预先投入，地方政府在城镇化中采取"主动战略"，有效推动了城镇化率的提升与人口集聚，但第二、第三产业内人口与土地间存在脱节的问题，城镇化中资本投入与土地开发的风险增加。

通过构建人口与土地的联立方程系统，利用长三角城市群 42 个城市 2009～2013 年的面板数据，本书在消除内生性的情况下重新检验人口与土地的因果关系。在人口方程中，GMM 估计方法所获得土地供给系数为 0.422，且在 1% 的显著水平下对人口变量有显著影响；在土地方程中，GMM 方法系数为 0.059，观察不到系数的显著性。依据联立方程模型中内生变量关系的判定规则，在长三角城市群中人口与土地的因果关系由人口方程来判断，土地开发是导致城镇人口变化的原因，地方政府采用的是主动战略。地方政府提前进行土地储备整理，利用招拍挂方式出让，推动基础设施建设，形成人口集聚效应。提前进行的土地开发推动人口密度偏离最优比例，城镇空间过剩导致物业租金下降，刺激区域外人口流入。土地作为地方政府掌握的核心资源，成为推动快速推动城镇化的有力工具。这种城镇发展战略同时蕴含资产与空间闲置的风险。

预先开发的土地与基础设施需要有相应的产业与人口跟进。但是，在第二产业与第三产业中这种关系在统计上都不显著。利用面板数据对第二产业的细分模型结果可以发现，在人口模型中 GMM 估计的土地系数为 0.004 但不显著，而在土地方程中 GMM 获得的人口系数 0.322，观察不到显著性。依据因果判定规则，在考虑内生性的情况下，两个系数均为正但不显著，因果性不能确定，这表明在第二产业内土地供给与就业人口之间并不存在因果关系。同样，在第三产业的细分模型中，在人口方程中土地供给系数为 -0.431，不显著；而在土地方程中人口的估计系数为 0.064，同样不显著。由本书第四章的判断规则可知，内生性变量之间的关系不能确定，表明在第三产业内，就业人口与土地之间并不存在因果关系。

第二、第三产业的细分模型的因果关系不明确，表明进入城镇化区域的人口并没有成为真正意义上的第二产业与第三产业人口。从现实来看，地方政府通过低价产业用地供给来推动人口集聚的作用正在弱化，进入城镇区域的身份尴尬的"城乡两栖人"没有真正转化成第二、第三产业人口，这种"伪城镇化"的人口对于城镇空间的消费与支撑作用有限。在主动战略中，一旦人口密度长期偏离最优密度线，城市基础设施与已开发的物业将难以得到充分利用，城市集聚能力与经济活力下降，而前期投入的资本投入将会给地方政府与开发商带来沉重的财务负担，形成债务风险。

（2）通过对土地、人口与公共品之间协调度的评价，发现浙江省城镇化经历失调、过渡和协调阶段，而创新核心要素的管控政策，提升其协调度水平是推动城镇化高质量发展的有效方式。

通过构建核心要素之间的离差系数最小化协调度模型，本书设计协调度指数，评估要素间结构比例的合理性，要素协调表征子系统之间和系统内部各要素之间具有稳定的互动关系，三个子系统构成了城镇化系统。通过对三个子系统进行评价，得出子系统协调度，进而确定权重，计算出全系统的协调指数。指数判读需要设定合理区间，通过对三个子系统内各指标的测试，确定子系统的合理范围，计算全系统的基准区间，进而依据城镇化的发展阶段进行系数调整，明确了不同城市的合理区间。

浙江省土地城镇化和公共品投资依然滞后于人口城镇化，且协调水平沿着时间的轨迹呈先上升后下降的趋势。2002～2014年浙江省的城镇化经历了三个阶段。土地城镇化发展相对滞后，是协调水平下降的原因。2002～2012年，协调度从轻度失调不断提高至优质协调水平。以2006年为转折点，土地城镇化指数保持稳定上升状态，而公共品投资指数加速上升，并在2010年超过土地城镇化指数。公共品投资与人口城镇化保持了良好的协调性，而土地城镇化的相对滞后成为2012年后协调度下降的主要原因。无论是从协调度，还是各个要素的城镇化发展水平都呈现出明显的地域分化，即浙东北地区的城市普遍优于浙西南地区。通过要素间协调度的评价，通过调整要素供给，能够提升协调度水平。而从城镇化进程来看，公共品供给滞后影响了协调度，与土地与人口相比，公共品供给是政府的职责所在，可以通过政策调整改变供给指数。因此，从要素供给侧出发，政府可以通过放松落户条件、调节土地供应节奏、改变公共品供给速度、提升要素间的协调度，推动高质量的城镇化发展。

（3）城镇化中资本、劳动力与资本要素流动对要素生产率有显著影响，劳动力要素的结构红利消失，土地要素对产业转移的带动作用显著，要素之间的结构调整能够推动产业结构升级。

本书基于偏额－分离法系统评估了资本、劳动力和土地三要素流动对单要素生产率与全要素生产率的影响，结果发现在1999～2015年三次产业间的要素生产率存在差异，城镇化中资本要素在各个产业内的要素生产率都呈下降趋势，而土地与劳动力的要素生产率呈上升趋势。资本、劳动力与土地的生产率增长在城镇化推进中逐渐放缓，且其增长率主要由内部增长率引起，结构效应对要素生产率的影响并不显著。土地要素的结构红利效应明显。其他的要素转移效应在各时间段内对全要素生产率增长率的推动力越来越大，劳动力的结构红利效应减弱，而资本在要素间的转移对全要素生产率能够起到拉动作用，资本要素向第二、第三产业转移，但结构效应不明显。

从三种要素投入规模与结构对产业结构系数的影响关系看劳动力、资本与土地的投入规模对产业结构有显著正影响，要素结构改变会影响到产业结构。要素在产业结构间的流动对产业内要素生产率的提升作用减弱，对全要素生产率的影响也逐渐降低。产业结构升级在一定程度上取决于生产要素的流动。劳动力、资本、土地等要素的投入规模能够在一定程度上拉动产业结构的优化升级，但单纯要素数量的增加对产业结构升级的作用越来越小，同时要素间投入的失衡进一步制约了产业结构的发展。

劳动力要素的结构红利基本消失,资本对产业生产率的推动作用并不显著,土地要素成为拉动经济发展的重要驱动力。土地供给的短期效果明显,但长期来看会导致产业结构失衡。从要素供给侧改革的视角出发,需要更加尊重市场在要素配给中的决定性作用,减少政府对要素流动的限制与干预。针对不同的要素采取不同的调整策略,因地制宜合理控制土地出让数量,调整土地出让结构,避免三次产业间土地供给的价格扭曲。打通民间资本投资的渠道,加大劳动力教育和培训的投资力度,建立完善的人才培养体制,提高劳动力素质,减少劳动力要素流通的成本。

(4)提升工业用地利用效率是推动城镇化模式转型的关键点,我国城市工业用地产出率空间上具有"点、带"分布特征,全国与区域的结果都显示改变其影响因素可以提升土地利用效率。

通过计算全国275个地级市2006~2016年共11年的工业用地产出率,建立计量模型,对影响工业用地产出率的因素进行分析,进一步将样本城市分为东部、中部、西部、东北四个区域进行讨论。从整体上来看,城市工业用地产出率明显提高,区域差距扩大,东部地区平均水平远高于其他区域。结合这11年的平均工业用地产出率,工业用地产出率存在"点、带式"分布规律,工业用地产出率较高的城市大多分布于东部"边缘",部分工业用地产出率较高的城市散落在"中间"。从全国样本来看,资本密度、劳动力密度、人力资本水平、城市面积规模、城市人口规模、经济发展速度、政府干预水平、基础设施、土地市场化程度等指标均在1%显著性水平下正向影响工业用地产出率,产业结构指数在1%显著性水平下对工业用地产出率有负向影响。分区域来看,人力资本水平和政府干预水平两个指标对东部城市工业用地产出率影响不显著;土地市场化程度指标对中部城市工业用地产出率影响不显著;人口规模指标对西部地区和东北地区城市工业用地产出率有显著负向影响,城市基础设施这一指标对西部城市工业用地产出率影响不显著。大部分指标的回归结果和全国城市样本的回归结果在影响方向上大致相同,个别因素影响情况存在地域差异。

针对长三角城市群,考察城市区位条件对工业用地生产率的影响。城市群内部工业用地产出率两极分化明显,城市之间差距加大。区位变量对工业用地产出率影响为负,但是观察不到显著性。其他指标除经济发展速度、城市基础设施这两个指标对长三角城市群工业用地产出率没有显著影响外,其余指标对工业用地产出率均有显著正向或负向影响。推动长三角区域一体化发展是提升工业用地产出率、消除两极分化的有效手段和路径。因此,在长三角城市群内应当明确城市定位，突破行政区规划限制，加强中心城市之间的联系，进而推动长三角城市群的一体化进程，提升工业用地产出率，促进城镇化模式转型。

（5）从地方政府行为的角度出发，系统考察了地价水平、土地囤积和债务风险三者之间的互动关系。设计土地出让收入和土地财政依赖会对债务风险产生显著影响。

本书从地方政府行为的角度出发，系统考察了地价水平、土地囤积和债务风险三者之间的互动关系。以全国281个地级市为研究对象，选取2006～2015年土地出让、官员特征和地方城投债数据，运用双重固定效应构建土地出让与债务风险之间的模型，分析两者间的关系。地价水平会对土地囤积规模产生影响，可能引发土地投机。分税制后，地方政府面临较大的财政压力和晋升压力。快速的城镇化要求扩大基础设施的建设，地方政府亟须财政上"开源"。土地出让收入是地方财政预算外收入的重要来源。第九章的研究结论表明当土地价格上升时，地方政府更倾向于持有更多的土地，待土地价格上涨后进行出让，由此获得土地出让的溢价。地方政府的土地囤积可能引起土地投机，而土地价格上涨最终转嫁给消费者，引发社会问题。

政府土地囤积规模会影响城投债的规模风险，东部经济发达地区更为明显。发行地方债是地方政府进行融资的方式，其中"以地融资"是最主要的途径。实证结果表明，若地方政府的土地囤积规模增加，可用于抵押贷款和偿债的土地越多，因而地方政府倾向于发行更多地方债。分地区来看，东部地区由于经济高速增长的压力和大规模投资建设需求，发债的规模会增加，地方政府的债务风险上升。土地出让收入和土地财政依赖较会对债务风险产生显著影响。土地财政依赖明显且土地财政收入较高的地区对土地价值的认可和依赖更为明显，因此，这些地级市对未来的偿债能力期望值更高。官员晋升压力会增强土地出让收入、规模和土地财政依赖对债务风险的正向影响。土地出让收入、规模及土地财政依赖对债务风险可能存在正负两面的影响，第九章的实证结果表明，存在晋升发展压力的官员在土地出让收入等因素的影响下会更倾向于扩大城投债的规模，导致债务规模和负担风险上升。

第二节　创新点与研究展望

围绕传统城镇化向新型城镇化转型面临的问题，本书有以下创新点。

（1）构建人口 – 土地的联立方程系统，挖掘工具变量解决了估计中的偏误，重新检验了内生变量的互动关系。构建双因素理论分析框架，将土地及人口要素纳入一体化模型，实现对两要素之间关系的同步分析，创新分析框架。在联立方程模型中，通过寻找工具变量组，解决了普通最小二乘法估计中的偏误，利用 GMM 方法进行无偏估计，重新检视了内生变量的关系。进而进一步细分为第二产业、第三产业内的联立方程模型，对产业内内生变量的关系也实现了检验。在此基础上，利用无偏估计系数对总模型、第二产业细分模型、第三产业细分模型内的因果关系进行判断，识别了城镇化主动战略，以及在产业内部脱节的风险。寻找有效的工具变量，解决参数估计中的内生性问题是项目的重点与难点。通过分析核心要素间的内生性问题，挖掘了内生变量的工具变量，解决了估计偏误的问题。

（2）构建了城镇化核心要素间的协调度指数，创新城镇化要素间关系的量化评价方法。对通过结构实现对城镇化要素变动趋势的模拟，测算出要素之间失衡的临界点，并对要素与产业协同关系进行定量分析，创新研究思路。设计城镇化核心要素协调度指数，创新城镇化质量的评价方法。将城镇化中的核心要素"资本、土地、人口"等纳入一体化模型，实现对多要素之间关系的同步分析，创新分析框架。实现对城镇化要素变动趋势的分析，测算出要素之间失衡的临界点，并对要素与产业协同关系进行定量分析，创新研究思路。在此基础上，设计了城镇化核心要素协调度指数，创新城镇化质量的评价方法。

（3）系统评价了要素投入规模与结构的影响，提出了通过要素供给侧创新结构调整与质量升级推动产业发展的思路和路径。识别核心要素间的失衡机理，探索要素与产业的协同路径。一是构造核心要素子系统间的联动模型，为后续研究提供一体化分析框架。通过构造一体化空间计量模型将城镇化核心要素因素纳入模型，形成联动的子系统，为核心要素间作用机理的研究提供框架。二是挖掘工具变量解决内生性问题，更准确判断核心要素间的关系。挖掘内生变量的工具变量，解决要素互动影响的内生性问题，明晰要素间的响应机理与传递过程，总结了要素间的响应规律。三是设计核心要素间的协调度指数，验证要素对产业的影响，明确出要素与产业的协同路径。分析要素及其协调度对产业影响的路径，识别其影响程度，挖掘要素与产业的协同路径。四是通过工业用地产出率的系统评价，通过提升工业用地产出率的提升推动城镇化的高质量发展。

（4）评估了地方隐性债务的形成机理，评估其在城市扩展的作用机制，进而提出新时代治理债务问题的政策建议。虽然当前有关土地财政的研究非常丰富，但是以政府行为视角进行分析的研究还非常缺乏。本书将土地市场中的出让行为和债务风险两大内容联系起来，丰富了有关政府土地出让行为和债务风险的研究内容，为其他学者进行相关研究提供参考。当前有关地方政府土地囤积规模的影响研究较少，尤其是土地囤积规模与债务风险之间的相互关系的研究。本书利用双重固定效应建立土地囤积规模与债务风险的模型，系统分析地方政府土地囤积规模和地价、债务之间的互动关系，实现关系的量化。此外，本书将土地出让行为和官员晋升压力等变量考虑进影响因素，定量考察官员晋升压力对土地出让行为和土地依赖这些变量的调节作用，结果显示晋升压力会增强对地区债务风险的正向影响。本书还利用 Wind 数据库的数据，对城投债的统计口径进行了重新梳理，通过对新口径数据的整理、分样本和时间阶段的检验，论证新口径的可靠性和准确性。土地作为地方政府最具价值的资本对融资必然有重要的影响，但现有文献关于地方政府土地储备量及土地价格对债务风险的影响研究较少，因而本书具有创新意义。

参 考 文 献

[1] 鲍海君，袁定欢，庄红梅. 土地督察与开发商囤地：策略抉择的演化博弈 [J]. 中国土地科学，2014，28（2）：29 – 36.

[2] 蔡昉. 中国经济增长如何转向全要素生产率驱动型 [J]. 中国社会科学，2013，205（1）：57 – 72.

[3] 曹广忠，边雪，刘涛. 基于人口、产业和用地结构的城镇化水平评估与解释——以长三角地区为例 [J]. 地理研究，2011（12）：2139 – 2149.

[4] 曹婧，毛捷，薛熠. 城投债为何持续增长：基于新口径的实证分析 [J]. 财贸经济，2019，40（5）：5 – 22.

[5] 曹文莉，张小林，潘义勇，张春梅. 发达地区人口、土地与经济城镇化协调发展度研究 [J]. 中国人口·资源与环境，2012，22（2）：141 – 146.

[6] 曾湘泉，陈力闻，杨玉梅. 城镇化、产业结构与农村劳动力转移吸纳效率 [J]. 中国人民大学学报，2013（4）：36 – 46.

[7] 车久菊. 流通业发展规模、要素投入对产业结构调整的作用机理——以长三角经济圈为例 [J]. 商业经济研究，2016（11）：190 – 191.

[8] 陈春. 健康城镇化发展研究 [J]. 国土与自然资源研究，2008（4）：7 – 9.

[9] 陈纯槿，李实. 城镇劳动力市场结构变迁与收入不平等：1989 – 2009 [J]. 管理世界，2013（1）：45 – 55.

[10] 陈凤桂，张虹鸥，吴旗韬，陈伟莲. 我国人口城镇化与土地城镇化协调发展研究 [J]. 人文地理，2010，25（5）：53 – 58.

[11] 陈立泰，刘艺. 中国产业结构变迁对城市化发展的影响——基于省级面板数据的实证研究 [J]. 经济问题探索，2013（8）：61 – 66.

[12] 陈明星，陆大道，刘慧. 中国城市化与经济发展水平关系的省际格局 [J]. 地理学报，2010，65（12）：1443 – 1453.

[13] 陈淑云，曾龙，李伟华. 地方政府竞争、土地出让与城市生产率——来自中国 281 个地级市的经验证据 [J]. 财经科学，2017（7）：102 – 115.

[14] 陈志刚，王青，赵小风，黄贤金. 中国土地违法现象的空间特征及

其演变趋势分析 [J]. 资源科学, 2010, 32 (7): 1387 - 1392.

[15] 程名望, 贾晓佳, 仇焕广. 中国经济增长 (1978—2015): 灵感还是汗水? [J]. 经济研究, 2019, 54 (7): 30 - 46.

[16] 崔军, 杨琪. 新世纪以来土地财政对城镇化扭曲效应的实证研究 [J]. 中国人民大学学报, 2014 (1): 55 - 64.

[17] 崔新蕾, 赵燕霞. 资源型城市工业用地利用效率及影响因素研究 [J]. 国土资源科技管理, 2018, 35 (3): 1 - 14.

[18] 单豪杰. 中国资本存量 K 的再估算: 1952 - 2006 年 [J]. 数量经济技术经济研究, 2008, 25 (10): 17 - 31.

[19] 邓保彪, 王雅琪, 翁睿, 苏敏, 鲍捷. 快速城镇化背景下迅速扩张型城市空间演化时空特征及驱动力机制——以合肥市为例 [J]. 资源开发与市场, 2019, 35 (10): 1280 - 1287.

[20] 丁晨曦. 城镇化对区域工业用地利用效率的影响研究 [D]. 南京农业大学, 2016.

[21] 丁焕峰, 宁颖斌. 要素流动与生产率增长研究——对广东省 "空间结构红利假说" 的实证分析 [J]. 经济地理, 2011 (9): 1421 - 1426.

[22] 丁菊红, 邓可斌. 财政分权、软公共品供给与户籍管制 [J]. 中国人口科学, 2011 (4): 44 - 52.

[23] 董凤丽, 吕杰. 基于综合结构效益指数的沈阳经济区产业结构分析 [J]. 社会科学辑刊, 2010 (6): 130 - 134.

[24] 豆建民, 汪增洋. 经济集聚、产业结构与城市土地产出率——基于我国 234 个地级城市 1999 - 2006 年面板数据的实证研究 [J]. 财经研究, 2010, 36 (10): 26 - 36.

[25] 杜金华, 陈治国. 城市化、土地财政与城市公共产品供给——基于全国 70 个大中城市的实证分析 [J]. 经济问题探索, 2017 (8): 94 - 100.

[26] 杜金华, 陈治国. 土地财政依赖对城市扩张的影响 [J]. 财经科学, 2018 (5): 79 - 89.

[27] 杜雪君, 黄忠华. 以地谋发展: 土地出让与经济增长的实证研究 [J]. 中国土地科学, 2015, 29 (7): 40 - 47.

[28] 范剑勇, 莫家伟, 张吉鹏. 居住模式与中国城镇化——基于土地供给视角的经验研究 [J]. 中国社会科学, 2015 (4): 44 - 63.

[29] 范剑勇, 莫家伟. 地方债务、土地市场与地区工业增长 [J]. 经济研究, 2014, 49 (1): 41 - 55.

[30] 范进，赵定涛. 土地城镇化与人口城镇化协调性测定及其影响因素 [J]. 经济学家，2012 (5)：61 –67.

[31] 范子英. 土地财政的根源：财政压力还是投资冲动 [J]. 中国工业经济，2015 (6)：18 –31.

[32] 方艳璐. 宁波市城镇化进程中人口、经济、土地协调发展研究 [D]. 宁波大学，2015.

[33] 傅利平，李永辉. 地方政府官员晋升竞争、个人特征对城市扩张的影响——基于全国地级市面板数据的实证分析 [J]. 城市问题，2015 (1)：27 –32，40.

[34] 干春晖，郑若谷，余典范. 中国产业结构变迁对经济增长和波动的影响 [J]. 经济研究，2011，518 (5)：5 –17，32.

[35] 干春晖，郑若谷. 改革开放以来产业结构演进与生产率增长研究——对中国 1978 ~2007 年 "结构红利假说" 的检验 [J]. 中国工业经济，2009 (2)：55 –65.

[36] 干春晖，邹俊，王健. 地方官员任期、企业资源获取与产能过剩 [J]. 中国工业经济，2015 (3)：44 –56.

[37] 耿甜伟，毛雅倩，李九全，陈海. 西安城市扩展时空特征及驱动机制 [J]. 经济地理，2019，39 (10)：62 –70.

[38] 龚丽贞. 土地财政之源：压力所迫还是晋升诱惑？——基于东部沿海发达城市数据的实证分析 [J]. 财经论丛，2019 (5)：22 –32.

[39] 辜胜阻，刘江日. 城镇化要从 "要素驱动" 走向 "创新驱动" [J]. 人口研究，2012 (11)：3 –12.

[40] 辜胜阻，刘伟，庄芹芹. 新《预算法》与地方政府债务风险防控 [J]. 社会科学战线，2014 (10)：35 –40.

[41] 顾乃华，陈秀英. 财政约束、城市扩张与经济集聚密度、劳动生产率变动 [J]. 经济学家，2015 (6)：30 –40.

[42] 郭付友，李诚固，陈才，甘静. 2003 年以来东北地区人口城镇化与土地城镇化时空耦合特征 [J]. 经济地理，2015，35 (9)：49 –56.

[43] 郭贯成，温其玉. 环境约束下工业用地生产效率研究——基于中国 33 个典型城市非期望产出的考量 [J]. 中国人口·资源与环境，2014，24 (6)：121 –127.

[44] 国务院发展研究中心与世界银行联合课题组. 中国：推进高效、包容、可持续的城镇化 [J]. 管理世界，2014 (4)：5 –41.

[45] 何杨，满燕云．地方政府债务融资的风险控制——基于土地财政视角的分析 [J]．财贸经济，2012 (5)：45 - 50．

[46] 洪世键，曾瑜琦．制度变迁背景下中国城市空间增长驱动力探讨 [J]．经济地理，2016，36 (6)：67 - 73．

[47] 胡伟艳，张安录．人口城镇化与农地非农化的因果关系——以湖北省为例 [J]．中国土地科学，2008，22 (6)：30 - 35．

[48] 胡宇微，张建城．中国能源消费和产业结构变迁关系研究——基于库兹涅茨曲线和泰尔指数 [J]．西部经济管理论坛，2012，79 (1)：85 - 87．

[49] 黄大全，洪丽璇，梁进社．福建省工业用地效率分析与集约利用评价 [J]．地理学报，2009，64 (4)：479 - 486．

[50] 黄燕，杨振斌，石秋霞．地方政府经营城市、创租行为及其发展趋向解析 [J]．城市问题，2007 (2)：72 - 78．

[51] 姬卿伟，李跃．经济集聚与城市土地产出分析——以新疆为例 [J]．新疆农垦经济，2015 (6)：57 - 61．

[52] 嵇欣．工业园区土地产出效率评价的思路与方法研究 [D]．复旦大学，2012．

[53] 吉富星．地方政府隐性债务的实质、规模与风险研究 [J]．财政研究，2018 (11)：62 - 70．

[54] 冀云阳，付文林，杨寓涵．土地融资、城市化失衡与地方债务风险 [J]．统计研究，2019，36 (7)：91 - 103．

[55] 贾康．《预算法》在地方债上的突破 [J]．中国金融，2014 (22)：21 - 22．

[56] 江曼琦，席强敏．中国主要城市化地区测度——基于人口聚集视角 [J]．中国社会科学，2015 (8)：26 - 46，204 - 205．

[57] 况伟大，王湘君．土地市场波动、限购与地方债交易市场风险——来自中国城投债交易市场的证据 [J]．中国软科学，2019 (10)：39 - 49．

[58] 赖敏．土地要素错配阻碍了中国产业结构升级吗？——基于中国230 个地级市的经验证据 [J]．产业经济研究，2019 (2)：39 - 49．

[59] 雷潇雨，龚六堂．基于土地出让的工业化与城镇化 [J]．管理世界，2014 (9)：29 - 41．

[60] 李宝礼，胡雪萍．城镇化、要素禀赋与城市产业结构升级——基于中国 345 个城市的空间计量分析 [J]．贵州财经大学学报，2016 (182)：10 - 19．

[61] 李勃，郝武波．城市土地要素对第二、第三产业发展的定量分析——

基于环渤海 10 个主要城市 [J]. 经济研究导刊, 2013 (15): 172 – 175.

[62] 李福平, 田云. 武汉市开发区土地集约利用评价及其影响因素分析 [J]. 湖北农业科学, 2017, 56 (1): 47 – 50.

[63] 李国璋, 谢艳丽. 我国产业结构变迁中的生产率增长效应分析 [J]. 创新, 2010 (2): 29 – 33.

[64] 李慧, 焦隽, 李裕瑞等. 江苏省沿江地区工业土地利用效率的初步研究 [J]. 农业系统科学与综合研究, 2008, 24 (3): 323 – 326.

[65] 李林. 考虑非期望产出的广东省工业用地经济效率研究 [D]. 华南理工大学, 2016.

[66] 李强, 陈宇琳, 刘精明. 中国城镇化 "推进模式" [J]. 中国社会科学, 2012 (7): 82 – 100.

[67] 李涛, 廖和平, 杨伟, 庄伟, 时仅. 重庆市 "土地、人口、产业" 城镇化质量的时空分异级耦合协调性 [J]. 经济地理, 2015 (5): 65 – 71.

[68] 李小平, 陈勇. 劳动力流动、资本转移和生产率增长——对中国工业 "结构红利假说" 的实证检验 [J]. 统计研究, 2007, 24 (7): 22 – 28.

[69] 李晓燕, 李慧颖, 满卫东, 毛德华, 王宗明. 哈长城市群城镇用地扩展进程及其驱动因素研究 [J]. 地理科学, 2018, 38 (8): 1273 – 1282.

[70] 李学文, 卢新海. 经济增长背景下的土地财政与土地出让行为分析 [J]. 中国土地科学, 2012, 26 (8): 42 – 47.

[71] 李学增, 郭贯成, 崔久富. 地方政府 "土地生税" 研究: 基于工业用地视角 [J]. 云南财经大学学报, 2020, 36 (6): 17 – 28.

[72] 李勇刚. 土地资源错配阻碍了经济高质量发展吗? ——基于中国 35 个大中城市的实证研究 [J]. 南京社会科学, 2019 (10): 35 – 42.

[73] 李长亮. 基于空间计量模型的新型城镇化对产业结构升级的影响研究 [J]. 西北民族大学学报 (哲学社会科学版), 2017 (1): 114 – 119.

[74] 梁流涛, 翟彬, 樊鹏飞. 经济聚集与产业结构对城市土地利用效率的影响 [J]. 地域研究与开发, 2017, 36 (3): 113 – 117.

[75] 梁若冰, 汤韵. 地方公共品供给中的 Tiebout 模型: 基于中国城市房价的经验研究 [J]. 世界经济, 2008 (10): 71 – 83.

[76] 廖重斌. 环境与经济协调发展的定量评判及其分类体系——以珠江三角洲城市群为例 [J]. 热带地理, 1999, 19 (2): 171 – 177.

[77] 林爱文, 樊星. 湖北省人口城镇化与土地城镇化协调发展分析 [J]. 地域研究与开发, 2015, 34 (6): 14 – 18.

[78] 刘海申. 我国地方政府隐性债务风险状况及化解建议 [J]. 地方财政研究, 2020 (1): 20 - 23.

[79] 刘红芹, 耿曙, 郭圣莉. 土地出让: 以地生财还是引资晋升——针对两类用地市场的分析 [J]. 公共行政评论, 2019, 12 (3): 3 - 23, 189.

[80] 刘娟, 郑钦玉, 郭锐利, 李美荣. 重庆市人口城镇化与土地城镇化协调发展评价 [J]. 西南师范大学学报 (自然科学版), 2012, 37 (11): 66 - 72.

[81] 刘乃铭, 金澍. 土地出让方式对中国地方政府财政收入的影响研究 [J]. 中国土地科学, 2014, 28 (1): 91 - 96.

[82] 刘瑞超, 陈东景, 路兰. 土地财政对城市蔓延的影响 [J]. 城市问题, 2018 (5): 85 - 91.

[83] 刘守英, 蒋省三. 土地融资与财政和金融风险——来自东部一个发达地区的个案 [J]. 中国土地科学, 2005 (5): 3 - 9.

[84] 刘守英, 王志锋, 张维凡, 熊雪锋. "以地谋发展" 模式的衰竭——基于门槛回归模型的实证研究 [J]. 管理世界, 2020, 36 (6): 80 - 92, 119, 246.

[85] 刘守英. 土地制度变革与经济结构转型——对中国40年发展经验的一个经济解释 [J]. 中国土地科学, 2018, 32 (1): 1 - 10.

[86] 刘向南, 单嘉铭, 石晓平等. 发达地区城市工业用地效率评价及影响因素研究——以浙江省绍兴市为例 [J]. 华东经济管理, 2016, 30 (12): 70 - 76.

[87] 刘颜. 土地财政对中国城市空间扩张的影响——基于动态空间计量模型的实证检验 [J]. 财经理论与实践, 2019, 40 (3): 9 - 14.

[88] 刘耀林, 李纪伟, 侯贺平, 等. 湖北省城乡建设用地城镇化率及其影响因素 [J]. 地理研究, 2014, 33 (1): 132 - 142.

[89] 刘元春, 陈金至. 土地制度、融资模式与中国特色工业化 [J]. 中国工业经济, 2020 (3): 5 - 23.

[90] 龙奋杰, 王雪芹, 王爵, 邹迪. 产业发展与城镇化互动关系分析 [J]. 城市问题, 2015 (7): 19 - 25.

[91] 龙开胜, 陈利根, 占小林. 不同利用类型土地投入产出效率的比较分析——以江苏省耕地和工业用地为例 [J]. 中国人口·资源与环境, 2008, 18 (5): 174 - 178.

[92] 罗能生, 彭郁. 中国城市工业用地利用效率时空差异及地方政府竞争影响 [J]. 中国土地科学, 2016, 30 (5): 62 - 70.

［93］马九杰，亓浩．土地一级市场垄断、土地财政的形成与动态变化——基于土地储备制度建立的准实验研究［J］．中国土地科学，2019，33（8）：43－52．

［94］马丽宁．人力资本投资对城市竞争力的影响研究［D］．山东师范大学，2010．

［95］马孝先．中国城镇化的关键影响因素及其效应分析［J］．中国人口·资源与环境，2014，24（12）：117－124．

［96］毛丰付，潘加顺．资本深化、产业结构与中国城市劳动生产率［J］．中国工业经济，2012，（10）：32－44．

［97］毛文峰，陆军．土地资源错配、城市蔓延与地方政府债务——基于新口径城投债数据的经验证据［J］．经济学家，2020（4）：80－88．

［98］倪树高，张彦栋．制造业要素再配置与生产率增长的实证研究——以浙江省为例［J］．浙江社会科学，2011，181（9）：12－21．

［99］牛霖琳，洪智武，陈国进．地方政府债务隐忧及其风险传导——基于国债收益率与城投债利差的分析［J］．经济研究，2016，51（11）：83－95．

［100］欧阳晓，朱翔．中国城市群城市用地扩张时空动态特征［J］．地理学报，2020，75（3）：571－588．

［101］裴长洪，于燕．新型城镇化中的产业发展趋势［J］．当代经济研究，2014（10）：5－13．

［102］彭山桂，汪应宏，陈晨，魏海霞，王健，毋晓蕾．地方政府工业用地低价出让行为经济合理性分析——基于广东省地级市层面的实证研究［J］．自然资源学报，2015，30（7）：1078－1091．

［103］皮亚彬，李超．地区竞争、土地供给结构与中国城市住房价格［J］．财贸经济，2020，41（5）：116－130．

［104］亓寿伟，毛晖，薛真．地方政府性债务、财政风险与土地出让［J］．地方财政研究，2016（6）：62－69．

［105］亓寿伟，毛晖，张吉东．财政压力、经济刺激与以地引资——基于工业用地微观数据的经验证据［J］．财贸经济，2020，41（4）：20－34．

［106］邵朝对，苏丹妮，邓宏图．房价、土地财政与城市集聚特征：中国式城市发展之路［J］．管理世界，2016（2）：19－31，187．

［107］邵晓梅，王静．小城镇开发区土地集约利用评价研究——以浙江省慈溪市为例［J］．地理科学进展，2008，27（1）：75－81．

［108］邵雪亚．"以地融资"视角下的地方政府债务及风险研究［D］．

浙江大学，2014.

[109] 沈红波，华凌昊，张金清. 城投债发行与地方融资平台主动债务置换——基于银行授信视角 [J]. 金融研究，2018 (12)：91 - 104.

[110] 沈彦，朱翔，雷志刚. 新型城镇化视角下的湖南省土地城镇化与人口城镇化协调发展研究 [J]. 中国人口·资源与环境，2015，25 (S1)：354 - 357.

[111] 施秧秧. DEA 方法与 Tobit 模型相结合的工业用地效率研究 [D]. 浙江大学，2009.

[112] 石忆邵. 辩证审视土地城镇化与人口城镇化之间的关系 [J]. 上海国土资源，2015，36 (2)：9 - 13.

[113] 帅先富，卢源荣. 要素转移、产业结构演进与海南生产率增长研究——地产泡沫前后期"结构红利假说" [J]. 当代经济，2010，246 (6)：154 - 156.

[114] 税丽. 长江经济带城市土地利用效率时空差异及影响因素研究 [D]. 四川师范大学，2018.

[115] 苏振东，金景仲，王小红. 中国产业结构演进中存在"结构红利"吗——基于动态偏离份额分析法的实证研究 [J]. 财经科学，2012 (2)：63 - 70.

[116] 孙晓华，王昀. 企业规模对生产率及其差异的影响——来自工业企业微观数据的实证研究 [J]. 中国工业经济，2014 (5)：57 - 69.

[117] 汤玉刚，陈强，满利苹. 资本化、财政激励与地方公共服务提供——基于我国 35 个大中城市的实证分析 [J]. 经济学（季刊），2015，15 (1)：217 - 240.

[118] 陶然，袁飞，曹广忠. 区域竞争、土地出让与地方财政效应：基于 1999 - 2003 年中国地级城市面板数据的分析 [J]. 世界经济，2007 (10)：15 - 27.

[119] 童陆亿. 国内外城市扩张内涵及度量研究进展 [J]. 世界地理研究，2020，29 (4)：762 - 772.

[120] 汪冲. 用地管控、财政收益与土地出让：央地用地治理探究 [J]. 经济研究，2019，54 (12)：54 - 69.

[121] 王梅婷，张清勇. 财政分权、晋升激励与差异化土地出让——基于地级市面板数据的实证研究 [J]. 中央财经大学学报，2017 (1)：70 - 80.

[122] 王鹏，尤济红. 产业结构调整中的要素配置效率——兼对"结构红利假说"的再检验 [J]. 经济学动态，2015 (10)：70 - 80.

［123］王轶军，郑思齐，龙奋杰. 城市公共服务的价值估计、受益者分析和融资模式探讨［J］. 城市发展研究，2007（4）：46 - 53.

［124］王永钦，陈映辉，杜巨澜. 软预算约束与中国地方政府债务违约风险：来自金融市场的证据［J］. 经济研究，2016，51（11）：96 - 109.

［125］王佑辉，肖旦. 环境约束下京津冀工业用地效率研究［J］. 广东土地科学，2016，15（4）：16 - 23.

［126］王媛，杨广亮. 为经济增长而干预：地方政府的土地出让策略分析［J］. 管理世界，2016（5）：18 - 31.

［127］王岳龙，邹秀清. 土地出让：以地生财还是招商引资——基于居住 - 工业用地价格剪刀差的视角［J］. 经济评论，2016（5）：68 - 82.

［128］韦东，陈常优，屠高平. 影响城市土地集约利用的因素研究——以我国30个特大城市为例［J］. 国土资源科技管理，2007，24（2）：12 - 16.

［129］吴福象，沈浩平. 新型城镇化、创新要素空间集聚与城市群产业发展［J］. 中南财经政法大学学报，2013，199（4）：37 - 43.

［130］吴一凡，刘彦随，李裕瑞. 中国人口与土地城镇化时空耦合特征及驱动机制［J］. 地理学报，2018，73（10）：1865 - 1879.

［131］吴郁玲，曲福田，冯忠垒. 城市开发区土地集约利用的影响因素分析——以江苏省为例［J］. 经济问题探索，2006（8）：53 - 57.

［132］夏方舟，李洋宇，严金明. 产业结构视角下土地财政对经济增长的作用机制——基于城市动态面板数据的系统 GMM 分析［J］. 经济地理，2014，34（12）：85 - 92.

［133］夏佩佩. 浙江省工业用地集约利用效率评价及影响因素分析［D］. 浙江工业大学，2014.

［134］谢花林，王伟，姚冠荣等. 中国主要经济区城市工业用地效率的时空差异和收敛性分析［J］. 地理学报，2015，70（8）：1327 - 1338.

［135］谢贞发，朱恺容. 工业地价补贴、地区竞争与产出效应［J］. 财政研究，2019（4）：3 - 22.

［136］徐红，汪峰. 财政分权背景下的财政透明度建设与城投债扩张［J］. 经济科学，2019（5）：5 - 17.

［137］徐升艳，陈杰，赵刚. 土地出让市场化如何促进经济增长［J］. 中国工业经济，2018（3）：44 - 61.

［138］徐维祥，刘程军. 产业集群创新与县域城镇化耦合协调的空间格局及驱动力——以浙江为实证［J］. 地理科学，2015，35（11）：1347 - 1356.

[139] 许涤龙，何达之. 财政风险指数预警系统的构建与分析 [J]. 财政研究，2007 (11)：9 - 12.

[140] 闫昊生，孙久文，苏玺鉴. 土地要素：一个中国特色的政策工具 [J]. 经济学家，2019 (5)：104 - 112.

[141] 杨峰. 从"囚徒困境"看房地产企业土地囤积行为 [J]. 现代经济探讨，2009 (12)：31 - 34.

[142] 杨继东，杨其静. 保增长压力、刺激计划与工业用地出让 [J]. 经济研究，2016，51 (1)：99 - 113.

[143] 杨丽霞，苑韶峰，王雪禅. 人口城镇化与土地城镇化协调发展的空间差异研究——以浙江省 69 县市为例 [J]. 中国土地科学，2013，27 (11)：18 - 22.

[144] 杨其静，卓品，杨继东. 工业用地出让与引资质量底线竞争——基于 2007 ~ 2011 年中国地级市面板数据的经验研究 [J]. 管理世界，2014 (11)：24 - 34.

[145] 杨忍，刘彦随，龙花楼. 中国环渤海地区人口—土地—产业非农化转型协同演化特征 [J]. 地理研究，2015，34 (3)：475 - 486.

[146] 杨忍，陈燕纯，徐茜. 基于政府力和社会力交互作用视角的半城市化地区工业用地演化特征及其机制研究——以佛山市顺德区为例 [J]. 地理科学，2018，38 (4)：511 - 521.

[147] 叶阿忠，邢晓卫，黄志刚. 城镇化、产业结构升级和城乡收入差距——基于 PVAR 模型的实证 [J]. 江西师范大学学报（自然科学版），2015 (6)：605 - 611.

[148] 叶樊妮. 要素投入、技术进步与经济增长 [J]. 经济与管理，2010，24 (7)：10 - 12.

[149] 叶剑平，马长发，张庆红. 土地要素对中国经济增长贡献分析——基于空间面板模型 [J]. 财贸经济，2011 (4)：111 - 116.

[150] 叶林，吴木銮，高颖玲. 土地财政与城市扩张：实证证据及对策研究 [J]. 经济社会体制比较，2016 (2)：39 - 47.

[151] 叶宗裕. 中国资本存量再估：1952 - 2008 [J]. 统计与信息论坛，2010 (7)：36 - 41.

[152] 袁惊柱，姜太碧，宋晓芹，金尧. 创新要素投入机制与推进"三化"同步发展 [J]. 云南财经大学学报（社会科学版），2012，27 (1)：42 - 46.

[153] 翟士军，赵磊. 基于泰尔指数的产业结构调整对出口强度影响研

究 [J]. 经济经纬, 2016 (4): 92 – 97.

[154] 翟文侠, 黄贤金, 张强等. 城市开发区土地集约利用潜力研究——以江苏省典型开发区为例 [J]. 资源科学, 2006, 28 (2): 54 – 60.

[155] 张红霞, 王丹阳. 要素投入、产业结构合理化与产业结构高级化——基于山东省面板数据的动态 GMM 检验 [J]. 华东经济管理, 2016, 231 (3): 63 – 68.

[156] 张宏元, 杨德刚, 王野, 马文红. 干旱区城市环境与经济协调发展评价与对策研究——以乌鲁木齐市为例 [J]. 干旱区地理, 2007, 30 (1): 135 – 140.

[157] 张景奇, 周思静, 修春亮. 基于夜间灯光数据的中国五大区域级城市群空间扩张协同性对比 [J]. 中国土地科学, 2019, 33 (10): 56 – 65.

[158] 张娟锋, 虞晓芬. 土地资源配置体制与供给模式对房地产市场影响的路径分析 [J]. 中国软科学, 2011 (5): 29 – 36.

[159] 张军, 章元. 再论中国资本存量的估计方法 [J]. 经济研究, 2003 (7): 35 – 43.

[160] 张乐勤, 陈素平, 陈保平. 安徽省近 15 年土地要素对经济贡献及 Logistic 曲线拐点探析 [J]. 地理科学, 2014 (1): 40 – 46.

[161] 张立彦. 地方政府土地出让目标取向研究 [J]. 城市问题, 2007 (11): 97 – 101.

[162] 张莉, 年永威, 刘京军. 土地市场波动与地方债——以城投债为例 [J]. 经济学 (季刊), 2018, 17 (3): 1103 – 1126.

[163] 张莉, 高元骅, 徐现祥. 政企合谋下的土地出让 [J]. 管理世界, 2013 (12): 43 – 51, 62.

[164] 张莉, 王贤彬, 徐现祥. 财政激励、晋升激励与地方官员的土地出让行为 [J]. 中国工业经济, 2011 (4): 35 – 43.

[165] 张莉. 不同经济发展水平地区开发区土地集约利用时空差异及其影响因素研究 [D]. 福建农林大学, 2018.

[166] 张琳, 郭雨娜, 王亚辉. 中国轻、重工业企业集约用地影响因素比较研究 [J]. 工业技术经济, 2015 (8): 50 – 58.

[167] 张琳, 王亚辉, 李影. 全要素生产率视角下的城市工业用地生产效率研究——基于 Malmquist 指数的分析 [J]. 大连理工大学学报 (社会科学版), 2015, 36 (1): 57 – 62.

[168] 张琳, 王亚辉. 微观企业视角下工业用地产出效率的影响因素研

究——基于 2088 家工业企业样本的实证分析 [J]. 华东经济管理，2014，28 (9)：43－48.

[169] 张琳，王传镇，黎小明，钱金芳. 地方政府供地行为对工业用地市场价格影响的实证研究 [J]. 科技与管理，2018，20 (6)：43－50.

[170] 张路. 地方债务扩张的政府策略——来自融资平台"城投债"发行的证据 [J]. 中国工业经济，2020 (2)：44－62.

[171] 张绍阳，刘琼，欧名豪. 财政竞争、引资竞争与土地约束性指标管控政策执行偏差 [J]. 中国人口·资源与环境，2018，28 (5)：123－131.

[172] 张卫国，黄晓兰，郑月龙，汪小钗. 包容性城镇化与产业结构的协调发展研究 [J]. 经济与管理研究，2016 (2)：28－34.

[173] 张孝宇，张安录，蔡银莺. 土地要素投入对第二、第三产业经济增长的计量分析——我国 35 个大中城市的实证 [J]. 生产力研究，2011 (9)：154－156.

[174] 张翼，何有良. 产业结构变迁、要素重置与中国经济增长 [J]. 经济经纬，2010 (3)：27－31.

[175] 张英杰. 地方公共品影响居住选址和住房价格的机制与效应研究 [D]. 清华大学，2015.

[176] 张永刚. 云南省开发区企业土地集约利用评价及影响因素研究 [D]. 云南财经大学，2018.

[177] 赵凯，蒋伏心. 经济集聚、城市区位与城市土地产出率——来自江苏省的数据 [J]. 华东经济管理，2013，27 (2)：1－6.

[178] 赵凯. 经济集聚对城市土地产出率的影响研究 [D]. 南京师范大学，2013.

[179] 赵鹏军，吕迪. 中国小城镇镇区土地利用结构特征 [J]. 地理学报，2019，74 (5)：1011－1024.

[180] 赵涛，李晅煜. 能源－经济－环境 (3E) 系统协调度评价模型研究 [J]. 北京理工大学学报 (社会科学版)，2008，10 (2)：11－16.

[181] 赵文哲，杨继东. 地方政府财政缺口与土地出让方式——基于地方政府与国有企业互利行为的解释 [J]. 管理世界，2015 (4)：11－24.

[182] 赵小风，黄贤金，钟太洋等. 江苏省开发区土地集约利用的分层线性模型实证研究 [J]. 地理研究，2012，25 (9)：1611－1620.

[183] 郑思齐，孙伟增，吴璟，武赟. "以地生财，以财养地"——中国特色城市建设投融资模式研究 [J]. 经济研究，2014，49 (8)：14－27.

［184］中国金融 40 人论坛课题组.加快推进新型城镇化：对若干重大体质改革问题认识与政策建议［J］.中国社会科学，2012（11）：59－76.

［185］中国金融 40 人论坛课题组.土地制度改革与新型城镇化［J］.金融研究，2013（5）：114－125.

［186］周飞舟.大兴土木：土地财政与地方政府行为［J］.经济社会体制比较，2010（3）：77－89.

［187］周琳，范建双，虞晓芬.政府间竞争影响城市土地市场化水平的双边效应研究：基于财政竞争和引资竞争的不同作用［J］.中国土地科学，2019，33（5）：60－68.

［188］周游，谭光荣.地方政府竞争对城市土地利用效率影响分析［J］.地域研究与开发，2017，36（3）：118－122.

［189］周玉.开发区土地集约利用影响因素分析［J］.广东土地科学，2011，10（3）：23－27.

［190］朱一中，曹裕.基于 PSR 模型的广东省城市土地集约利用空间差异分析［J］.经济地理，2011，31（8）：1375－1380.

［191］竹志奇，高珂，王涛.新预算法对地方债券市场化进程的影响［J］.税务与经济，2018（5）：11－18.

［192］庄红卫，李红.湖南省不同区域开发区工业用地利用效率评价研究［J］.经济地理，2011，31（12）：2100－2104.

［193］左翔，殷醒民.土地一级市场垄断与地方公共品供给［J］.经济学（季刊），2013，12（2）：693－718.

［194］Baumol W J. Macroeconomics of unbalanced growth：The anatomy of urban crisis［J］. American Economic Review，1967，57（3）：415－426.

［195］Borger B D，Kerstens K. Cost efficiency of belgian local government：A comparative analysis of FDH，DEA，and econometric approaches［J］. Reginal Science and Urban Economics，1996，26（2）：145－170.

［196］Carlino G A，Chatterjee S，Hunt R M. Urban density and the rate of invention［J］. Journal of Urban Economics，2007，61（3）：389－419.

［197］Carter R. Innovation in urban systems：The Interrelationships between urban and national economic development［J］. Annals of Regional Scienc，1988，22（3）：66－79.

［198］Charnes A，Cooper W W，Rhodes E. Measuring the efficiency of decision making units［J］. European Journal of Operational Research，1987，2（6）：

429 – 444.

［199］Chen J H. Land reform, urban development and migrant housing in contemporary China ［M］. Urban China in the New Era, 2014 （3）: 45 – 61.

［200］Chen J, Zhou Q. City size and urban labor productivity in China: New evidence from spatial city-level panel data analysis ［J］. Economic Systems, 2017, 41 （2）: 165 – 178.

［201］Chen M X, Liu W D, Lu D D. Challenges and the way forward in China's new-type urbanization ［J］. Land Use Policy, 2016 （55）: 334 – 339.

［202］Cheng M S, Lin H P. The causal relationship of population growth and land development: A case study Southern Taiwan ［J］. Australasian Journal of Regional Studies, 2010, 16 （1）: 23 – 36.

［203］Ciccone A, Hall R E. Productivity and density of economic activity ［J］. American Economic Review, 1996 （86）: 54 – 70.

［204］Ciccone A. Agglomeration effects in Europe ［J］. Social Science Electronic Publishing, 2000, 46 （2）: 213 – 227.

［205］Davis J C, Henderson J V. Evidence on the political economy of the urbanization process ［J］. Journal of Urban Economic, 2003, 53 （1）: 98 – 125.

［206］Dietrich A. Does growth cause structural change, or is it the other way around? A dynamic panel data analysis for seven OECD countries ［J］. Empirical Economics, 2012, 43 （3）: 915 – 944.

［207］Dong Y. Anote on geographical constraints and housing markets in China ［J］. Journal of housing economics, 2016 （33）: 15 – 21.

［208］Driscoll J C, Kraay A C. Consistent covariance matrix estimation with spatially dependent panel data ［J］. Review of Economics and Statistics, 1998, 80 （4）: 549 – 560.

［209］Fagerberg J. Technological progress, structural change and productivity growth: A comparative study ［J］. Structural Change and Economic Dynamics, 2000, 11 （4）: 393 – 411.

［210］Fare R, Grosskopf S, Lovell C A K et al. Multilateral productivity comparisons when some outputs are undesirable: A nonparametric approach ［J］. The Review of Economics and Statistics, 1989, 71 （1）: 90 – 98.

［211］Farrell M J. The measurement of productive efficiency ［J］. Journal of the Royal Statistic Society, 1957, 120 （3）: 253 – 290.

［212］Fedderke J W, Perkins P, Luiz J M. Infrastructural investment in long-run economic growth: South Africa 1875 – 2001 ［J］. World Development, 2006, 34 (6): 1037 – 1059.

［213］Fedderke J, Garlic R. Infrastructure development and economic growth in South Africa: A review of the accumulated evidence ［J］. Policy Paper, 2008.

［214］Gao H N. Public land leasing, public productive spending and economic growth in Chinese cities ［J］. Land Use Policy, 2019 (88).

［215］Glaeser E L. Learning in cities ［J］. Journal of Urban Economics, 1999, 46 (2): 254 – 277.

［216］He C F, Chen T M, Mao X. Y. Economic transition, urbanization and population redistribution in China ［J］. Habitat International, 2016 (51): 39 – 41.

［217］Ho S, Lin G. Emerging land markets in rural and urban China: Policies and practices ［J］. China Quarterly, 2003 (175): 681 – 707.

［218］Keen M, Marchand M. Fiscal competition and the pattern of public spending ［J］. Core Discussion Papers Rp, 1997, 66 (1): 33 – 53.

［219］Klaufus C, Jaffe R. Latin American and Caribbean urban development ［J］. European Review of Latin American and Caribbean Studies, 2015 (100): 63 – 72.

［220］Li G D, Sun S, Fang C L. The varying driving forces of urban expansion in China: Insights from a spatial-temporal analysis ［J］. Landscape and Urban Planning, 2018 (174): 63 – 77.

［221］Liu R, Wong T, Liu S. Low-wage migrants in Northwestern Beijing, China: The hikers in the urbanizations and growth process ［J］. Asia Pacific Viewpoint, 2013, 54 (3): 352 – 371.

［222］Loikkanen H A, Susiluoto I. Cost efficiency of finnish municipalities in basic service provision 1994 – 2002 ［C］. Ersa Conference Papers, 2005 (4): 39 – 64.

［223］Louw E, Erwin V D K, Van Amsterdam H. The spatial productivity of industrial land ［J］. Regional Studies, 2012, 46 (1): 137 – 147.

［224］Lucas R E. On the mechanics of economic development ［J］. Journal of Monetary Economics, 1989, 22 (1): 3 – 42.

［225］Mcmillan M, Rodrik D, Verduzco-Gallo I. Globalization, structural change, and productivity growth, with an update on Africa ［J］. World Development, 2014 (63): 11 – 32.

［226］Meckl J. Structural change and generalized balanced growth ［J］. Journal of Economics, 2002, 77 (3): 241 – 266.

［227］Milan B F, Creutzig F. Municipal policies accelerated urban sprawl and public debts in Spain ［J］. Land Use Policy, 2016 (54): 103 – 115.

［228］Mo J. Land financing and economic growth: Evidence from Chinese counties ［J］. China Economic Review, 2018 (50): 218 – 239.

［229］Mookherjee D, Geyer M. Urbangrowth in the national capital region of India: Testing the differential urbanization model ［J］. Journal of Economic and Social Geography, 2011, 102 (1): 88 – 99.

［230］Musgrave R. A. The Voluntary Exchange Theory of Public Economy ［J］. Quarterly Journal of Economics, 1939, 53 (2): 213 – 237.

［231］Ngai L. R. , Pissarides C. A. Structural Change in a Multisector Model of Growth ［J］. American Economic Review, 2007, 97 (1): 429 – 433.

［232］Oates W E. The effects of property taxes and local public spending on property values: An empirical study of tax capitalization and the Tiebout Hypothesis ［J］. Journal of Political Economy, 1969, 77 (6): 957 – 971.

［233］Olson M. The logic of collective action: Public goods and the theory of groups ［M］. Harvard University Press, 1965.

［234］Orenstein D E, Hamburg S P. Population and pavement: Population growth and land development in Israel ［J］. Population & Environment, 2010, 31 (4): 223 – 254.

［235］Pan F H, Zhang F M, Zhu S J et al. Developing by borrowing? Inter-jurisdictional competition, land finance and local debt accumulation in China ［J］. Urban Studies, 2017, 54 (4): 897 – 916.

［236］Qu Y, Long H. Theeconomic and environmental effects of land use transitions under rapid urbanization and the implications for land use management ［J］. Habitat International, 2018 (82): 113 – 121.

［237］Samuelson P A. The pure theory of public expenditure ［J］. Review of Economics and Statistics, 1954, 36 (4): 387 – 389.

［238］Shu C, Xie H, Chen Q. Is urban land development driven by economic development or fiscal revenue stimuli in China? ［J］. Land Use Policy, 2018 (77): 107 – 115.

［239］Su F, Tao R, Xi L et al. Local officials' incentives and China's economic

growth: Tournament thesis reexamined and alternative explanatory framework [J].
China & World Economy, 2012, 20 (4): 1 – 18.

[240] Tiebout C. A pure theory of local expenditure [J]. Journal of Political
Economy, 1956 (64): 416 – 424.

[241] Timmer M M, Szirmai A A. Productivity growth in Asian manufacturing:
The structural bonus hypothesis examined [J]. Structural Change & Economic Dy-
namics, 2004, 11 (4): 371 – 392.

[242] Vu K M. Structural Change and Economic Growth: Empirical Evidence
and Policy Insights from Asian Economies [J]. Structural Change and Economic Dy-
namics, 2017 (41): 64 – 77.

[243] Wang F L, Liu Y G. How unique is 'China Model': A review of theo-
retical perspectives on China's urbanization in anglophone literature [J]. Chinese Ge-
ographical Science, 2015, 25 (1): 98 – 112.

[244] Wang J, Lin Y F, Anthony G et al. Land-use changes and land policies
evolution in China's Urbanization processes [J]. Land Use Policy, 2018 (75):
375 – 387.

[245] Wu Y Z, Luo J J, Zhang X L. Urban growth dilemmas and solutions in
China: Looking forward to 2030 [J]. Habitat International, 2016 (56): 42 – 51.

[246] Xu N N. What gave rise to China's land finance? [J]. Land Use Policy,
2019 (87): 104 – 105.

[247] Yu J, Zhou L A, Zhu G. Strategic interaction in political competition:
Evidence from spatial effects across Chinese cities [J]. Regional Science and Urban
Economics, 2016 (57): 23 – 37.

[248] Zedda M K, Testa D, Cannas B et al. Does competition for capital dis-
cipline governments? Decentralization, globalization, and public policy [J]. Amer-
ican Economic Review, 2005, 95 (3): 817 – 830.

[249] Zhang C, Miao C H, Zhang W Z et al. Spatiotemporal patterns of urban
sprawl and its relationship with economic development in China during 1990 – 2010
[J]. Habitat International, 2018 (79): 51 – 60.

[250] Zhuang X, Zhao S. Effects of land and building usage on population,
land price and passengers in station areas: A case study in Fukuoka, Japan [J].
Frontiers of Architectural Research, 2014, 3 (2): 199 – 212.

后 记

城镇化改变了亿万中国人的命运。人们离开家乡，带着梦想从农村奔向城市。有的人求学、工作、买房、成家、养育下一代；有的人从事体力劳动，赚钱，流动，年老返乡；有的人在城市创业，积累财富，成就人生梦想。在这个历史洪流中，中国已有的土地制度与管理政策、户籍制度与流动人口管理、城市开发建设与管理模式、城市住房制度均面临前所未有的挑战。城镇化中，土地、人口与资本失衡以及由此带来社会经济问题日益严重。基于对上述现象的观察，笔者试图探索、解释与剖析上述问题，阐述观点，探索更加科学合理的城镇化模式。

衷心感谢经济科学出版社负责本书出版的工作团队，编辑崔新艳女士从签署合同到编辑文本，提供了宝贵的建设性意见，并对延期交稿保持了极大的包容性，在此表示衷心的谢意。感谢版式与封面设计的负责人员为本书出版提供的帮助。

本书是国家社科基金项目（项目编号：16BJL053）成果，亦得到浙江工业大学人文社科后期项目的资助，在此表示感谢。在项目研究过程中，得到了浙江大学管理学院贾生华教授，浙江工业大学管理学院虞晓芬教授、陈衍泰教授、李正卫教授以及其他同仁的帮助与支持，一并表达谢意。

在本书的写作中，博士研究生张丹霞、李乐乐，硕士研究生赵爽爽、贾琴攀、黄丽影、俞婷承担大量的具体工作，在此对同学们的辛苦付出表示感谢。张娟锋撰写了第一章、第二章、第三章、第四章、第六章与第十四章，赵爽爽撰写第五章，贾琴攀撰写第七章和第八章，黄丽影撰写第九章与第十章，张丹霞撰写第十一章，俞婷撰写第十二章，李乐乐撰写第十三章，全书由张娟锋负责统稿。

张娟锋